Jacky Girardet

Jacques Pécheur

campus

méthode
de français

2

CLE
INTERNATIONAL

• Édition : Marie-Christine Couet Lannes

• Conception graphique et mise en page : Marie Linard
• Iconographe : Valérie Delchambre
• Couverture : Laurence Durandau
• Illustrateur des dialogues : Jean-Paul Aussel
• Illustrateur des encadrés et des exercices : Jean-Marie Renard
• Cartographie : Grafito
• Conseil artistique : Catherine Tasseau
© CLE INTERNATIONAL/VUEF. Paris 2002.

introduction

■ **Une méthode pour l'enseignement du français langue étrangère aux grands adolescents et aux adultes.**
Ce niveau 2 de la méthode *Campus* s'adresse à des étudiants ayant suivi un minimum de 100 heures de cours de français.

Il poursuit les mêmes orientations pédagogiques, communicatives et culturelles que le niveau 1 :
● Permettre à l'étudiant de faire face aux situations de communication les plus diverses (diversité des lieux, des personnes, des actes de communication et des thèmes abordés).
● Acquérir des outils linguistiques performants.
● Développer des stratégies de compréhension et d'expression orales et écrites ainsi que des stratégies d'apprentissage.
● S'approprier des connaissances et des comportements culturels nécessaires à la vie en France.

Ces objectifs s'inscrivent dans le Cadre européen commun de référence du Conseil de l'Europe. Ils préparent les étudiants aux épreuves du DELF (unités A2 et A4).

■ **organisation simple : un objectif par double page**
● *Campus 2* comporte 12 unités présentant chacune six objectifs (cinq dans les deux dernières unités).
● Chaque objectif est développé sur une double page et correspond à une séquence d'enseignement pouvant durer de 1 h 30 à 2 h.
● Chaque double page propose un parcours adapté à l'objectif : la séquence d'enseignement peut donc, selon le cas, démarrer par la découverte d'une scène dialoguée, d'un document écrit ou par un projet de réalisation. Elle ne se poursuivra par des exercices que si l'objectif le requiert. Elle pourra déboucher sur un débat, un jeu de rôles, une production écrite, etc.

■ **Des documents ouverts sur la France et le monde**
Les supports d'apprentissage sont de nature variée.
On trouvera :
– **Des fictions** ou histoires dont on présente quelques scènes. Il y en a une par unité. Dans ce niveau 2 (à la différence du niveau 1), elles n'existent qu'en version audio.
– **Des reportages** sur les réalités françaises (un par unité). Ces reportages existent en *deux versions* :
• *audio* : dans ce cas, on utilisera le livre et la cassette audio.
• *vidéo* : on travaillera à partir de la vidéo.
Pour chaque reportage, le livre du professeur propose deux déroulements de classe adaptés à l'option choisie.
Par ailleurs, les reportages en version vidéo peuvent être travaillés grâce à des fiches d'exploitation qui se trouvent à la fin du livre du professeur.
– **Des documents écrits** (articles de presse, enquêtes, lettres, messages, etc.) ainsi qu'une riche **iconographie**.

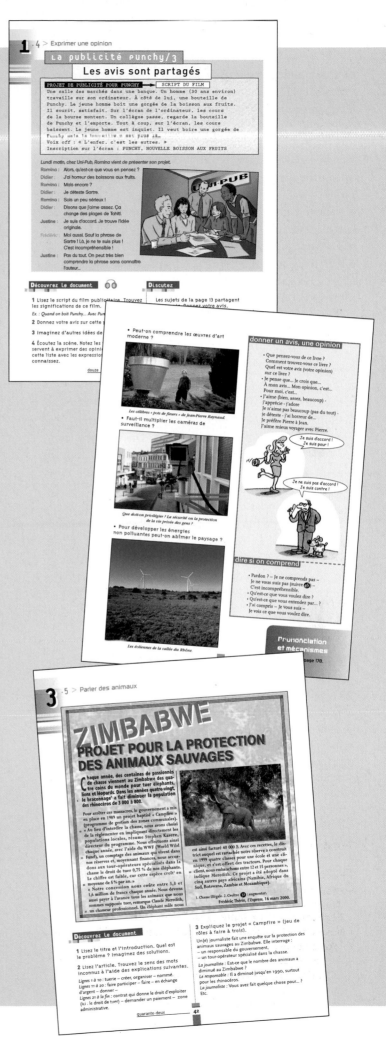

■ Une méthodologie réaliste

Campus cherche à optimiser l'apprentissage en mettant en œuvre de nombreux facteurs d'appropriation :

● Objectifs simples, immédiatement perceptibles par l'étudiant (présenter son curriculum vitae, comprendre et raconter une anecdote, parler de l'environnement, etc.)

● Relance constante de l'intérêt et de la motivation par la variété et l'actualité des thèmes abordés.

● Appel à l'observation et à l'autodécouverte des faits de langue et de communication.

● Réflexion sur l'apprentissage.

● Automatisation de certaines productions langagières (structures grammaticales, dérivations lexicales, etc.).

● Incitation permanente à l'interactivité.

■ Activités à faire avec les cassettes

Campus 2 propose quatre types d'activités à faire avec les cassettes :

1. la découverte des fictions ;

2. les exercices oraux de la rubrique « prononciation et mécanismes » qui figurent à la fin de certaines leçons. Ces exercices sont numérotés de 1 à 110. On trouvera leurs amorces p. 178 et suivantes et leur transcription dans le livre du professeur ;

3. les exercices d'écoute à faire avec la cassette audio. Leur transcription figure p. 169 ;

4. les reportages (un par unité) qui existent en version vidéo ou audio. La transcription de la version vidéo se trouve dans le livret joint à la cassette vidéo. La transcription de la version audio (souvent plus courte que la version vidéo) est intégrée aux exercices d'écoute.

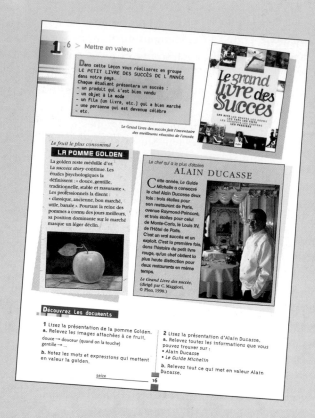

les éléments de **Campus**

■ *Le livre de l'élève*
● 12 unités de 6 doubles pages (5 doubles pages dans les deux dernières unités – un objectif par double page) ;
● une page bilan à la fin de chaque unité.
À la fin du livre :
– amorces des exercices oraux « prononciation et mécanismes » ;
– transcription des exercices d'écoute et des reportages ;
– tableaux de conjugaison ;
– tableau des contenus.

■ *Le cahier d'exercices*
– exercices d'enrichissement lexical ;
– exercices de grammaire ;
– exercices d'expression écrite ;
– 1 page par unité d'exercices préparant au DELF.

■ *Des cassettes audio collectives contenant*
– les scènes des fictions ;
– les exercices d'écoute et les reportages ;
– les exercices « prononciation et mécanismes ».

■ *Des cassettes audio individuelles contenant les exercices oraux « prononciation et mécanismes »*

■ *Le livre du professeur*
On trouvera à la fin du livre des fiches photocopiables d'exploitation de la vidéo pour les élèves.

■ *Une cassette vidéo*
– 12 reportages (un par unité).

1

Communiquer

Faire le point sur son apprentissage du français

Rédiger et présenter son curriculum vitae

Exprimer une opinion

Caractériser, mettre en valeur quelqu'un ou quelque chose

Parler des rencontres, des lieux, des choses ou des gens à la mode

Éviter les répétitions en utilisant les pronoms

La publicité Punchy/1

Une nouvelle créatrice

Dans l'agence de publicité Uni-Pub, le directeur de la création ouvre la réunion hebdomadaire de production.

Le directeur : S'il vous plaît, un peu de silence... Nous allons faire le point sur les problèmes. Mais avant, je voudrais accueillir Romina Lemercier. Romina est notre nouvelle créatrice et je la laisse se présenter...

Romina : Bonjour à tous...

CURRICULUM VITAE

LEMERCIER Romina,
née Munoz

Née le 25 avril 1970, à Alicante (Espagne)
Mariée, un enfant
Française
18, boulevard de la Liberté
59000 Lille

ÉTUDES

1988	: Baccalauréat
1989-1991	: DEUG et Licence d'anglais (Université de Paris III- Sorbonne) Diplôme de premier degré de chinois (Inalco : Institut national des langues et civilisations orientales)
1992-1993	: Master en communication (Institut supérieur de communication et de publicité, Lille)

LANGUES PARLÉES

Espagnol et anglais (parlés et écrits couramment)
Italien et chinois (communication courante)

EXPÉRIENCE PROFESSIONNELLE

1995 : Stage au service publicité du magazine *L'International*
1996 : CDD, assistante rédactrice Lederer Communication

POSTE SOUHAITÉ

Responsable de projet (création publicitaire)

parler au passé *(voir p. 189 (8.1. b) et p. 197 (16.4))*

■ Le passé composé

→ *Les actions vues comme limitées dans le temps ;*
les actions principales ; les actions non habituelles

j'**ai** travaillé	je **suis** parti(e)
tu **as** travaillé	tu **es** parti(e)
il/elle **a** travaillé	il/elle **est** parti(e)
nous **avons** travaillé	nous **sommes** parti(e)s
vous **avez** travaillé	vous **êtes** parti(e)(s)
ils/elles **ont** travaillé	ils/elles **sont** parti(e)s

• Conjugaison avec auxiliaire *être* :
→ *aller, venir, arriver, partir*, etc. (voir conjugaison en fin d'ouvrage)
→ *les verbes à la forme pronominale*

> Je suis arrivée en France en 1980. Je suis allée à l'école de la rue Pascal...

■ L'imparfait

→ *Les actions vues comme non limitées dans le temps ; le cadre et les circonstances des actions principales ; les actions habituelles*

j'habit**ais**
tu habit**ais**
il/elle habit**ait**
nous habit**ions**
vous habit**iez**
ils/elles habit**aient**

> En 1990, j'habitais Paris, je me suis inscrite à l'université. Nous allions souvent au cinéma de la rue Mouffetard. Tous les soirs, nous nous retrouvions au café de la place de la Contrescarpe.

Découvrez les documents

1 Lisez les documents de la page 6. Présentez la situation. Trouvez d'autres situations identiques.

Ex. : Au début d'un stage, les stagiaires se présentent.

2 Lisez le CV. Trouvez les informations suivantes.

– le nom de famille de Romina
– son nom de jeune fille
– son lieu de naissance
– sa nationalité
– son domicile
– les établissements scolaires qu'elle a fréquentés
– ses employeurs

3 Écoutez la scène. Romina se présente. Notez les informations qui ne sont pas dans le CV. Complétez le CV.

Exercez-vous

1 Mettez les verbes entre parenthèses au passé composé ou à l'imparfait.

Romina Lemercier *(naître)* à Alicante. Ses parents *(être)* espagnols. Quand ils *(venir)* en France, Romina *(avoir)* 10 ans. Ils *(s'installer)* à Paris. C'est là que Romina *(faire ses études)*. Elle *(aimer)* particulièrement les langues étrangères. Elle *(étudier)* l'anglais et l'italien à l'université Paris III et le chinois à l'Inalco. En 1990,

elle *(rencontrer)* Jean-Eudes. Il *(être)* de Lille et *(s'intéresser)* à la communication. Romina et Jean-Eudes *(partir)* à Lille et *(s'inscrire)* dans une école de publicité.

2 Romina lit son agenda de l'année dernière. Parlez pour elle comme dans l'exemple.

Ex. : Le 9 mai, j'ai déjeuné avec le directeur. Il était en forme.

9	**MAI** MARDI	*Déjeuner avec le directeur. Il est en forme.*
10	**MAI** MERCREDI	*Anniversaire de Mildred. Petite fête avec les copains. Bonne ambiance.*
11	**MAI** JEUDI	
12	**MAI** VENDREDI	*Présentation de ma campagne publicitaire pour les pâtes Magda. Beaucoup de monde.*
13 / 14	**MAI** SAMEDI DIMANCHE	*Week-end en famille à Paris. Beau temps. Visite du Jardin des Plantes. Mildred est heureuse.*

Écrivez Parlez

Rédigez votre CV et présentez-le à la classe.

Si votre classe vous connaît déjà très bien, présentez un curriculum vitae imaginaire.

Prononciation et mécanismes

• Exercices 1, 2 page 178.

APPRENDRE UNE LANGUE ÉTRANGÈRE

QUEL TYPE D'ÉTUDIANT(E) ÊTES-VOUS ?

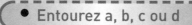

● Entourez a, b, c ou d

1. Qu'est-ce qui vous plaît le plus quand vous faites du français ?

a - parler
b - lire et écrire
c - écouter parler
d - lire

2. Quel est, d'après-vous, le meilleur environnement pour apprendre ?

a - un groupe de Français
b - une classe et un professeur
c - un petit groupe et un professeur
d - un professeur (sans la classe), des cassettes, des cédéroms, etc.

3. Qu'est-ce qui est le plus efficace pour apprendre ?

a - la conversation
b - le vocabulaire
c - la grammaire
d - les exercices

4. Quelle est l'activité orale que vous préférez ?

a - les jeux de rôles
b - les débats
c - les conversations en petits groupes
d - les exposés que vous avez préparés

5. Le maire de votre ville reçoit une personnalité française. On vous demande de faire l'interprète.

a - Vous êtes très heureux (heureuse).
b - Vous dites : « d'accord mais ce ne sera pas parfait ».
c - Vous acceptez mais vous passez la nuit à réviser.
d - Vous refusez.

6. Quand vous pensez aux fautes de grammaire et de prononciation que vous pouvez faire, vous dites...

a - Tant pis, ils comprendront !
b - Je dois faire attention.
c - Je vais leur demander de me corriger.
d - Je préfère me taire.

7. Quelle activité préférez-vous ?

a - réaliser en groupe un spectacle en français
b - écrire en petit groupe un article de presse
c - écouter et imiter un dialogue
d - lire et commenter un texte intéressant

8. Vous partez en France. Vous emportez...

a - un guide touristique en français
b - un dictionnaire bilingue
c - 5 kilos de dictionnaires, grammaires, livres de vocabulaire
d - une liste d'endroits où vous pourrez rencontrer des gens de votre pays

● **Comptez le nombre de a, b, c, d et trouvez votre type dominant et votre type secondaire.**

Ex.: Vous avez 5b, 2d, 1a. Vous êtes de type réfléchi (dominant) discret (secondaire).

Type a dominant

SPONTANÉ(E)

Vous voulez apprendre le français comme vous avez appris votre langue maternelle. Vous êtes peut-être doué(e) pour les langues.
Mais attention !
Les fautes
de grammaire ou
de prononciation peuvent vite devenir des habitudes. Il faut les corriger tout de suite. Essayez d'être un peu réfléchi(e) et méthodique.

Type b dominant

RÉFLÉCHI(E)

Vous êtes plus à l'aise à l'écrit qu'à l'oral. Vous avez envie de parler sans faire de fautes. Alors, vous réfléchissez avant de parler et... les autres parlent à votre place. La spontanéité, la

confiance en soi, ça se prépare. Lisez les conseils que nous donnons aux « discrets ».

Type c dominant

MÉTHODIQUE

Vous apprenez le français comme la biologie ou la géographie. Vous vous intéressez beaucoup à la langue et pas assez à son utilisation. Avec le français apprenez des choses, racontez votre vie, parlez de vos passions mais ne passez pas tout votre temps à apprendre du vocabulaire et à faire des exercices.

Type d dominant

DISCRET (DISCRÈTE)

Vous connaissez bien la grammaire et le vocabulaire mais vous avez peur de prendre la parole. Tout le problème est là : vous n'avez pas assez confiance en vous.
Pour construire cette confiance :
• préparez un stock de petites phrases (je suis d'accord, j'aime bien, etc.)
• posez des questions
• demandez à votre interlocuteur de vous aider
• apprenez à construire des phrases sans réfléchir (entraînez-vous avec les cassettes).

Faites le point sur votre apprentissage du français

a Faites le test. Êtes-vous d'accord avec le résultat ?

b Groupez-vous par type (tous les « spontanés » ensemble, etc.). Cherchez :
— vos points forts
— vos points faibles
— les moyens de vous améliorer

c Demandez conseil aux autres groupes.

La publicité Punchy/2

Une journée dans l'entreprise

09.00

Un jeudi matin chez Uni-Pub

Didier : Salut Marco ! Ça va ?

Marco : Super ! Je suis en vacances ce soir pour une semaine.

Didier : Et ton projet pour Punchy ?

Marco : Terminé. On l'a envoyé hier. Ils nous donnent une réponse cet après-midi.

Didier : Ça va leur plaire ?

Marco : Je l'espère pour vous.

10.00

Marlène : Marco, je dois te parler de Charlotte. On déjeune ensemble demain ?

Marco :   ...

11.00

Justine : Tu t'es inscrit au séminaire de Porquerolles ?

Didier : ...

12.00

Justine : Qu'est-ce que tu cherches ?

Frédéric : ...

13.00

Marlène : Au fait, Romina m'a parlé de toi.

Frédéric : ...

16.00

Le directeur : Ça y est, le directeur de Punchy a appelé.

Marco : Et alors ? Ça lui plaît ?

Le directeur : Négatif. Il nous demande de revoir le scénario.

Didier : Bon. J'y réfléchirai après le séminaire.

Le directeur : Pas question. Il leur faut un nouveau scénario pour lundi.

Marco : Ok, si j'ai une idée, je vous appelle.

Le directeur : Et nous, il nous faut trouver une solution. Je vous attends tous dans mon bureau !

les pronoms personnels compléments *(voir p. 185 (3. a))*

Complément direct	Complément introduit par « à »	Complément introduit par « de »	Complément introduit par une préposition autre que « à » et « de »
me	me	moi	moi
te	te	toi	toi
le - la l'	lui (personne) y (chose)	lui - elle (personne) en (chose)	lui - elle (personne) y (lieu)
nous	nous	nous	nous
vous	vous	vous	vous
les	leur (personne) y (chose)	eux - elles (personne) en (chose)	eux - elles (personne) y (lieu)
NB. Emplois de « en » et « y » : voir p. 37.			

Constructions

• Ce film...
– Je **le** regarde ce soir.
  Je ne **le** regarde pas.
– Je veux **le** regarder.
  Je ne veux pas **le** regarder.
– Je **l'**ai vu.
  Je ne **l'**ai pas vu.
– Regarde-**le** !
  Ne **le** regarde pas !
• Regarde-**moi** !
  Ne **me** regarde pas !
• Pierre...
– Je **lui** ai parlé.
– Nous avons parlé de **lui**.
– J'ai dîné avec **lui**.

Découvrez et complétez le document

1 Écoutez la première scène.

– Racontez ce que vous apprenez (où se passe la scène, etc.).
– Relevez les pronoms compléments. Trouvez les mots qu'ils remplacent.

2 Pour chacune des autres scènes :

– Imaginez ce qui se passe (d'après l'image et la première phrase).
– Imaginez et rédigez un dialogue.
– Écoutez la cassette et comparez.

Exercez-vous

1 Imaginez des situations possibles à partir des mots en gras.

*Ex. : **a.** : Il **l'**a dit. → **l'** : le nom de sa petite amie... ; qu'il va partir à l'étranger... ; qu'il avait une promotion... ; etc.*

a. Il **l'**a dit.
b. Je **les** ai écoutés toute la soirée.
c. J'**y** ai pensé toute la nuit.
d. Je **l'**ai oublié(e).
e. Elle **lui** a souri.

2 Complétez avec un pronom.

Quelques jours après les scènes de la page 10.

Justine :   J'ai des nouvelles de Marco. Il ... a laissé un message. Il ... invite, toi et moi, dans sa maison de campagne.

Marlène :   Tu ... connais, cette maison ?

Justine :   Non, je n'... suis jamais allée. Il ... a achetée le mois dernier. J'aimerais bien ... aller le week-end prochain.

Marlène :   Pour moi, c'est impossible, je vais chez mes parents. Je ne ... ai pas vus depuis un mois.

Justine :   Téléphone-... pour repousser d'une semaine.

Marlène :   Non, c'est impossible. Je ... ai promis d'aller les voir. Je ne veux pas ... fâcher. Mais est-ce que tu peux ... donner le numéro du portable de Marco ?

Justine :   Bien sûr. Je ... ai dans mon agenda.

Marlène :   Je vais ... téléphoner pour ... remercier de son invitation et pour m'excuser.

Prononciation et mécanismes

• Exercices 3, 4, 5 page 178.

La publicité Punchy/3

Les avis sont partagés

PROJET DE PUBLICITÉ POUR PUNCHY ➔ **SCRIPT DU FILM**

Une salle des marchés dans une banque. Un homme (30 ans environ) travaille sur son ordinateur. À côté de lui, une bouteille de Punchy. Le jeune homme boit une gorgée de la boisson aux fruits. Il sourit, satisfait. Sur l'écran de l'ordinateur, les cours de la bourse montent. Un collègue passe, regarde la bouteille de Punchy et l'emporte. Tout à coup, sur l'écran, les cours baissent. Le jeune homme est inquiet. Il veut boire une gorgée de Punchy mais la bouteille n'est plus là…

Voix *off* : « L'enfer, c'est les autres. »

Inscription sur l'écran : PUNCHY, NOUVELLE BOISSON AUX FRUITS

Lundi matin, chez Uni-Pub, Romina vient de présenter son projet.

Romina : Alors, qu'est-ce que vous en pensez ?

Didier : J'ai horreur des boissons aux fruits.

Romina : Mais encore ?

Didier : Je déteste Sartre.

Romina : Sois un peu sérieux !

Didier : Disons que j'aime assez. Ça change des plages de Tahiti.

Justine : Je suis d'accord. Je trouve l'idée originale.

Frédéric : Moi aussi. Sauf la phrase de Sartre ! Là, je ne te suis plus ! C'est incompréhensible !

Justine : Pas du tout. On peut très bien comprendre la phrase sans connaître l'auteur…

Découvrez le document

1 Lisez le script du film publicitaire. Trouvez les significations de ce film.

Ex. : Quand on boit Punchy… Avec Punchy…

2 Donnez votre avis sur cette publicité.

3 Imaginez d'autres idées de scénarios.

4 Écoutez la scène. Notez les mots qui servent à exprimer des opinions. Complétez cette liste avec les expressions que vous connaissez.

Discutez

Les sujets de la page 13 partagent les Français. Donnez votre avis.
En petits groupes, cherchez des arguments pour ou contre.

Imaginez. Rédigez

Imaginez et rédigez un scénario de film publicitaire pour un produit de votre choix.

• Peut-on comprendre les œuvres d'art moderne ?

Les célèbres « pots de fleurs » de Jean-Pierre Raynaud.

• Faut-il multiplier les caméras de surveillance ?

Que doit-on privilégier ? La sécurité ou la protection de la vie privée des gens ?

• Pour développer les énergies non polluantes peut-on abîmer le paysage ?

Les éoliennes de la vallée du Rhône.

donner un avis, une opinion

• Que pensez-vous de ce livre ?
  Comment trouvez-vous ce livre ?
  Quel est votre avis (votre opinion)
  sur ce livre ?
• Je pense que… Je crois que…
  À mon avis… Mon opinion, c'est…
  Pour moi, c'est…
• J'aime (bien, assez, beaucoup) -
  j'apprécie - j'adore
  Je n'aime pas beaucoup (pas du tout) -
  je déteste - j'ai horreur de…
  Je préfère Pierre à Jean.
  J'aime mieux voyager avec Pierre.

> Je suis d'accord !
> Je suis pour !

> Je ne suis pas d'accord !
> Je suis contre !

dire si on comprend

• Pardon ? – Je ne comprends pas –
  Je ne vous suis pas (suivre **46**) –
  C'est incompréhensible.
• Qu'est-ce que vous voulez dire ?
• Qu'est-ce que vous entendez par… ?
• J'ai compris – Je vous suis –
  Je vois ce que vous voulez dire.

Prononciation et mécanismes

• Exercice 6 page 178.

Reportage dans un endroit branché de Paris :

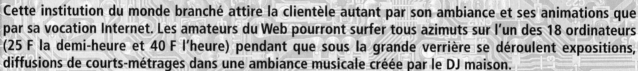

LE WEB BAR
LES INTERNAUTES

Un endroit branché est un lieu à la mode depuis peu de temps où l'on est sûr de rencontrer des gens branchés (qui s'habillent, qui vivent selon les dernières tendances) et quelquefois des stars du show-business. C'est un endroit où il faut aller et qui surprendra vos amis. Notre reporter vous emmène dans un de ces lieux : le Web Bar à Paris.

Le mot du *Petit Futé*[1]

Web Bar 32, rue de Picardie (3e) 01 42 72 66 55

Adresse Internet : www.webbar.fr. Métro Filles-du-Calvaire. Ouvert du lundi au vendredi de 8 h 30 à 2 h du matin, le samedi de 11 h à 2 h du matin et le dimanche de 11 h à 1 h du matin.
Cette institution du monde branché attire la clientèle autant par son ambiance et ses animations que par sa vocation Internet. Les amateurs du Web pourront surfer tous azimuts sur l'un des 18 ordinateurs (25 F la demi-heure et 40 F l'heure) pendant que sous la grande verrière se déroulent expositions, diffusions de courts-métrages dans une ambiance musicale créée par le DJ maison.
Le Petit Futé Paris 2002, Les Nouvelles Éditions de l'Université, 2001.

1. Guide pratique qui donne beaucoup d'informations sur les endroits à la mode ; différent des *Guides verts* Michelin, des *Guides bleus* Hachette (culturels et touristiques) et du *Guide du routard* (qui a gardé son esprit « années 70 »).

Complétez la présentation du Web Bar

1 Lisez la présentation du Web Bar ci-dessus. Commencez à compléter la fiche ci-contre.

2 Écoutez le reportage. Notez les nouvelles informations dans la fiche.

Présentez le Web Bar

• Suivez les différentes rubriques de la fiche. Cette présentation peut être écrite (partagez-vous les rubriques).

• Utilisez les constructions du tableau (p. 15).

Ex. : Le Web Bar est un café qui est situé près de la place de la République.

Le Web Bar

• **Situation :** ...

• **Heures d'ouverture :** ...

• **Cadre :** ...

• **Histoire du lieu :** ...

• **Description des différents espaces**
   1. ...
   2. ...
   3. ...

• **L'actualité du lieu** (manifestation, etc.) : ...

• **La fréquentation :** ...

• **Motivations et préférences du public :** ...

Ils se sont rencontrés par hasard

D'après les statistiques, plus de la moitié des couples se sont rencontrés en vacances, chez des amis, sur leur lieu de travail ou à l'université.
Mais certains ont fait connaissance de façon beaucoup plus originale.

♥ « Nous sommes tombés en arrêt[1] devant le même tableau à l'exposition de Mark Rothko, l'année dernière, à Paris. C'était l'après-midi, il n'y avait pas trop de monde ce jour-là dans le musée. »

♥ « Nous avons bavardé pour la première fois dans les transports en commun, un jour où j'étais en panne de voiture. Nous sommes voisins. »

♥ « À un baptême : nous étions tous les deux parrain et marraine de l'enfant. »

♥ « Il m'a abordé au rayon pâtes chez Carrefour. Il est italien et m'a donné un tas de conseils. »

♥ « En roulant dans une flaque[2], j'ai aspergé une fille qui marchait au bord de la route. Je me suis arrêté pour m'excuser. »

♥ « Il a fait un faux numéro. Nous avons parlé pendant sept heures au téléphone. »

♥ « On faisait la queue dans l'escalier pour visiter un studio. La rentrée en fac approchait, l'ambiance était un peu tendue. »

1. S'arrêter surpris (comme le chien de chasse qui a senti un lapin). –
2. Quand il pleut, il y a des flaques d'eau dans les rues.

Modes et Travaux, juin 2000.

Découvrez - jouez des scènes de rencontre

1 Lisez l'introduction du document ci-dessus. Comment les couples se rencontrent-ils habituellement en France ?

Comparez avec ce qui se passe dans votre pays.

2 Faites la liste des situations originales de rencontres. Complétez le tableau en imaginant les circonstances qui ne sont pas indiquées.

	1
Le lieu	un musée (exposition Rothko) à Paris
Les circonstances	l'après-midi - peu de monde
Les premiers gestes	regards - sourires
Les premiers mots	« Il est superbe ! »

3 Imaginez d'autre situations de rencontres originales.

4 Jouez (à deux) l'une de ces scènes.

caractériser par une proposition relative *(voir p. 184 (2.3))*

■ **Qui**
Rue Descartes il y a un café. Ce café organise des débats et des conférences.
→ Rue Descartes, il y a un café **qui** organise des débats et des conférences.

■ **Que**
Je connais un restaurant espagnol. Tu l'aimeras beaucoup.
→ Je connais un restaurant espagnol **que** tu aimeras beaucoup.

■ **Où**
La « Fontaine de Jouvence » est un bon restaurant. On peut voir des expositions dans ce restaurant.
→ La Fontaine de jouvence est un restaurant **où** (l') on peut voir des expositions.

Prononciation et mécanismes

• Exercices 7, 8 page 178.

Dans cette leçon vous réaliserez en groupe LE PETIT LIVRE DES SUCCÈS DE L'ANNÉE dans votre pays.
Chaque étudiant présentera un succès :
- un produit qui s'est bien vendu
- un objet à la mode
- un film (un livre, etc.) qui a bien marché
- une personne qui est devenue célèbre
- etc.

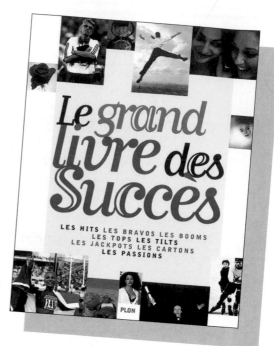

Le Grand Livre des succès *fait l'inventaire des meilleures réussites de l'année.*

Le fruit le plus consommé

LA POMME GOLDEN

La golden reste médaille d'or. La *success story* continue. Les études psychologiques la définissent : « douce, gentille, traditionnelle, stable et rassurante ». Les professionnels la disent : « classique, ancienne, bon marché, utile, banale ». Pourtant la reine des pommes a connu des jours meilleurs, sa position dominante sur le marché masque un léger déclin.

Le chef qui a le plus d'étoiles

ALAIN DUCASSE

Cette année, *Le Guide Michelin* a consacré le chef Alain Ducasse deux fois : trois étoiles pour son restaurant de Paris, avenue Raymond-Poincaré, et trois étoiles pour celui de Monte-Carlo, le Louis XV, de l'Hôtel de Paris.
C'est un vrai succès et un exploit. C'est la première fois, dans l'histoire du petit livre rouge, qu'un chef obtient la plus haute distinction pour deux restaurants en même temps.

Le Grand Livre des succès, (dirigé par C. Maggiori, © Plon, 1998.)

Découvrez les documents

1 Lisez la présentation de la pomme Golden.
a. Relevez les images attachées à ce fruit.

douce → douceur (quand on la touche)
gentille → ...

b. Notez les mots et expressions qui mettent en valeur la golden.

2 Lisez la présentation d'Alain Ducasse.
a. Relevez toutes les informations que vous pouvez trouver sur :
• Alain Ducasse
• *Le Guide Michelin*

b. Relevez tout ce qui met en valeur Alain Ducasse.

comparer - mettre en valeur *(voir p. 187 (7.1))*

■ Isabelle est
$\begin{cases} \text{plus} \\ \text{aussi} \\ \text{moins} \end{cases}$
célèbre *que* Sophie.

Isabelle est **meilleure** actrice *que* Sophie.

• Isabelle est
$\begin{cases} \text{la plus} \\ \text{la moins} \end{cases}$
célèbre.

C'est elle qui est **la meilleure** actrice.

■ Sophie chante
$\begin{cases} \text{plus} \\ \text{aussi} \\ \text{moins} \end{cases}$
fort qu'Isabelle.

mieux qu'Isabelle.

• C'est Sophie qui chante
$\begin{cases} \text{le plus} \\ \text{le moins} \end{cases}$
fort.

C'est elle qui chante **le mieux**.

■ Isabelle a
$\begin{cases} \text{plus d(e)'} \\ \text{autant d(e)'} \\ \text{moins d(e)'} \end{cases}$
admirateurs que Sophie

• C'est elle qui a
$\begin{cases} \text{le plus d(e)'} \\ \text{le moins d(e)'} \end{cases}$
admirateurs.

■ Sophie chante **plus / autant / moins** qu'Isabelle.

• C'est elle qui chante **le plus / le moins**.

Exercez-vous

Répondez aux questions et commentez les chiffres comme dans l'exemple.

*Ex. : **a.** : Les Français achètent plus de CD que de cassettes audio. Ce sont les CD qu'ils achètent le plus.*

a. Les Français achètent-ils beaucoup de CD ?
→ Vente de CD : 140 millions.
Vente de cassettes audio : 11 millions.

b. Est-ce qu'on entend beaucoup de chansons françaises à la radio ?
→ Pourcentage de chansons françaises à la radio (38 %), chansons étrangères (62 %).

c. Est-ce qu'on écoute beaucoup Céline Dion ?
→ Taux d'écoute : Céline Dion (13 %), Lara Fabian (4 %).

d. Le chanteur Michel Sardou est-il très populaire ?
→ Taux d'écoute : Michel Sardou (12 %), Johnny Halliday (6 %).

e. Les Français écoutent-ils beaucoup de musique classique ? Est-ce qu'ils aiment le rock ?
→ Préférences : chanson (40 %), musique classique (15 %), rock (15 %).

Recherchez les succès de l'année

1 Cherchez les 5 plus grands succès de l'année dans votre pays (personnes, activités, objets, etc.). Variez les thèmes.

– alimentation   – médias
– mode   – cinéma
– voitures   – sport
– loisirs   – etc.

2 Cherchez les causes de chacun de ces succès. Notez les images attachées à chaque réussite.

sécurité - beauté - etc.

3 Mettez vos recherches en commun.

4 Répartissez-vous les articles.

Rédigez votre article

Utilisez les formes de la caractérisation (p. 15), de la comparaison et de la mise en valeur (ci-dessus).

Prononciation et mécanismes

• Exercices 9, 10 page 178.

Bilan 1

1. Parler au passé

Mettez les verbes entre parenthèses à la forme qui convient.

Dans une lettre à une amie, Romina raconte ses premiers jours chez Uni-Pub.

« Je *(arriver)* chez Uni-Pub un mercredi. J' *(trouver)* que les collègues *(être)* très sympathiques. Le jeudi soir, le directeur m'*(appeler)* dans son bureau. *(Il faut)* revoir d'urgence un scénario publicitaire. Avec un collègue, nous *(travailler)* le vendredi et le samedi pour trouver une idée et le dimanche, je *(rester)* chez moi pour la mettre en forme. »

2. Utiliser les pronoms compléments

Complétez avec un pronom.

Dans une entreprise.
Pierre : Tu es allée voir le directeur ?
Marie : Non, je ne ... ai pas vu. Pourquoi ? Il ... cherche ?
Pierre : Oui, il veut ... parler d'un nouveau projet.
Marie : Encore du travail ! Non merci ! Je vais ... dire que c'est impossible.
Pierre : Tu connais les deux nouveaux stagiaires ?
Marie : Non, je ne ... connais pas.
Pierre : Ils sont très compétents. Ils pourront ... aider. Ça ... fera plaisir.
Marie : C'est une idée. Je vais ... réfléchir.

3. Éviter les répétitions

Dans ces slogans publicitaires, remplacez les mots en gras par un pronom.

Ex. : Le Quotidien de Tours – *Je lis tous les jours* **Le Quotidien de Tours** !
→ Le Quotidien de Tours, *je le lis tous les jours.*

• Surgelés Martin – Quand je pense **aux surgelés Martin**, j'ai faim !
• Chaussures René – J'aime **ces chaussures** à mes pieds !
• Confiture Mamie – On aime **la confiture Mamie** !
• Pommes Golden – Je mange **des pommes Golden** à tous les repas.
• Fleurs du Monde – Je pense **à mes amis**. J'envoie des fleurs **à mes amis**.
• Dictaphone Éco – Je parle tout le temps **à mon dictaphone** !

4. Caractériser avec un pronom relatif

D'après les notes suivantes, présentez la discothèque La Tosca en deux phrases.

• *La discothèque La Tosca :*
→ on y écoute de la techno (avec le DJ Alex)
→ elle est à côté du théâtre
→ les jeunes branchés de la ville la fréquentent
• *Le DJ Alex :*
→ il est très dynamique
→ il fait de la musique originale
→ je l'apprécie beaucoup

Ex. : La Tosca est une discothèque où on écoute...

5. Comparer

D'après les indications suivantes, comparez les deux restaurants Le Jardin et L'Auberge.

	Le Jardin	L'Auberge
Le cadre (original)	+++	+
L'accueil (sympathique)	++	++++
La carte (variée)	+	+++
Les plats (bons)	+++	++
Les prix (élevés)	++	++

Ex. : Je trouve que le cadre du Jardin est un peu plus...

6. Présenter un CV

La société Uni-Pub a reçu deux candidatures pour un poste de responsable des relations internationales. Le directeur et son assistante comparent les deux candidatures. Notez les informations et les points de comparaison.

	Eugénie PETIT	Birgit KLEISS
Âge	....	....
Situation de famille	....	....
Études - Diplômes	....	....
Expérience professionnelle	....	....
Langues parlées	....	....
Langues écrites	....	....
Séjours à l'étranger	....	....

2 S'affirmer

- **I**maginer – faire des projets
- **P**roposer – conseiller
- **P**arler des qualités et des défauts
- **F**aire une demande écrite
- **R**aconter des anecdotes
- **A**méliorer son image

Le premier pas/1

Suppositions

Grenoble : *après un match de handball.*

Dylan : J'ai vu Lisa. Elle est d'accord pour participer au rallye. Qui d'autre tu verrais pour faire équipe avec nous ? Floriane Moretti ?

Arthur : La fille de Moretti, l'industriel ?

Dylan : Je vous ai vus danser chez Lacour.

Arthur : Et alors ?

Dylan : À mon avis, si tu lui proposais de venir, elle accepterait.

Arthur : Ça m'étonnerait. Ah ! Si je l'invitais à une randonnée à cheval, j'aurais peut-être une chance, mais les rallyes, c'est pas son truc.

Dylan : Et si on lui posait la question ?

Arthur : Comment ça ?

Dylan : Ce soir, on pourrait aller dîner au restaurant de la fac de droit...

Découvrez le document

1 Présentez la situation.

Ex. : Dylan et Arthur sont... Ils viennent de... Leur club de handball organise...

2 Relevez les verbes au conditionnel présent.

Vérifiez que le conditionnel est utilisé quand on imagine, quand on suggère ou après une supposition.

3 Arthur et Dylan imaginent comment rencontrer et inviter Floriane.

Ex. : Si elle dînait au restaurant de la fac de droit...

le conditionnel présent *(voir p. 195 (14.6))*

■ **Expression de l'hypothèse**
1. Si + présent → indicatif (présent ou futur)
Si je gagne au Loto, j'achète (j'achèterai) une voiture de sport.
(la chose est considérée comme possible)
2. Si + imparfait → conditionnel présent
Si je gagnais au Loto, j'achèterais une voiture de sport.
(la chose est peu probable)

■ **Autres emplois du conditionnel**
– le souhait (p. 39)
– les conseils (p. 23)
– les informations non vérifiées (p. 51)

acheter	aller
j'achèterais	j'irais
tu achèterais	tu irais
il/elle achèterait	il/elle irait
nous achèterions	nous irions
vous achèteriez	vous iriez
ils/elles achèteraient	ils/elles iraient

• **Formez le conditionnel à partir de la 1re personne du singulier du futur.**
– **parler** : futur → **je parlerai** – conditionnel présent → **je parlerais, tu parlerais**, etc.
– **venir** : futur → **je viendrai** – conditionnel présent → **je viendrais, tu viendrais**, etc.

Exercez-vous

1 Mettez les verbes entre parenthèses à la forme qui convient.

Florence a eu deux enfants. Elle s'est arrêtée de travailler. Discussion avec son mari Jean.

Jean : Si tu recommençais à travailler, nous *(avoir)* un peu plus d'argent. Nous *(pouvoir)* aller en vacances en Corse, tu *(faire)* de la plongée, les enfants *(apprendre)* à nager...
Florence : Mais Jean, si je *(travailler)*, qui *(s'occuper)* des enfants ?
Jean : Tes parents *(pouvoir)* nous aider.
Florence : Et ma mère *(s'installer)* ici ! Tu crois que tu *(apprécier)* ? Non, je *(recommencer)* à travailler quand les enfants *(être)* plus grands.

2 Complétez.

a. Imaginez des conséquences.

• *Les parents (aux enfants) :* S'il faisait beau dimanche...
• *Une jeune actrice :* Ah ! si je pouvais rencontrer Luc Besson...
• *Une jeune fille (à sa copine) :* Si tu venais à la fête de Lacour...

b. Imaginez des conditions.

• *Le cadre supérieur (à sa famille) :* Nous partirions en vacances si...
• *Florence (à Jean) :* J'inviterais ton ami Pierre plus souvent si...
• *Le médecin (à un patient) :* Vous seriez en meilleure santé si...

Imaginez

Jouez au jeu des réincarnations.

• Choisissez ou tirez au sort un mot de la liste suivante.

un animal – un arbre – une fleur – un meuble – un vêtement – un objet – un paysage – une époque – un jour de la semaine – un mois de l'année –	une profession – un monument – un cadeau – un roman – un film – une chanson – un moyen de transport – etc.

• Imaginez que vous êtes ce mot.

Si j'étais un meuble, je serais un canapé de salon. J'accueillerais tout le monde. J'écouterais les confidences. Je...

Prononciation et mécanismes

• Exercices 11, 12 page 178.

Le premier pas/2

Comment revoir Arthur ?

Au Club Gym de Grenoble.

Sandrine : Floriane, tu ne m'écoutes pas. À quoi tu rêves ?

Floriane : Tu sais, l'autre jour, chez Lacour, j'ai rencontré un type super sympa, mignon en plus.

Sandrine : Tu as ses coordonnées ?

Floriane : Non, mais il s'appelle Arthur et c'est un copain de Dylan... Je me demande s'il se souviendrait de moi.

Sandrine : On pourrait l'inviter ce week-end.

Floriane : Chez Patrick, dans le Vercors ? Non, il ne connaîtrait personne. Et puis, tu vois, je ne veux pas faire le premier pas.

Sandrine : Et si on restait à Grenoble ce week-end ? Pourquoi ne pas essayer de...

Découvrez le document

1 Écoutez la scène. Trouvez les mots qui correspondent aux définitions suivantes.

(1) récemment – (2) un garçon – (3) gentil – (4) beau – (5) le nom, l'adresse, le numéro de téléphone – (6) se poser des questions, réfléchir.

2 Présentez la situation.

3 Continuez le dialogue. Imaginez d'autres possibilités pour rencontrer Arthur.

Ex. : On pourrait aller le voir jouer...

4 Par petits groupes, imaginez la suite de l'histoire « Le premier pas ».

proposer - conseiller

■ Proposer

On va au cinéma ce soir ?
Et si on allait au théâtre ?
Pourquoi ne pas aller danser ?
On pourrait aller au restaurant...
Je vous propose de faire une promenade.

■ Conseiller

Tu devrais te reposer.
Si j'étais à ta place, ⎫
Si j'étais toi,   ⎭ je me reposerais.

■ Hésiter

J'hésite... Je réfléchis (réfléchir **6**)
Je me demande si ce film est intéressant.

Jouez les scènes

Lisez le courrier des lecteurs. Vous avez l'occasion de rencontrer une de ces personnes. Donnez-lui des conseils.

— Nos lecteurs nous écrivent —

Ils ont un problème.
Conseillez-les ▮

Nous vivons ensemble depuis 5 ans et tout va bien. Je voudrais qu'on se marie. Elle trouve que c'est banal. Comment pourrais-je la convaincre ?
Patrick, *34 ans, cadre commercial, n° 2438.*

J'ai 26 ans. Tout le monde dit que je suis jolie et très intelligente. Je fais beaucoup de rencontres mais tous mes petits amis me quittent au bout de 15 jours.
Agathe, *étudiante, n° 2445.*

Je voudrais arrêter de fumer. J'ai essayé trois fois. Au bout d'une semaine, je craque. Qu'est-ce que je peux faire ?
Gaëlle, *28 ans, commerçante, n° 2440.*

J'ai 40 ans et je dirige une entreprise de 80 personnes. Je travaille beaucoup. Je suis gentil avec tout le monde mais le personnel ne m'aime pas et mes collaborateurs sont très froids avec moi.
Michel, *chef d'entreprise, n° 2451.*

Refaites le monde

• Un nouveau président de la République, un nouveau maire, un nouveau directeur ont toujours deux ou trois grands projets qu'ils vont essayer de réaliser.

• Que feriez-vous si vous étiez :

– maire de votre ville
– directeur de votre entreprise ou de votre école
– responsable d'une chaîne de télévision ou d'une station de radio
– etc.

La Bibliothèque de France réalisée à l'initiative du président François Mitterrand (président de 1981 à 1995).

Prononciation et mécanismes

• Exercices 13, 14 page 178.

LE CINÉMA

Le fabuleux destin d'Amélie POULAIN[1]

Une étonnante galerie de portraits

Voilà un film amusant, émouvant, poétique qui met en scène de nombreux personnages plus attachants les uns que les autres.

À commencer par Amélie Poulain (Audrey Tautou), jeune fille rêveuse et timide qui n'a pas eu beaucoup de chance dans la vie. Sa mère est morte au pied de la cathédrale Notre-Dame, écrasée par un touriste suicidaire, et son père, égoïste et pessimiste, ne s'intéresse plus qu'au nain de son jardin.

Les voisins d'Amélie ne sont pas plus joyeux : une concierge qui pleure son mari disparu, un vieux peintre idéaliste qui copie éternellement un tableau de Renoir, un épicier autoritaire toujours en colère contre son employé sympathique.

Il y a aussi les gens qu'Amélie rencontre dans le café où elle travaille : une serveuse indépendante et toujours amoureuse, son amant jaloux et agressif, un écrivain sans ambition, et Georgette, fragile et mal dans sa peau. Et puis, il y a Nino (Mathieu Kassovitz), jeune homme curieux qui collectionne les photos abandonnées autour des Photomatons[2].

Un jour, Amélie décide que tout ce petit monde n'a pas le destin qu'il mérite. Amélie a de l'imagination. Elle passe à l'action…

1. Film réalisé par Jean-Pierre Jeunet (2001).
2. Appareil qui fait automatiquement des photos d'identité.

Découvrez le document

1 Lisez l'article ci-dessus. Notez dans le tableau les caractéristiques des personnages de ce film.

Nom, relation avec Amélie, etc.	Traits de personnalité
Amélie Poulain Le père d'Amélie	jeune, rêveuse, timide… …

2 Résumez le film en quelques phrases.

Ex. : C'est l'histoire d'une jeune fille qui… Sa famille… Ses voisins… Les gens qu'elle rencontre… Un jour, …

3 Imaginez comment Amélie va changer le destin de chaque personnage.

Ex. : Pour changer le destin de son père, Amélie lui vole son nain de jardin et demande à une amie hôtesse de l'air de le photographier un peu partout dans le monde. Quand M. Poulain reçoit la photo de son nain devant les plus célèbres monuments de la planète, il décide de partir en voyage et devient généreux et optimiste.

les qualités et les défauts

■ **L'humeur**
être de bonne/mauvaise humeur –
être optimiste/pessimiste –
content/mécontent – joyeux, gai,
bon vivant/triste

■ **Le comportement**
timide/expansif – indépendant/sociable –
égoïste/généreux – antipathique/sympathique

– poli/impoli – jaloux/confiant –
autoritaire/obéissant – agressif, en colère/calme

■ **Le caractère**
rêveur, idéaliste/réaliste – fragile/fort –
curieux/indifférent – peureux/courageux –
bien/mal dans sa peau – ambitieux/modeste –
organisé/désorganisé

Exercez-vous

1 Trouvez l'adjectif qui les caractérise.

*Ex. : a. Il est **indifférent** à tout.*
a. Il ne s'intéresse à rien.
b. Elle n'aime pas que les autres filles s'intéressent à
son petit ami.
c. Il aime rire et chanter.
d. Elle est à l'aise avec les gens. Elle parle à tout le
monde.
e. Il fait toujours ce qu'on lui demande.
f. Elle n'a pas envie de gagner plus d'argent.
g. Il préfère travailler seul.

2 Formez des noms avec les adjectifs du
tableau et les suffixes suivants.

-isme : optimiste → l'optimisme, ...
-(i)té : gai → la gaieté, ...
-ance(ence) : indépendant → l'indépendance, ...
-tion : ambitieux → l'ambition, ...

3 Trouvez les qualités ou les défauts
correspondant aux phrases suivantes.

a. La vie est belle !
b. Chacun pour soi, Dieu pour tous.
c. Soyez les bienvenus !
d. Il a le cœur sur la main.
e. Il a les dents longues.
f. Il est resté dans son coin.
g. Il a les pieds sur terre.

4 Quelles qualités doivent-ils avoir ?

Ex. : a. Il doit être sympathique, joyeux...
a. l'animateur de jeux télévisés
b. l'infirmière
c. la femme chef d'entreprise
d. l'homme (ou la femme) politique
e. le chercheur scientifique

Parler

Présentez quelqu'un qui a une personnalité
intéressante.

*Ex. : « Mon prof de yoga est quelqu'un d'extraordinaire.
Elle pourrait jouer dans... »*

*Un acteur comme Gérard Depardieu a une personnalité
qui lui permet de jouer presque tous les rôles dramatiques
ou comiques. Dans ses films, il a fait tous les métiers
et a vécu à toutes les époques de l'histoire.*

Prononciation et mécanismes

• Exercices 15, 16 page 178.

WONG Zhongmin
54, boulevard Gambetta
33000 BORDEAUX
Tél. 05 74 00 00 00

Bordeaux, le 15 avril 2001
Conseil régional d'Aquitaine
Service des Relations internationales

Madame, Monsieur,

Diplômée d'une école de commerce de New York, je viens de passer trois ans à l'université de Bordeaux où j'ai obtenu une licence de français. Je parle également l'anglais et le chinois, ma langue maternelle.

Je souhaiterais travailler à la promotion de votre région à l'étranger.

Je serais donc très intéressée par un emploi qui nécessiterait le sens des contacts internationaux et une bonne connaissance de votre région.

Dans l'attente de vous rencontrer, je vous prie d'agréer, Madame, Monsieur, l'expression de mes sentiments les meilleurs.

Z. WONG

Pièce jointe : CV.

Découvrez la lettre

1 Qui écrit ? Relevez toutes les informations qu'on pourrait trouver dans le curriculum vitae de Zhongmin Wong.

2 À qui écrit-elle ? Est-ce à une personne en particulier ?

3 Pourquoi écrit-elle ?

4 Observez comment Zhongmin Wong :

– formule ses souhaits et sa demande,
– présente ses compétences.

Exercez-vous

1 Classez les demandes suivantes : familière/administrative – écrite/orale.

a. Je voudrais un rendez-vous avec M. Lemarque.
b. Est-ce que vous pourriez me fixer un rendez-vous avec M. le Directeur ?
c. Je veux voir le directeur !
d. Je sollicite un entretien avec M. le Directeur.
e. Je souhaiterais obtenir un rendez-vous avec M. le Directeur.

les lettres de demande

■ Formules pour demander

Je voudrais savoir…

Je souhaiterais obtenir…

Je serais intéressé(e) par un emploi…

Je sollicite le poste de…

Pourriez-vous me dire…

Je vous prie de (bien vouloir) m'envoyer…

Je vous serais reconnaissant(e) de (bien vouloir) m'accorder un entretien…

■ Formules finales

Je vous prie d'agréer…
Veuillez agréer…
{
• l'expression de mes sentiments les meilleurs – cordiaux – respectueux – dévoués

• mes salutations amicales – cordiales – distinguées – respectueuses

→ Cas des lettres familières (voir exercice 3).

---

2 Voici des extraits de lettres et de messages. Imaginez les situations. (Qui écrit ? À qui ? Que va-t-il dire ? etc.)

J'ai lu avec intérêt dans *L'Express* du 15 juin dernier votre offre d'emploi pour un poste de chef de projet…

Pierre me dit que tu seras à Paris lundi et mardi. Pourrais-tu aller…

J'ai un problème. Ma voiture est chez le garagiste jusqu'à vendredi…

Je vous serais très reconnaissante de m'envoyer la liste des logements à louer pour le mois d'août (6 personnes).

---

3 Trouvez la formule finale qui correspond à chaque situation. (Il peut y avoir plusieurs possibilités.)

a. À la fin d'une carte postale envoyée à des amis intimes.

b. Quand vous envoyez vos vœux de bonne année à votre oncle et à votre tante.

c. À la fin d'une lettre professionnelle à un collègue de travail.

d. À quelqu'un que vous n'avez pas vu depuis longtemps.

e. À une personnalité importante.

1. Meilleurs souvenirs.

2. Bien amicalement.

3. Cordialement.

4. Veuillez agréer, Madame (Monsieur), l'expression de mes sentiments respectueux.

5. Je vous embrasse affectueusement.

6. Bises.

Écrivez

Une amie de votre pays vous demande de rédiger pour elle une lettre en français.

Tu sais que je fais une thèse sur le peintre Salvador Dali. J'aimerais bien rencontrer à Paris une femme qui s'appelle Anne Charasse. Elle a connu Dali dans les dix dernières années de sa vie. Elle pourrait me donner plein de renseignements… Si elle pouvait me recevoir un jour en octobre, ce serait idéal pour moi… Dis-lui que j'ai lu ses articles sur Dali et ses catalogues d'expo et que je les ai trouvés passionnants…

Quelle époque !

Bangkok – 25 avril 2001.

Pour échapper à la pollution et à la chaleur de Bangkok, rien de tel qu'une boisson fraîche dans un bar… à oxygène. Le premier bar de ce type en Thaïlande a ouvert ses portes cette semaine dans la capitale. Il propose à ses clients de s'offrir une dose de 20 minutes d'oxygène parfumé et une boisson fraîche dans une atmosphère bercée par une musique apaisante, le tout pour 180 bahts (4 dollars). Les clients du bar à oxygène – une tradition à Hong Kong et au Japon – peuvent choisir entre plusieurs parfums d'oxygène, dont citron, eucalyptus, géranium et lavande.

« C'est très relaxant » note un client. « Ici on manque d'oxygène, surtout à Bangkok. Je crois que c'est une bonne idée. »

© 2001, Reuters Limited.

Paris, 17 avril 2000.

Dans la nuit de samedi, un groupe qui se réclamait du « Front de libération des nains de jardin » – Canal Paris – a fait disparaître 20 des 2 000 figurines de l'exposition du parc de Bagatelle consacrée aux vieux barbus de petite taille.

Ce groupe veut « rendre les nains de jardin à leur milieu naturel, la forêt, afin de les dériduculiser [1] ».

1. Pour que les nains de jardin ne soient plus ridicules.

© Marianne, 17-23 avril 2000.

Trouvez le sens des mots inconnus

1 Lisez rapidement chaque article et répondez.

a. Que s'est-il passé ?
b. Pourquoi ?
c. Où a eu lieu l'événement ?
d. Quand a eu lieu l'événement ?

Avec ces informations, rédigez un titre pour chaque article.

2 Les phrases suivantes présentent les mots difficiles du document. Trouvez le sens de ces mots.

a. • À Bangkok, l'air est pollué. Pour **échapper** à la pollution, les gens vont à la campagne ou dans le nouveau bar à oxygène.• Vous avez chaud ? **Rien de tel qu'**un bain dans une piscine.

• Garçon, s'il vous plaît. Un jus d'orange, bien **frais** !

• Le bébé pleure. La maman le **berce** pour l'**apaiser**.

• Après une journée de travail, une heure de yoga, c'est **relaxant**.

b. • Le **Front de libération** nationale de la Corse veut l'indépendance de l'île.

• Hugo (8 ans) a 180 **figurines** des Pokémons.

•500 pilotes ont bloqué l'aéroport. Ils **se réclamaient** du Syndicat national des pilotes. Ils manifestaient **afin d'**obtenir de meilleures conditions de travail.

Vérifiez votre compréhension

Écoutez cette conversation entre trois amis. Ils racontent les anecdotes de la p. 28.

1 Relevez 6 erreurs.

Ex. : Aux États-Unis...
(c'est faux, c'est en Thaïlande).

2 Relevez les expressions qui servent à intéresser les auditeurs.

Ex. : Est-ce que vous savez que...

Commentez - imaginez

(Travail en petits groupes)
Choisissez un des deux textes et commentez-le.

a. Bar à oxygène

L'idée est-elle originale ? efficace ?
Connaissez-vous des bars, des cafés originaux ?
Imaginez un café ou un bar différent des autres.

b. Front de libération des nains

Donnez votre opinion sur cette organisation.
Connaissez-vous des organisations étranges ?
Pouvez-vous en imaginer une ?

---

raconter une anecdote

■ **Pour prendre la parole**
Les cafés originaux, **ça me fait penser à...**
ça me rappelle...
Au fait, vous connaissez les cafés philosophiques ?
À propos, vous avez entendu parler des cafés philosophiques ?
Je connais une anecdote, une histoire **sur** les cafés philosophiques.

■ **Pour situer l'époque et le lieu**
Se passer. Ça se passe. Ça s'est passé...
Avoir lieu. Ça a lieu. Ça a eu lieu...
→ **en** Asie – **en** Thaïlande/**aux** Philippines – à Bangkok – **dans** une ville, une région de...
→ **en** 2001 – **en** avril (**au mois d'**avril) – **au** printemps/**en** automne – **le** 25 avril

■ **Pour maintenir l'attention**
Figurez-vous qu'à Paris...
Je vais vous dire... Attendez... Vous allez voir...

Écoutez - écrivez - racontez

1 Écoutez la suite de la conversation des trois amis. L'un d'eux raconte une troisième anecdote qui est illustrée par la photo ci-dessous.

2 Rédigez cette anecdote en 5 lignes.

3 Racontez des anecdotes originales.

Prononciation et mécanismes

• Exercices 17, 18 page 178.

Reportage dans un club de gymnastique : le Gymnase de Nancy

BIENVENUE AU CLUB

Le Gymnase de Nancy est un club de gymnastique et de remise en forme où l'on trouve toutes les tranches d'âge : des adolescents aux hommes et aux femmes qui ont passé la cinquantaine. Ils sont tous différents. Pourtant, ils sont tous unis dans le même effort.
Alors, pourquoi viennent-ils ici ?
Quelle image ont-ils d'eux-mêmes ?
Quelle image idéale ont-ils de l'autre ?
Notre reporter les a interrogés.

Préparez l'écoute du document

1 Lisez la présentation du reportage. Où se déroule-t-il ?

Quelles sont les trois questions que le reporter va poser ?

2 En utilisant le vocabulaire du tableau, imaginez des réponses possibles à ces trois questions.

Découvrez le document

À chaque témoignage complétez le tableau.

	Réponses des femmes	Réponses des hommes
Pourquoi venez-vous ici ?	...	...
Quelle image avez-vous de vous-même ?	...	...
Quelle image idéale avez-vous de l'autre ?	...	...

l'image

■ **Avoir une bonne/mauvaise image** (auprès de...) – soigner son image – améliorer son image

■ **L'allure, le look**
Elle a un look, une allure de star.
Il ressemble à un... – Il a l'air de...
Il se donne une allure (un look) branché(e).

■ **Le physique**
avoir un physique de jeune premier
être mince/gros (enveloppé)
avoir un corps musclé (les muscles)
la peau – avec un teint éclatant/terne
être bronzé (le bronzage)
être ridé (les rides)
avoir une barbe – se raser
avoir les cheveux longs/courts – être chauve

■ **Être en forme**
avoir la forme – avoir du tonus

■ **Être à la mode**
être tendance – être branché (elle est très branchée cinéma américain)

MODES DE VIE
NOUVELLES TENDANCES

Les mots clés de la décennie

- autonomie
- créativité
- dynamisme
- jeunesse
- mobilité
- nature (et naturel)
- ouverture (aux autres, au monde, etc.)
- simplicité

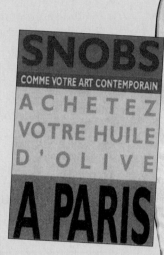

CE QU'ILS DISENT

1. Je vais faire la fête toute la nuit.
2. Je n'achète que des légumes bio.
3. Le restaurant japonais de la rue du Bac, c'est ma cantine.
4. J'achète, je commande, je réserve par le Minitel ou Internet.
5. Je suis en pleine forme.
6. Je fais moi-même mes cartons d'invitation avec mon ordinateur.
7. Je vais travailler à trottinette ou en rollers.
8. Je n'invite jamais plus de 3 ou 4 personnes à dîner.

Ce qu'ils font

a. Se soigner par les plantes.
b. Créer leur entreprise.
c. Fréquenter une salle de gym.
d. Prendre le TGV (au lieu de l'avion).
e. Utiliser des mots anglais.
f. Réparer soi-même le robinet du lavabo ou la serrure de la porte.
g. Décorer son appartement avec des choses trouvées à droite et à gauche.
h. Accepter un emploi en Nouvelle-Zélande.

Commentez - comparez

1. Illustrez chaque valeur de la décennie par des exemples pris dans « ce qu'ils disent » et « ce qu'ils font ». Trouvez d'autres exemples.

Ex. : l'autonomie → 4, 6, 7, f, les supermarchés du bricolage, etc.

2. Comparez avec les comportements dans votre pays.

Adaptez la liste des dix mots clés à votre pays.

Discutez par deux

- Quelle image avez-vous de vous-même ? Quelle image aimeriez-vous donner ? Quelle image avez-vous de votre voisin(e) ?
- Chacun commente les réponses de l'autre.

Prononciation et mécanismes

- Exercices 19, 20 page 178.

1. Imaginer – Faire des suppositions

Faites-les parler. Le vendeur montre les avantages du camping-car. Elle y trouve des désavantages.

Le vendeur : Si vous achetiez...

Vous êtes autonome.
On va où on veut.
Vous dépensez moins...

Les enfants font du bruit.
On dort mal.
Je dois faire la cuisine...

2. Donner des conseils – Suggérer

Rédigez les conseils qu'ils donnent. Variez la forme des phrases (voir p. 23).

Ex. : Tu devrais lui parler...

a. Elle ne supporte plus son voisin.

· lui parler du problème
· appeler la police
· casser le tracteur
· acheter des boules Quiès
· empoisonner le voisin

V-ROUM POUET

b. Elle est ambitieuse.

Je voudrais devenir quelqu'un de célèbre.

· changer de look
· travailler plus
· rencontrer des journalistes
· sortir plus souvent
· épouser quelqu'un de célèbre

3. Parler des qualités et des défauts

Caractérisez-les par un ou deux adjectifs.

*Ex. : **a.** ambitieux, autoritaire.*

a. Il veut le poste du directeur.
b. Elle aime travailler seule.
c. Il aime commander les autres.
d. Elle n'a pas d'emploi du temps précis. Elle ne trouve jamais ses affaires.
e. Ce matin, il ne sourit pas. Il se met facilement en colère.
f. Il est toujours content.
g. Elle travaille bien, vite, intelligemment. Son directeur est très satisfait.

4. Raconter une anecdote

Remettez dans l'ordre les 6 phrases de cette histoire.

SAUVÉ PAR SES BISCUITS

a. Mais la porte du coffre-fort se referme accidentellement sur lui.

b. Il devra attendre quatre jours avant de pouvoir sortir.

c. Vendredi 31 décembre, en fin d'après-midi, William J., bijoutier de l'île de Wight (Grande-Bretagne), enferme ses bijoux dans son coffre comme il le fait chaque soir.

d. Heureusement, William J. a toujours quelques biscuits dans sa poche et il cache des jus de pamplemousse dans son coffre. Il sortira en pleine forme.

e. Et William J. se retrouve enfermé dans le coffre.

f. C'est sa voisine qui, étonnée de ne plus le voir, a averti la police.

D'après Marianne.

5. Faire une demande écrite

Écoutez une conversation téléphonique.

Une journaliste demande des informations à l'office du tourisme de Chartres.
Dix jours après, elle n'a pas reçu ce qu'elle demandait. Elle envoie un message par Internet.

Rédigez ce message.

3 Défendre une idée

- **E**xprimer la volonté et l'obligation
- **F**ormuler des souhaits
- **E**xprimer un manque, un besoin
- **C**omprendre la question des identités régionales
- **P**arler de l'environnement, des animaux, des catastrophes naturelles

La pétition/1

La ligne des Cévennes

MENACES SUR LE TRAIN DES CÉVENNES

La SNCF supprimerait la ligne qui relie Alès à Clermont-Ferrand

Construite en 1870, cette ligne qui traverse les magnifiques paysages des Cévennes coûte trop cher.

Dans un café de Langogne, petite ville de 3 000 habitants au sud du Massif central.

Rémi : Tu as lu ça ! Ils veulent supprimer la ligne.

André : Qu'est-ce que tu veux qu'ils fassent ? Elle n'est pas rentable.

Rémi : Rentable ou pas, elle est utile. Il faut qu'ils la maintiennent.

André : Pour une vingtaine de passagers entre Villefort et Brioude ?

Rémi : Et le transport du bois ? Et le transport du ciment, tu y penses ? Tu voudrais qu'il y ait des centaines de camions sur nos routes et que notre air soit pollué... Non, il faut qu'on agisse.

André : Toi, je te vois venir. Tu as envie qu'on fasse une pétition.

Rémi : Exactement, et qu'on aille voir le préfet.

Découvrez le document

1 Expliquez le problème en vous aidant d'une carte.

Ex. : Au sud du Massif central, il y a ...
Mais la SNCF (Société nationale des chemins de fer français) veut ... parce que ...

2 Notez les arguments pour ou contre la suppression de la ligne. Trouvez d'autres arguments.

(tourisme – personnes sans voitures – entretien – etc.)

3 Observez les formes de l'expression de la volonté et de l'obligation.

Ils veulent supprimer...
Qu'est-ce que tu veux qu'ils fassent ?

4 Un responsable de la SNCF et Rémi présentent leurs arguments. Utilisez les formes du tableau.

Ex. : Il faut que nous soyons rentables...

le subjonctif présent (voir p. 196 (15))

■ Emploi

Le subjonctif s'emploie après certains verbes et expressions grammaticales que nous étudierons progressivement. Ces verbes peuvent exprimer :
– la volonté, l'obligation : p. 35
– les goûts, les préférences : p. 151

– l'antériorité : p. 107
– l'opposition : p. 137
– les sentiments p. 39, 69, 81
– le doute : p. 51, 101
– la supposition : p. 149
– le but : p. 87

■ Formes

parler
... que je parle
... que tu parles
... qu'il/elle parle
... que nous parlions
... que vous parliez
... qu'ils/elles parlent

→ **Verbes en -er** : comme *parler*
→ **Autres verbes** : mêmes terminaisons que les verbes en *-er* mais il faut apprendre la forme de la 1re personne.

finir : ... que je finisse
aller : ... que j'aille
venir : ... que je vienne
partir : ... que je parte
sortir : ... que je sorte

savoir : ... que je sache
prendre : ... que je prenne
vouloir : ... que je veuille
pouvoir : ... que je puisse
faire : ... que je fasse

→ **Cas de *être* et *avoir***
être : ... que je sois, ... que nous soyons
avoir : ... que j'aie, ... que nous ayons

■ Constructions

Je veux **partir**. (les deux verbes ont le même sujet → infinitif)
Je veux **que tu partes**. (les deux verbes ont des sujets différents → subjonctif)

■ Verbes qui expriment la volonté, l'obligation

→ Je veux... je voudrais...
J'ai envie... ⎫ **que tu fasses** ton travail.
J'exige... ⎭
→ Il faut **que tu ailles** travailler.

Tu veux qu'on aille au cinéma ?

Non, il faut que je finisse un travail.

---

1 Mettez les verbes à la forme qui convient.

Phrases entendues à la réunion pour le maintien de la ligne des Cévennes.
• Il faut que nous (*être*) nombreux et que nous (*avoir*) beaucoup d'arguments.
• Nous voulons que les habitants de la région et les touristes (*pouvoir*) prendre ce train.
• Cette ligne est magnifique. On doit la (*maintenir*).
• Il faut que le préfet (*savoir*) que tout le monde est contre le projet. Il faut qu'il (*prendre*) ses responsabilités.

2 Derniers préparatifs avant les vacances. Faites-la parler.

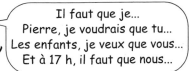

*Il faut que je...
Pierre, je voudrais que tu...
Les enfants, je veux que vous...
Et à 17 h, il faut que nous...*

PENSE - BÊTE
Moi : aller à la banque
finir de faire les valises
Pierre : faire les courses
prendre de l'essence
être là à 16 h
Les enfants : aller chez le coiffeur
ranger les chambres
Départ 17 h
(Laisser le chat chez Mamie)

Prononciation et mécanismes

• Exercices 21, 22, 23 page 178.

La pétition/2

Difficile à convaincre

Les défenseurs de la ligne de chemin de fer des Cévennes font signer une pétition sur la place du village.

Manon : Pour le maintien de la ligne des Cévennes !... Allez, monsieur Pujol, votre signature ! Nous en avons besoin !

M. Pujol : Oh, moi, vous savez, votre pétition, je m'en moque. La ligne, je m'en passerai.

Manon : Comment ça ? Quand vous allez voir votre fils à La Bastide, vous ne prenez pas le train ?

M. Pujol : Je n'y vais plus. Il habite Marseille maintenant.

Manon : Mais cette ligne va manquer à des tas de gens comme vous.

M. Pujol : Ils prendront le car.

Manon : Et tous ces camions de bois qui vont passer devant chez vous, vous y avez pensé ? Ça va en faire du bruit !

M. Pujol : Je m'y habituerai.

Manon : J'en doute. Nous en reparlerons, monsieur Pujol...

Découvrez le document

1 Imaginez qui est M. Pujol d'après ce qu'il dit.

2 Observez les constructions avec « en » et « y ». Retrouvez la construction sans pronom.

Ex. : Votre signature ! Nous en avons besoin !
→ *Nous avons besoin de votre signature !*

3 Observez les constructions orales. Retrouvez l'ordre classique des mots.

Ex. : Votre pétition, je m'en moque.
→ *Je me moque de votre pétition.*

4 Imaginez la suite du dialogue. Utilisez les mêmes constructions.

Exercez-vous

1 Complétez les réponses. Utilisez un pronom.

Un père indiscret.
Le père : Alors, tu viens de chez tes copains ?
Le fils (15 ans) : Oui, j'en viens.
Le père : Vous avez fait du foot ?
Le fils : Oui, nous ...
Le père : Tu as fait tes devoirs ?
Le fils : Non, ...
Le père : Tes copains et toi, vous pensez à votre examen ?
Le fils : Oui, nous ...
Le père : Tu fais des exercices de maths ?
Le fils : Oui, ...
Le père : Tu t'habitues à ton nouveau programme ?
Le fils : Oui, ...
Le père : Tu as besoin d'aide ?
Le fils : Non, ...

l'existence/le manque

- Dans cette région, **il y a... on trouve...**
il existe de beaux paysages.
- **Il manque (Il nous manque)** des routes.
Les routes **manquent** dans cette région.
- **On a besoin** d'hôtels. – Les hôtels sont
nécessaires.

On ne peut pas **se passer** d'hôtels.
- C'est suffisant/insuffisant.
- un pays pauvre (en...)/riche (en...)
la pauvreté/la richesse – la présence/l'absence –
la pénurie – l'insuffisance.

les pronoms compléments qui remplacent des choses ou des idées

(voir p. 185 (3. a))

Le choix du pronom dépend de la construction verbe-complément.

Construction sans préposition	• Cas général → **le/la – les**	• Vous prenez souvent le train ? – Je **le** prends souvent.
	• Idée de quantité → **en**	• Il y a un train entre Langogne et La Bastide ? – Oui, il y **en** a un.
Construction avec la préposition *à* ou une préposition de lieu (*dans, chez, vers,* etc.) → **y**		• Vous réfléchirez à ma proposition. – J'**y** réfléchirai. • Vous retournerez chez Rémi ? – J'**y** retournerai.
Construction avec la préposition *de* → **en**		• Vous avez besoin de repos ? – J'**en** ai besoin. • Vous venez de Paris ? – J'**en** viens.

2 Supprimez les répétitions. Remplacez les mots en gras par un pronom.

Un sportif qui participe aux jeux Olympiques de Toronto écrit à son amie.

Nous sommes depuis 3 jours au village olympique. Nous sommes très bien installés **dans ce village**. Il fait chaud mais je m'habitue petit à petit **à la chaleur**.
Nous ne parlons que de la médaille d'or. Je pense jour et nuit **à cette médaille**.
Nous allons gagner. Nous rêvons **que nous allons gagner**. Nous sommes sûrs **que nous allons gagner**.
Envoie-nous tes encouragements. Nous avons besoin **de tes encouragements**.

Jouez la scène

- Interrogez le berger des Alpes. Qu'est-ce qui lui manque le plus ? Est-il heureux ?

- Vous pouvez aussi interroger :

– un scientifique des îles Kerguelen (océan Antarctique)
– un Robinson qui s'est installé sur une île inhabitée

Berger des Alpes. Il passe six mois de l'année seul avec ses moutons dans les montagnes.

Prononciation et mécanismes

- Exercices 24, 25, 26 page 178.

Quels souhaits pour la Bretagne ?

Depuis quelques années, les particularismes régionaux se réveillent un peu partout en France. Certains veulent plus d'autonomie. D'autres (moins de 1 %) demandent l'indépendance. Quelquefois, leur action prend une forme violente…
Voici des extraits d'un forum Internet qui posait la question :
« Que souhaitez-vous pour la Bretagne ? »

❧ « Je n'ai rien contre l'Europe. Je n'ai rien contre la mondialisation de l'économie, mais je ne voudrais pas que la culture bretonne disparaisse. J'aimerais pouvoir continuer longtemps à manger mes crevettes grises à l'apéritif et mes rillettes[1]. Pareil pour notre musique, nos habitudes, etc. »
Bernadette, étudiante, *Rennes.*

❧ « Je me sens plus proche de l'Irlande et de l'Écosse que de Paris. Je souhaiterais que la Bretagne soit une région autonome dans l'Europe. On pourrait faire des choses avec les pays de culture celte. »
Yann, musicien, *Quimper.*

❧ « J'espère qu'on va développer l'enseignement de la langue bretonne. Je voudrais que mes enfants puissent parler la langue de leurs grands-parents. »
Élodie, enseignante, *Vannes.*

❧ « Je ne souhaite pas que la Bretagne soit autonome. Je me sens français autant que breton. Nous ne devons pas être isolés. On vient de toute l'Europe écouter notre musique et nos disques se vendent partout dans le monde. »
Denez, journaliste, *Brest.*

1. Charcuterie faite de viande de porc ou d'oie hachée et cuite dans la graisse.

Avec des chanteurs comme Alan Stivell et des groupes comme Tri Yann (photo), la musique bretonne (celte) est bien vivante. Les concerts et les festivals bretons ont beaucoup de succès.

La fréquentation des écoles Diwan est en augmentation. L'enseignement y est donné en breton, en français et en anglais.

exprimer un souhait

Je souhaite
Je souhaiterais } **que nous gardions**
J'aimerais } nos traditions.
Je voudrais bien } (subjonctif)

J'espère que **nous garderons** nos traditions.
(indicatif)
J'ai un espoir : **que nous gardions** nos traditions.
(subjonctif)

parler des régions

■ **Les régions**
un territoire – une zone – un pays – une région
■ **Réunir et séparer**
La Bretagne fait partie de la France.
Réunir ❻ quelque chose à... / séparer
quelque chose de...
Demander, obtenir une indépendance
(indépendant)... une autonomie (autonome).

■ **L'identité**
une particularité, une caractéristique
une culture, une tradition, les racines
Perdre ⓱ conserver – maintenir ❼ une
tradition
Une tradition se perd... se conserve...
se maintient.
disparaître ㉛/renaître ㉝ – Une culture
disparaît/renaît.

Découvrez le document

1 De quel document s'agit-il ? Qui
s'exprime ? À quelle occasion ?

2 Relevez et classez les souhaits
et les opinions exprimés dans ce forum.

Ex. : Favorable à l'Europe et à l'économie moderne : ...

3 Résumez ces opinions.

Ex. : Les Bretons souhaitent... Certains... Mais d'autres...

4 Relevez les formules utilisées
pour exprimer des souhaits.

Exercez-vous

Complétez avec les verbes du tableau
« Parler des régions ».

• La Corse est une île qui ... de la France depuis 1768.
Aujourd'hui, certains Corses veulent ... leur
indépendance.
• Quand Pierre parle, on sait qu'il a passé son enfance
à Marseille. Il ... son accent.
• Dans l'histoire, l'Alsace a été plusieurs fois ...
de la France, puis ... à la France.
• Marie habite un village des Pyrénées. Elle ne veut pas
que la tradition de la fête des fleurs ... Elle a créé
une association pour ... cette tradition.

POUR COMPRENDRE LES RÉGIONS
La France s'est construite entre le Xe et le XVIIIe siècle
par la réunion de petits territoires autonomes :
les provinces. Jusqu'à la Révolution (1789), les langues,
les monnaies, le droit, etc., sont différents selon la province.
Petit à petit, le français de la région parisienne est imposé
dans toute la France mais jusqu'au milieu du XXe siècle,
on utilise beaucoup les langues régionales.

Formulez des souhaits pour votre région

Ex. : Je souhaiterais que ...

Dans cette leçon, vous réaliserez seul ou en petit groupe :
UN PROJET POUR LA PROTECTION D'UN SITE NATUREL
(paysage, plage, forêt, parc dans une ville, etc.)
• Vous présenterez l'état du site et les risques.
• Vous ferez des propositions pour protéger cet environnement.

RÉOUVERTURE DU TUNNEL DU MONT-BLANC. LES HABITANTS CONTRE LA CIRCULATION DES CAMIONS

Fermé après un grave accident, le tunnel du Mont-Blanc qui relie la France à l'Italie va bientôt être réouvert à la circulation. Une bonne nouvelle pour tout le monde. Pourtant, les habitants de la vallée de Chamonix veulent interdire le tunnel aux camions. Ils espèrent ainsi limiter les risques d'accident dans le tunnel et protéger la vallée de la pollution.

Source : La Dépêche du Midi, 2001.

Étudiez les deux articles

1 Lisez les articles pages 40 et 41. Pour chaque article complétez le tableau suivant.

Nom du site	Forêt de la Guyane française
Intérêt écologique	...
Défenseurs du site	...
Projet de protection	...
Opposants au projet	...
Arguments des opposants	...

2 Relevez les mots utilisés pour la succession des phrases.

Ex. : Pourtant...

Écoutez

Une jeune femme de Marseille parle du site des « Calanques ».

Notez :
– les caractéristiques du site
– les risques
– les solutions proposées

Révisez, apprenez les mots de l'environnement

(Travail en petits groupes).
Continuez les cinq listes de mots suivantes (une dizaine de mots pour chacune).

Trouvez des exemples de sites à protéger.

a. *L'eau :* une source, une rivière...
b. *La montagne :* un glacier, une vallée...
c. *La mer et le bord de mer :* une plage, une falaise...
d. *Les végétaux :* la forêt, un arbre...
e. *L'air :* l'oxygène, un gaz...
Exemple de sites à protéger : La Loire : à protéger de la pollution des usines.

Les calanques près de Marseille.

CONTRE

Intérêts économiques

Guyane française : menaces sur la forêt

En Guyane[1], pour protéger la forêt équatoriale riche en espèces animales et végétales, le gouvernement français souhaite créer un grand parc national.

Pourtant, ce projet rencontre de nombreuses oppositions. D'abord, les Indiens semi-nomades de la forêt ont peur de ne plus pouvoir continuer à pratiquer la chasse et la pêche traditionnelles.

Ensuite, de grosses sociétés espèrent développer l'exploitation du bois et de l'or.

Enfin, les dirigeants locaux considèrent que le parc risque d'être un obstacle au développement de leur pays.

1. Département français situé au nord-est du Brésil.

Source : L'Express, 1999.

l'environnement

■ **Les lieux**
un environnement – un cadre de vie – un site naturel – un paysage

■ **La pollution**
polluer – salir **6** /nettoyer – laver – purifier – un produit polluant – une station d'épuration être sale/propre

■ **Les transformations**
(se) dégrader (une dégradation) – détruire **34** (une destruction) – abîmer – couper diminuer (une diminution) – réduire **34** (une réduction)

disparaître **31** (une disparition) / réapparaître (une réapparition)
augmenter (une augmentation) – (s')accroître (un accroissement)

■ **Les risques**
La forêt risque de disparaître.
L'augmentation du gaz carbonique est un risque important pour l'environnement.

■ **La protection**
protéger – un site protégé
défendre **17** – prendre la défense de...
respecter – le respect de l'environnement

Rédigez votre projet

1. Lieu et intérêt
2. Risques et menaces
3. Propositions

Prononciation et mécanismes

• Exercices 27, 28 page 178-179.

ZIMBABWE
PROJET POUR LA PROTECTION DES ANIMAUX SAUVAGES

Chaque année, des centaines de passionnés de chasse viennent au Zimbabwe des quatre coins du monde pour tuer éléphants, lions et léopards. Dans les années quatre-vingt,
5 le braconnage[1] a fait diminuer la population des rhinocéros de 3 000 à 800.

Pour arrêter ces massacres, le gouvernement a mis en place en 1989 un projet baptisé « Campfire » (programme de gestion des zones communales).
10 « Au lieu d'interdire la chasse, nous avons choisi de la réglementer en impliquant directement les populations locales, résume Stephen Kasere, directeur du programme. Nous effectuons ainsi chaque année, avec l'aide du WWF (World Wild
15 Fund), un comptage des animaux qui vivent dans nos réserves et, moyennant finances, nous accordons aux tour-opérateurs spécialisés dans la chasse le droit de tuer 0,75 % de nos éléphants. Le chiffre est faible, car cette espèce croît[2] en
20 moyenne de 5 % par an. »

« Notre concession nous coûte entre 1,3 et 1,6 million de francs chaque année. Nous devons aussi payer à l'avance tous les animaux que nous sommes supposés tuer, remarque Claude Meredith,
25 un chasseur professionnel. Un éléphant mâle nous est ainsi facturé 40 000 F. Avec ces recettes, le district auquel est rattachée notre réserve a construit en 1999 quatre classes pour une école et une clinique, et s'est offert des tracteurs. Pour chaque
30 client, nous embauchons entre 12 et 15 personnes », indique Meredith. Ce projet a été adopté dans cinq autres pays africains (Namibie, Afrique du Sud, Botswana, Zambie et Mozambique).

1. Chasse illégale. 2. Croître **32** : augmenter.
Frédéric Thérin, *L'Express*, 16 mars 2000.

Découvrez le document

1 Lisez le titre et l'introduction. Quel est le problème ? Imaginez des solutions.

2 Lisez l'article. Trouvez le sens des mots inconnus à l'aide des explications suivantes.

Lignes 1 à 10 : tuerie – créer, organiser – nommé.
Lignes 11 à 20 : faire participer – faire – en échange d'argent – donner –
Lignes 21 à la fin : contrat qui donne le droit d'exploiter (ici : le droit de tuer) – demander un paiement – zone administrative.

3 Expliquez le projet « Campfire » (jeu de rôles à faire à trois).

Un(e) journaliste fait une enquête sur la protection des animaux sauvages au Zimbabwe. Elle interroge :
– un responsable du gouvernement,
– un tour-opérateur spécialisé dans la chasse.

La journaliste : Est-ce que le nombre des animaux a diminué au Zimbabwe ?
Le responsable : Il a diminué jusqu'en 1990, surtout pour les rhinocéros.
La journaliste : Vous avez fait quelque chose pour... ? Etc.

les animaux

■ Les animaux sauvages
le lion – le tigre – l'éléphant – le rhinocéros –
la girafe – la biche – le cerf – le renard – l'ours
– le serpent – le crocodile – le loup – le singe –
le rat – la souris – etc.

■ Les animaux domestiques
le chien – le chat – le cheval – l'âne – le bœuf –
la vache – le veau – le mouton – la chèvre –
la poule – le coq – le poulet – le canard – l'oie –
le pigeon – le lapin – le porc (le cochon) – etc.

■ Les activités
chasser – la chasse – un fusil – tuer un animal
– pêcher – la pêche – pêcher un poisson –
élever – faire l'élevage des poulets –
apprivoiser – dresser un lion – un cirque

Apprenez le nom des animaux

1 Explorez par deux la liste ci-dessus.
Posez-vous des questions.

*Ex. : Quel animal préférerais-tu dresser si tu travaillais
dans un cirque ?*

2 Complétez avec un nom d'animal.

• Elle n'a jamais faim. Elle a un appétit d'...
• Il a une bonne mémoire, une mémoire d'...
• Cet enfant n'apprend rien à l'école, c'est un ... De plus,
il ne mange pas proprement. Il mange comme un ...
• Il suit toujours l'avis des autres comme un ...

3 Partagez-vous les noms des animaux
et cherchez dans un dictionnaire les emplois
particuliers de ces mots.

*Ex. : cheval → Il a une fièvre de cheval. – C'est le bon
cheval. – Etc.*

Une famille française sur deux possède un chien ou un chat.

Débattez, discutez

(Travail en petits groupes)
Choisissez un des sujets suivants.
Discutez en petits groupes.
Présentez à la classe les
conclusions de votre débat.

• Pour ou contre la multiplication
des animaux de compagnie.

• Pour ou contre la protection
de certains animaux sauvages
et dangereux.

*Les loups sont des animaux protégés. Il en existe
quelques-uns dans les Alpes (Mercantour) qui
provoquent la colère des bergers.*

Reportage dans la forêt des Vosges
après la tempête de décembre 1999

Après la tempête

Après la tempête du 26 décembre 1999 qui
a détruit une partie des forêts
des Vosges, notre reporter interroge
Mme Catherine Bernardin, vice-présidente de
l'association Oiseaux-Nature, une association
qui protège le milieu naturel vosgien.

Un véritable cataclysme
frappe tout le Nord

France, dimanche 26

Le vent est arrivé par l'ouest. Vite. Vers 4 heures. À Brest, il soufflait
à 172 km/h. À mesure de son avancée, il s'est amplifié. Les instruments
de mesure n'y ont pas résisté. Certaines rafales ont dépassé les 215 km/h.
La tempête a traversé le pays jusqu'en Alsace. Les 30 morts sont atteints.
À Versailles, des milliers d'arbres du parc ont été abattus. À Paris, les troncs
bloquent les rues. Les bois de
Vincennes et de Boulogne ne sont
que désolation. Toitures, clochers et
hangars sont partout détruits. Plus
de deux millions de foyers n'ont
plus l'électricité. « Tout est allé trop
vite pour que l'on puisse réaliser ce
qui allait se passer », explique un
porte-parole de Météo France.

Chronique de l'année 1999,
© 2000, Jacques Legrand, SA Éditions
Chronique.

les catastrophes

■ **Pour parler d'un événement**
→ *se passer – arriver*
Qu'est-ce qui s'est passé ?
Qu'est-ce qui est arrivé ?
→ *avoir lieu – se produire*
La catastrophe a eu lieu (s'est produite,
est arrivée, s'est passée) dans la nuit
de lundi.
Un tremblement de terre a eu lieu
(s'est produit).

■ **Les catastrophes**
une tempête – un vent violent (souffler) –
la foudre (tomber) – un ouragan
une inondation (inonder)
un incendie – le feu –
les flammes – brûler
un tremblement de terre (trembler)
une éruption volcanique –
un volcan – entrer en éruption
une avalanche – un glissement de terrain

■ **Les dégâts et les victimes**
une victime – un mort – un blessé (grave)
(se) tuer – (se) blesser – (se) noyer
les dégâts (voir p. 41)

Découvrez l'article

1 Lisez les 4 premières lignes du document.
Les informations suivantes sont-elles vraies
ou fausses ?

a. Une catastrophe s'est produite dans la partie Nord
de la France.
b. Une violente tempête a traversé la France d'ouest en
est.
c. La tempête a été moins forte en Alsace qu'en
Bretagne.
d. Les vents ont soufflé à plus de 215 km/h mais n'ont
pas cassé les instruments de mesure.

2 Lisez la suite de l'article. Faites la liste des
conséquences de la tempête.

a. Victimes : ...
b. ...

Exercez-vous

Complétez avec le vocabulaire du tableau.

Nouvelles brèves.
• Un grave incendie ... dans la région de Toulon. Quinze
hectares de forêt ... .
• Des pluies violentes ont causé ... dans le Nord de la
France. Des animaux sont morts ... .
• Une avalanche ... hier après-midi dans la station de ski
de Chamonix. Trois skieurs ont été légèrement ... .
• En 1991, ... du volcan Pinatubo aux Philippines, a été
une terrible catastrophe.
• Pendant un violent orage, la ... est tombée sur l'école
de Boussac (Bourgogne). Heureusement, il n'y a pas de
... .

Vérifiez votre compréhension

Écoutez Catherine Bernardin. Cochez les
phrases qui correspondent à ce qu'elle dit.

• Après la tempête, l'association s'est posé
les questions suivantes :

☐ Comment réparer les dégâts causés par la tempête ?

☐ Comment s'adapter au nouveau visage de la forêt ?

☐ Comment améliorer les conditions de vie
des oiseaux ?

• L'association a décidé :

☐ de replanter la forêt.

☐ de créer de nouvelles clairières[1] là où des arbres
sont tombés.

☐ de planter de petits arbres et des arbres fruitiers.

1. Espace sans arbres dans une forêt.

Prononciation
et mécanismes

• Exercices 29, 30 page 179.

1. Exprimer la volonté, l'obligation

a. Mettez les verbes à la forme qui convient.

Discussion entre Sarah et son mari Paul, entrepreneur dans le bâtiment.

Sarah : J'aimerais que tu *(venir)* à la manifestation contre la construction du parking. Il faut qu'*(il y a)* beaucoup de monde. Il faut qu'ils *(comprendre)* que nous ne les laisserons pas faire !

Paul : Désolé. Il faut que j'*(aller)* à une réunion de travail.

Sarah : Encore du travail ! Paul, je voudrais que tu *(travailler)* moins, que nous *(sortir)* un peu, qu'on *(partir)* en voyage !

Paul : Si ma réunion marche bien, je te promets que nous *(aller)* à Venise.

Sarah : Qu'allez-vous décider à cette réunion ?

Paul : Qui va construire le parking.

b. Faites-les parler.

Françoise et Jacques auront bientôt 60 ans et seront à la retraite. Ils prennent des décisions. Formulez-les comme dans la bulle.

– Les enfants quitteront la maison.
– Tu feras du piano.
– Je lirai.
– Nous voyagerons.
– Nous irons faire des balades.

> Il faut que les enfants...
> J'aimerais que nous...
> Je voudrais que tu...

2. Exprimer des souhaits

Vos amis habitent Abbeville et ont été victimes des inondations.
Écrivez-leur un message. Formulez des souhaits.

Nous avons appris ... Nous espérons ... Nous souhaitons...

Inondations dans la Somme[1]

Il y a maintenant quinze jours que les habitants d'Abbeville ont les pieds dans l'eau. Certains n'ont pas voulu quitter leur maison mais l'électricité et l'eau potable manquent.

1. Département de la région Picardie et nom de la rivière qui traverse cette région.

3. Utiliser les pronoms

Répondez en utilisant le pronom qui convient.

Un chômeur se présente à l'Agence nationale pour l'emploi.

L'employée : Vous avez vraiment envie de travailler ?
Le chômeur : Oui, ...
L'employée : Vous avez réfléchi à un emploi qui vous intéresserait ?
Le chômeur : Oui, ...
L'employée : Vous avez besoin d'une formation ?
Le chômeur : Oui, ...
L'employée : Vous commencez votre formation lundi. Pensez à remplir ce dossier !
Le chômeur : D'accord, ...
L'employée : Et n'oubliez pas d'être au centre de formation à 8 h !
Le chômeur : D'accord, ...

4. Parler de l'environnement

a. Quelles sont les conséquences ? Utilisez des verbes différents.

Il y a quelques années, de nombreuses usines se sont installées au bord de cette rivière. Aujourd'hui l'eau...,
Le nombre de poissons...,
Certaines plantes...,
Dans l'air, les gaz toxiques...,
La qualité de l'environnement...

b. Que faut-il faire ?

• La tempête a démoli la maison. ➜ *Il faut la reconstruire.*
• Le nombre des grenouilles diminue. ➜ ...
• Le parc est très sale. ➜ ...
• En été, l'air de la ville est pollué. ➜ ...
• Ce site contient des espèces rares. ➜ ...

5. Parler d'une catastrophe

Écoutez ces 4 informations à la radio.
Voici le titre et le sous-titre de presse correspondant à la première information.
Rédigez le titre et le sous-titre des 3 autres.

INCENDIE DANS UNE DISCOTHÈQUE

La discothèque est détruite mais le feu n'a fait que trois brûlés légers.

4

Découvrir la vérité

Présenter un événement et ses circonstances.

Exprimer la possibilité, l'impossibilité, la vérité et l'erreur

Raconter un fait divers, un mystère, une légende

Commenter des opinions

Exprimer une quantité indéfinie

LES GRANDS ÉVÉNEMENTS

L'HOMME A MARCHÉ SUR LA LUNE.

L'événement a été suivi par des millions de téléspectateurs dans le monde.

LES ACCORDS DE PAIX ONT ÉTÉ SIGNÉS.

Un référendum sur l'indépendance de l'Algérie est prévu pour le 8 avril.

Coupe du monde de football

NOUS AVONS ÉTÉ BATTUS...

À DALLAS LE PRÉSIDENT
J. F. KENNEDY
A ÉTÉ ASSASSINÉ

FRANÇOIS MITTERRAND
A ÉTÉ ÉLU PRÉSIDENT DE LA RÉPUBLIQUE.

Quand la nouvelle a été connue, hier soir à 20 heures, beaucoup de gens sont sortis dans la rue. « J'ai été bouleversée par cette élection » déclarait une jeune fille.

Destruction des 43 km du mur de Berlin.
400 M SONT DÉMOLIS TOUS LES JOURS.
Six morceaux du mur seront conservés pour servir de témoins.

Découvrez le document

1 Classez les événements ci-dessus par ordre chronologique.

1962...   1963...   1969...
1981...   1989...   2002...

Mettez vos connaissances en commun pour expliquer ce qui s'est passé.

2 Reformulez deux fois chaque titre.

Ex. : Le président J. F. Kennedy...
(1) Assassinat du président J. F. Kennedy.
(2) On (quelqu'un) a assassiné...

la construction passive (voir p. 193 (12.1))

Elle permet de mettre en valeur la personne ou la chose qui ne fait pas l'action.
Le président inaugure le nouveau musée d'art contemporain.
Le nouveau musée d'art contemporain est inauguré par le président.

■ **Au passé**
Ce nouveau musée m'a intéressé(e).
→ *J'ai été intéressé(e) par ce nouveau musée.*

■ **Au futur**
On construira des jardins autour du musée.
→ *Des jardins seront construits autour du musée.*

N.B. Quand la personne ou la chose qui fait l'action n'est pas vraiment active, on peut utiliser « de » au lieu de « par ».
Le président était accompagné du (par le) ministre de la Culture.
J'ai été étonné(e) de (par) l'absence du maire.

■ **Accord du participe passé**
→ *avec **être** : accord avec le sujet du verbe.*
Pierre a été invité. Marie a été invitée.
Pierre et Marie ont été invités.
Christine et Clara ont été invitées.

→ *avec **avoir** (dans les constructions actives) : accord avec le complément d'objet direct quand ce complément est placé avant le verbe.*
• *Rémi a invité **Pierre et Marie**.*
Il les a invités hier.
• *Rémi connaît bien **Christine et Clara**.*
Il les a invitées aussi.

---

3 Rédigez des titres de presse en utilisant la construction passive (travail à se partager en petits groupes).

(1) Les 5 principaux événements de l'histoire du monde.
(2) Les 5 événements qui ont marqué votre pays (ou votre ville) depuis un an.
(3) Les 5 événements importants dans votre classe depuis le début de l'année.

Exercez-vous

1 Reformulez ces titres de presse en commençant par les mots en gras.

Les titres de l'année 2000
a. *L'Américain Lance Armstrong a gagné le Tour de France.* → *Le Tour de France a été gagné par l'Américain Lance Armstrong.*
b. Les cartes Pokémon envahissent **la France**.
c. Dans les grandes villes on construira **des lignes de tramway**.
d. Les spectateurs de Bercy ont applaudi **la chanteuse Mariah Carey**.
e. On va baisser **les impôts**.
f. En Russie, on a élu **Vladimir Poutine** président.
g. L'équipe de France gagne **l'Euro 2000**.

2 Reformulez les titres ci-dessus en transformant les verbes en noms. Attention certains verbes n'ont pas de noms correspondants.

a. *(gagner → victoire).*
Victoire de Lance Armstrong au Tour de France.

3 Transformez les phrases en commençant par la personne ou la chose représentée par les mots en gras.

Ex. : Figure-toi que j'ai été...

Une femme bavarde avec une amie.
« Figure-toi que le directeur de mon entreprise **m'**a renvoyée.
Heureusement, Alfa international **m'**a recrutée.
Ils ont pris **Pierre** aussi.
Actuellement on **nous** forme au commerce international.
Bientôt, ils **nous** enverrons quelque part dans le monde.
J'espère qu'ils **me** nommeront responsable d'un magasin en Argentine. »

4 Trouvez le participe passé et accordez-le.

Peter : Tu as *(voir)* la Pyramide du Louvre, à Paris ?
Mary : Oui, elle a été *(construire)* en 1988 et je l'ai *(voir)* en 1990. C'est cette année-là qu'avec Diana, nous sommes *(aller)* à Paris. Nous y avons *(passer)* toutes nos vacances. Nous adorons les musées. Je crois que nous les avons tous *(visiter)*.

Prononciation et mécanismes

• Exercices 31, 32 page 179.

La plaisanterie/1

La découverte

18 septembre. Sur le chantier de fouilles archéologiques de Chavigny dans le Massif central.

Karim : Roxane, viens voir !... Regarde ces inscriptions. Qu'est-ce que ça peut être ?

Roxane : C'est curieux. Ce n'est pas du latin... Il ne semble pas que ce soit du grec. Ça a l'air plus ancien.

Karim : On dirait une des tablettes trouvées à Glozel.

Roxane : Ça y ressemble.

Karim : Dis donc, j'ai l'impression qu'on va devenir célèbres...

Les mystérieuses inscriptions des tablettes de Glozel.

Découvertes par un agriculteur en 1924, à Glozel, dans le nord-est du Massif central, ces tablettes restent une énigme pour les archéologues. Les uns y voient une écriture inconnue qui daterait de 2 000 ans avant J.-C. Pour les autres, il s'agirait tout simplement d'un faux fabriqué par un archéologue amateur de plaisanterie.

Découverte archéologique à Chavigny par l'équipe du professeur Victor de Marley.

Après les tablettes de Glozel un nouveau spécimen d'écriture mystérieuse

À l'Institut d'archéologie.

Un assistant : Vous avez lu le journal ? Il paraît qu'on a découvert une nouvelle tablette de Glozel.

Un professeur : Vous y croyez, vous ? Vous savez bien qu'il est probable que les découvertes de Glozel sont des faux.

L'assistant : Mais les tablettes de Chavigny prouvent le contraire.

Le professeur : Pas sûr. Il est possible aussi que ce soit une plaisanterie. Quelqu'un a voulu se moquer de De Marley !

apparence - possibilité - probabilité *(voir p. 193 (12.2))*

■ **L'apparence**
→ On dirait que c'est du chinois
Ça semble être...
→ J'ai l'impression que c'est...
Je n'ai pas l'impression que ce soit...
→ Il semble que ce soit... / Il ne semble pas
que ce soit... (subjonctif)
→ Pierre semble... (paraît... a l'air...) fatigué

■ **La possibilité/l'impossibilité**
Il est possible/impossible qu'il fasse beau
demain. (subjonctif)
Il se peut qu'il fasse beau. (subjonctif)
Il risque de faire beau.

■ **La probabilité/l'improbabilité**
Il est probable qu'il fera beau.

Il est peu probable (improbable) qu'il fasse beau.
(subjonctif)

■ **Les informations non vérifiées**
On emploie le conditionnel pour donner
une information qui n'a pas été vérifiée.
Estelle et Patrick divorceraient.

■ **La forme impersonnelle**
1. Des verbes comme « il faut », « il fait beau »,
« il semble que... » sont à la forme impersonnelle.
2. La forme impersonnelle permet de mettre
en valeur des opinions et des jugements.
Cette information est peut-être fausse. C'est possible.
→ *Il est possible que cette information soit fausse.*
Pierre ne vient pas. C'est étrange.
→ *Il est étrange que Pierre ne vienne pas.*

Découvrez le document

1 Écoutez les scènes et lisez les textes. Avec
les informations que vous avez, continuez
l'article de presse suivant.

Ex. : Hier, 25 septembre, ...
Il est possible que...
En effet en 1924, à Glozel...
Mais les archéologues...

2 Classez les expressions selon qu'elles
expriment plus ou moins d'incertitude.

Ce n'est pas du latin...

Exercez-vous

Combinez les deux phrases en employant
une forme impersonnelle.

*Ex. : Dylan ne réussira peut-être pas à son examen. C'est
possible. → Il est possible que Dylan ne réussisse pas à son
examen.*

a. Il ne travaille pas assez en mathématiques. C'est
probable.
b. Il doit faire un effort. C'est nécessaire.
c. Il ne prend pas de cours particuliers. C'est dommage.
d. Vous devriez l'aider. Ce serait utile.
e. Avec votre aide, tout ira mieux. C'est possible.

Jouez les scènes

1 Que se passe-t-il ?

Brigitte et Nicolas sont invités
un soir chez des amis qui
habitent une petite maison
en banlieue. Ils arrivent mais
tout est éteint. Ils sonnent...
« On dirait que... Il est
possible que... Moi
j'ai l'impression que... »

2 D'où ça peut venir ?

Tony est malade. Pour quelles raisons : le repas de midi,
la promenade sous la pluie, la glace de 17 h, la pizza de
20 h... ?

Prononciation et mécanismes

• Exercices 33, 34 page 179.

MYSTÈRES ET LÉGENDES

Le mystère de la bête du Gévaudan

Au milieu du XVIIIe siècle, un étrange animal a tué plus de cent personnes dans la région du Gévaudan (l'actuel département de la Lozère).

Selon les rares témoins, la bête était plus grande qu'un loup. Elle avait une force extraordinaire et s'attaquait surtout aux femmes et aux enfants.

Certains croyaient qu'il s'agissait d'un tigre ou d'un ours qui appartenait à un montreur d'animaux sauvages. D'autres imaginaient un homme déguisé en loup. Pour d'autres enfin, la bête était une créature du diable.

Mais trois ans après le début du massacre, un paysan, Jean Chastel, tue un loup « aussi gros qu'une vache » et la série des agressions s'arrête.

Pourtant, la rumeur n'est pas morte. En effet, l'animal tué par Chastel n'a pas été examiné par des scientifiques et il ne correspond pas tout à fait aux descriptions des témoins.

Aujourd'hui encore, certains historiens se passionnent pour le mystère de la bête du Gévaudan. Un film récent, *Le Pacte des loups*, révèle une explication possible. Derrière les meurtres du Gévaudan se cachait une société secrète qui voulait s'attaquer au pouvoir du roi Louis XV. La bête trompait la police et faisait croire à une malédiction sur la région.

Découvrez l'histoire de la bête du Gévaudan

1 Lisez l'histoire. Relevez :
a. les faits (ce qui s'est passé)
b. les témoignages (ce que les gens ont vu)
c. les suppositions sur l'identité de la bête.

2 Étudiez chaque supposition à la lumière des faits et des témoignages.

1. un tigre → un tigre s'attaquerait aussi bien aux hommes qu'aux femmes.
2. un ours → ...

3 Imaginez d'autres explications.

Explorer le vocabulaire du tableau

Trouvez les mots qu'on utiliserait pour raconter :

a. une fête du Carnaval → *Les gens mettent des masques ...*
b. une enquête policière
c. l'histoire d'un chef d'entreprise malhonnête
d. l'histoire de quelqu'un devenu riche de façon inexpliquée

cacher - tromper - révéler

■ **Cacher**
(se) cacher – une cachette –
(se) dissimuler – masquer –
un masque – se déguiser –
un déguisement
un secret – connaître (garder) un secret,
un mystère – un événement mystérieux,
étrange, inexplicable

■ **Tromper**
tromper quelqu'un – être trompé
(se faire avoir)
mentir – un mensonge

■ **Se tromper**
commettre (faire) une erreur, une faute

■ **Révéler**
dire la vérité – révéler un secret –
une révélation
chercher – trouver – découvrir la vérité

La légende de saint Élophe

Soulosse-Saint-Élophe

(*Solimariaca*, à l'époque gallo-romaine).

Village des Vosges où l'on peut voir plusieurs monuments à la mémoire de saint Élophe, chrétien décapité au IVᵉ siècle.

À voir

• Le tombeau de saint Élophe
(dans l'église)

En 362, l'empereur Julien l'Apostat succède au chrétien Constantin. C'est le retour du paganisme[1]. À Soulosse, le chrétien Élophe est condamné à avoir la tête coupée parce qu'il a détruit des statues religieuses lors d'une fête païenne[2]. La légende raconte qu'après l'exécution, Élophe s'est relevé, a pris sa tête entre ses mains et a commencé à monter une colline.

• La fontaine miraculeuse

C'est là que, selon la légende, Élophe a fait jaillir une source du rocher et a lavé sa tête.
Cette eau aurait des vertus curatives[3].

• La chapelle en haut de la colline

Arrivé en haut de la colline, Élophe s'est assis sur un rocher qui a pris la forme de son corps. C'est là qu'il a été enterré. Si on s'assied sur ce rocher et si on fait un vœu, ce vœu sera exaucé.

1. religion antérieure au christianisme croyance en plusieurs dieux. **2.** fête non chrétienne. **3.** qui a le pouvoir de guérir.

Découvrez la légende de saint Élophe

1 Lisez l'extrait du guide touristique. Notez les étapes de l'histoire de saint Élophe.

(1) À Soulosse (village des Vosges), au IVᵉ siècle, grande fête païenne.
(2) Élophe, ...

2 Écoutez la légende racontée par le guide de Soulosse-Saint-Élophe. Complétez les informations que vous avez notées.

Racontez...

• Racontez des histoires de personnages ou d'animaux mystérieux.

• Faites les suppositions sur leur identité.

Prononciation et mécanismes

• Exercices 35, 36 page 179.

La plaisanterie/2

Le suspect

CHAVIGNY – 26 septembre

Au chantier de fouilles archéologiques de Chavigny

DISPARITION D'UNE IMPORTANTE PIÈCE ARCHÉOLOGIQUE

La tablette aux inscriptions mystérieuses récemment trouvée à Chavigny a probablement été volée dans la nuit du 24 septembre.

Le directeur des fouilles, Victor de Marley, a constaté hier matin que la pièce archéologique n'était plus dans son bureau et que la serrure de la porte était cassée.

Victor de Marley et son assistante ont appelé la gendarmerie.

La gendarme :	Vous soupçonnez quelqu'un ? Un collègue jaloux, un étudiant mécontent ?
V. de Marley :	Vous savez, ici, il y a dix étudiants, mon assistante et moi. Je connais tout le monde.
L'assistante :	Vous oubliez Tony Richard.
V. de Marley :	Ah oui... C'est un étudiant que nous avons renvoyé.
La gendarme :	Pour quelles raisons ?
V. de Marley :	Pour son incompétence.
L'assistante :	Et aussi parce qu'on avait des doutes sur son honnêteté.
La gendarme :	Expliquez-vous.
L'assistante :	Un jour, on a trouvé des pièces archéologiques dans sa chambre. Il a dit qu'il voulait les photographier.
La gendarme :	Il y a combien de temps que vous l'avez renvoyé ?
L'assistante :	Ça fait dix jours.
La gendarme :	Et il est resté longtemps ici ?
V. de Marley :	Quinze jours... à ne rien faire.
La gendarme :	Vous l'avez revu depuis ?
L'assistante :	Il revient de temps en temps... Il a des copains ici.
La gendarme :	Je pourrais les voir ?

Découvrez le document

1 Lisez l'article de presse et observez la scène.
Imaginez le dialogue.

Écoutez l'enregistrement et comparez avec votre production.

■ **À propos d'une personne**
Qui a volé le tableau ? **À qui** pensez-vous ?
De qui parlez-vous ? **Pour qui** travaillez-vous ?
■ **À propos d'une chose**
Que dites-vous ? Vous dites **quoi** ?
À quoi pensez-vous ? **De quoi** parlez-vous ?
Avec quoi... **Sur quoi**...
■ **À propos d'une cause**
Pourquoi ? **À cause de quoi** ? **Pour quelles
raisons** ?
... **parce qu'**il est parti - ... **à cause (en raison)
de** son départ

■ **Informations sur le moment et la durée**
Quand... **À quelle heure**... **Quel jour**... **À quel
moment**... ?
Depuis quand il est parti ? **Depuis le**
15 septembre.
Depuis combien de temps il est parti ? **Il y a**
(Ça fait) combien de temps (de jours, de mois)
qu'il est parti ?
Il est parti **depuis** 10 jours. (**Il y a**... **Ça fait**
10 jours **qu'**il est parti.)
Jusqu'à quand il restera ?
À partir de quel jour il sera là ?

2 Voici des phrases extraites du rapport
de gendarmerie. La gendarme a-t-elle bien
compris la situation ?

a. Un cambrioleur est entré dans le bureau
du directeur des fouilles archéologiques.
b. Victor de Marley soupçonne Tony Richard,
un étudiant en archéologie.
c. Tony Richard a passé deux semaines à Chavigny.
d. Il s'est montré sérieux et travailleur.
e. Puis, il a disparu mystérieusement.
f. Mais on le revoit quelquefois au chantier.
g. Il semble bien que Victor de Marley protège Tony
Richard.
h. Mais il est aussi possible que les accusations
de l'assistante soient fausses.

3 Relevez et classez les mots qui servent
à poser des questions.

4 La gendarme interroge les copains
de Tony. Imaginez la scène.

5 Imaginez la fin de l'histoire.

b. Qui a écrit sur la porte du directeur ?
Ce matin, tout le personnel de l'entreprise défile
devant la porte de la directrice.
Quelqu'un a écrit sur la porte : Directeur = Dictateur.
La directrice mène l'enquête. Elle apprend qu'hier soir
Salabert, le comptable, a quitté les bureaux
de l'entreprise à 20 heures.
Elle interroge Salabert.

Jouez les scènes

Utilisez les questions du tableau.

a. Le rendez-vous mystérieux de Vanessa
Vanessa travaille dans une entreprise de haute
technologie située dans la banlieue de Paris.
Elle quitte tous les jours à 8 heures l'appartement
où elle vit avec son mari Lucien et ne rentre
qu'à 19 heures.
Un jour, Lucien se trouve par hasard sur
les Champs-Élysées. À la terrasse d'un café, il voit
Vanessa en conversation avec un homme... Vanessa
donne à l'homme une grande enveloppe marron...
Le soir, Lucien demande des explications...

Prononciation
et mécanismes

• Exercices 37, 38 page 179.

Les Français et le secret

*L*a plupart des Français sont attachés au respect de la vie privée. Pour eux, chacun doit pouvoir préserver son « jardin secret ». Jusqu'à présent, les journaux ont fait peu de révélations sur la vie amoureuse ou le compte en banque des personnalités politiques. Mais les mentalités évoluent. Depuis toujours la vie privée des stars est le pain quotidien de certains magazines. Pour améliorer leur image beaucoup d'hommes politiques se laissent filmer en vacances, en famille ou en train de faire leurs courses ! Et presque aucun téléspectateur ne s'étonne de ces émissions de télévision où chacun parle de ses problèmes personnels.

La presse connaît des secrets qu'elle ne dévoile pas. Elle a attendu très longtemps avant de révéler que le président Mitterrand avait une fille hors mariage. L'hebdomadaire satirique Le Canard enchaîné *fait peu de révélations en dehors des questions politiques ou des affaires malhonnêtes.*

Des mensonges plus ou moins grands

Les mensonges considérés comme très graves pour un citoyen :

Qu'un commerçant mente à ses clients sur la qualité de ses produits	79 %
Qu'un PDG mente à ses actionnaires sur les résultats de son entreprise	78 %
Qu'une personne mente à son conjoint lorsqu'elle a une liaison amoureuse	52 %
Qu'un médecin mente à un patient sur son état de santé	49 %
Qu'un enfant mente à ses parents sur ses résultats scolaires	39 %
Qu'une personne mente au fisc sur ses revenus	33 %
Qu'un candidat à un emploi mente sur son CV pour obtenir un poste	28 %
Qu'une personne mente à ses amis pour se mettre en valeur	25 %

Sofres, *L'État de l'opinion*, © Seuil, 2000.

les adjectifs et les pronoms indéfinis *(voir p. 187 (6.2))*

Adjectifs	Pronoms
Tous (toutes) mes ami(e)s...	**Tous (toutes)** sont invité(e)s.
Chaque ami(e)...	**Chacun (chacune)** apporte quelque chose.
La plupart de mes ami(e)s	**La plupart** sont artistes.
Beaucoup de monde... **Beaucoup de** personnes...	**Beaucoup** disent des choses intéressantes.
Quelques enfants ...	**Quelques-un(e)s** sont venu(e)s.
Certains amis – **Certaines** amies...	**Certain(e)s** viennent avec leurs enfants.
Plusieurs enfants...	**Plusieurs** sont jeunes.
Peu de personnes...	**Peu** ont refusé de venir.
Aucun (aucune) ami(e)...	**Aucun (aucune)** n'a fait de critiques.
Pas un(e) ami(e)s...	**Pas un(e)** n'a été désagréable.

■ **Constructions des pronoms indéfinis quand ils sont compléments du verbe**
• *Les faits divers... Je les lis* **tous** – *Je les ai* **tous** *lus.*
• *Les émissions politiques... Je regarde* **chacune** *d'elles.*
• *Les films avec Alain Chabat... J'en ai vu* **la plupart (beaucoup – quelques-uns – peu).**
• *Les publicités... J'aime bien* **certaines d'entre elles.**
• *Les séries télévisées... Je* **n'***en regarde* **aucune.**
– *Je* **n'***en ai* **pas** *regardé* **une.**

Découvrez le document

1 Lisez le document. Comparez avec les réalités de votre pays.

2 Relevez les mots qui présentent des quantités indéfinies (la plupart...).

3 Utilisez ces mots indéfinis pour commenter le sondage sur le mensonge.
Ex. : La plupart des gens pensent...

Exercez-vous

1 Dans les résultats du sondage suivant, remplacez les pourcentages par un pronom indéfini.

Ex. : Aucune des personnes interrogées ne poserait de questions sur...

> *Quelles sont les questions que vous ne poserez jamais à vos amis ?*
> *As-tu une maladie grave ?* ....100 %
> *Combien gagnes-tu ?*..90 %
> *Trompes-tu ton mari (ton épouse) ?*...80 %
> *Est-ce que tu as beaucoup d'argent à la banque ?*............................60 %
> *Est-ce que tu as eu beaucoup d'aventures avant ton mariage ?* 50 %
> *Quel âge as-tu ?*...3 %
> *Que font tes parents ?*..0 %

2 Répondez en utilisant le mot de quantité entre parenthèses.

Agnès va se marier. Une amie lui pose des questions.
• *Est-ce que vous invitez beaucoup de gens ?*
– *Nous ... (beaucoup). → Nous en invitons beaucoup.*
• *Est-ce que tu as préparé les invitations ?*
– *Je ... (tout).*
• *Est-ce que tu les as envoyées ?*
– *J'... (la plupart).*
• *Est-ce que tu as reçu des réponses ?*
– *J'... (certain).*
• *Est-ce que tu as vu des robes de mariage qui te plaisent ?*
– *J'... (plusieurs).*
• *Est-ce que tu en as choisi une ?*
– *Je ... (aucun).*

Prononciation et mécanismes

• Exercices 39, 40 page 179.

Dans cette leçon, vous imaginerez et rédigerez d'après un fait divers UN SUJET DE ROMAN OU DE FILM. Vous travaillerez seul(e) ou par deux.

Mettez en commun vos connaissances

Lisez et commentez l'article ci-contre. Connaissez-vous des fictions (romans, films, etc.) qui ont été inspirées par des faits divers ? Racontez.

Découvrez les faits divers

1 Lisez les nouvelles brèves de la rubrique « 24 heures du journal *Midi-Libre* ». Complétez le tableau.

Type d'événement	Destruction de culture
Lieu	...
Causes et auteurs de l'événement	...
Conséquences et victimes ou bénéficiaires	...
Autres acteurs	...

2 Découvrez le vocabulaire du tableau p. 59.

a. Trouvez les mots relatifs à chaque type d'événement.

Type d'événement	accident de voiture	vol
Auteur(s)	chauffeur, automobiliste	voleur
Actions	heurter...	entrer... ouvrir... voler...

b. Pour chaque type d'événement, citez un fait divers qui vous vient à l'esprit.

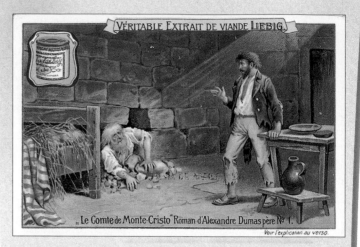

VÉRITABLE EXTRAIT DE VIANDE LIEBIG.

« Le Comte de Monte-Cristo » Roman d'Alexandre Dumas père Nº 1.

Voir l'explication au verso.

Les faits divers, points de départ de beaucoup de romans

En 1807, François Picaud, un jeune ouvrier, est mis en prison à cause d'une plaisanterie. Un de ses copains l'a fait passer pour un espion. Picaud a pour voisin de cellule un vieil abbé italien extrêmement riche qui va bientôt mourir et qui fait de lui son héritier.

Quelques années plus tard, François Picaud est libéré. Il se cache sous un faux nom, hérite de la fortune de l'abbé et cherche à comprendre pourquoi on l'a mis en prison…

C'est à partir de ce fait divers que le romancier Alexandre Dumas a imaginé l'histoire du *Comte de Monte-Cristo*.

Mais beaucoup d'autres romans s'inspirent aussi de faits réels : *Robinson Crusoë, Madame Bovary, Faust, Le Rouge et le Noir,* etc.

Imaginez votre fiction

1 Écoutez. Deux amis font un projet de scénario de film à partir du dernier fait divers de la page 59.

Notez comment les deux amis transforment la réalité.

2 Choisissez un fait divers et transformez-le en sujet de fiction.

(Voir aussi le tableau de vocabulaire, p. 45)

■ **Les accidents**

→ un accident de la circulation – une collision entre une voiture et un camion – heurter un camion – renverser un piéton

→ un naufrage – couler – se noyer

→ un crash aérien – s'écraser

■ **Les secours**

appeler les secours (la police, la gendarmerie, le Samu) – une ambulance – un hélicoptère – porter secours à quelqu'un – transporter un blessé à l'hôpital

■ **Les délits**

un vol (voler) – un cambriolage (cambrioler) – un hold-up

un crime – un meurtre (tuer) – un assassinat (assassiner)

un enlèvement (enlever quelqu'un – kidnapper)

un attentat – une bombe – exploser – un terroriste

une arme : un fusil – un revolver – un pistolet – un poignard

24 heures...

■ Une semaine après le hold-up meurtrier de Cergy-Pontoise (3 morts), une autre agence de la Caisse d'épargne du Val d'Oise, à Domont, a été attaquée. Deux malfaiteurs à moto ont raflé un butin de 60 000 F.

■ Des pêcheurs bulgares ont découvert dans leurs filets ce qu'un historien estime être le plus vieux bateau du monde, datant de l'époque du déluge de Noé. L'embarcation qui a entre 6 000 et 7 000 ans a été retrouvée dans la mer Noire par 120 m de fond. Parfaitement conservé, le bateau, en orme, est long de 4,5 m.

■ Un chasseur de 25 ans a été mortellement blessé par un de ses collègues, alors qu'ils chassaient le sanglier à l'affût en Moselle. La victime a quitté son poste sans prévenir et a été touchée par son ami, qui l'a prise pour un animal.

■ Quelque 2 500 m² de maïs appartenant à une société travaillant sur les OGM ont été détruits dans trois villages du sud de la Drôme par une mystérieuse organisation : « les limes à grains ».

■ En sautant à pieds joints dans leurs cours d'école, un million d'élèves britanniques sont parvenus à provoquer un séisme résultant de la plus grande expérience scientifique de tous les temps.

■ Un chauffeur de taxi anglais a pris à bord de son véhicule un passager qui n'était autre que son fils, perdu de vue depuis trente-quatre ans.

■ Sept personnes ont été arrêtées et 3 000 faux tableaux de Miró, Picasso, Tàpies, Dali, Chagall, Roy Lichtenstein et Andy Warhol saisis, annonce la police de Catalogne.

■ Un incendie a dévasté, hier, les locaux de production de la très importante coopérative Alsace-Lait, à Hoerdt (Bas-Rhin). Une centaine d'employés pourraient être réduits au chômage technique.

Midi-Libre, 2000-2001

1. Présenter une information

Reformulez les phrases suivantes en commençant par le mot en gras.

Extraits d'un article sur le retour des loups dans les Alpes.
• Des promeneurs ont vu **des loups**. → *Des loups ont été vus...*
• Dans la nuit d'hier, on a tué **trois moutons**.
• « La nuit, des bruits étranges **nous** réveillent souvent », disent les bergers.
• « J'ai entendu des loups. Cela **m'**a surpris », dit un guide de montagne.
• « On indemnisera **les bergers** », dit le préfet.
• « Ce sont des chiens et pas des loups qui ont attaqué **les moutons** » disent certains.

2. Accorder les participes passés

Mettez les participes passés entre parenthèses à la forme qui convient.

Dans un champ, après de fortes pluies, des promeneurs ont *(trouvé)* une pierre *(couvert)* d'inscriptions mystérieuses. Ils l'ont *(apporté)* à des archéologues.
Mais ces spécialistes n'ont pas *(compris)* la signification des inscriptions. La pierre a été *(envoyé)* au Musée de l'Homme à Paris pour être *(étudié)*.
Elle a pu être *(déchiffré)*.

3. Exprimer une quantité indéfinie

Remplacez les nombres en gras par un pronom indéfini (voir tableau, p. 57).

*Ex. : ... **tous** ont lu un magazine...*

Nous avons interrogé 100 étudiants à propos de leurs lectures. Dans les trois derniers mois :
• **100** ont lu un magazine ;
• **80** ont lu tous les jours un quotidien ;
• **100** ont acheté un livre en relation avec leur intérêt ;
• **80** ont lu un roman et parmi eux **50** ont lu un roman policier ou un roman de science-fiction ;
• **15** ont acheté le dernier prix Goncourt mais **5** l'ont lu en entier ;
• **0** a lu de la poésie.

4. Exprimer l'apparence, la possibilité, l'impossibilité

Ils viennent d'entendre un grand bruit. Ils se demandent de quoi il s'agit...

Imaginez un dialogue de 6 courtes phrases.

5. Présenter les circonstances d'un fait

Trouvez les questions posées par les parents de Nelly.

Nelly, 19 ans, révèle à ses parents qu'elle joue dans un film qui va bientôt sortir.
Le père : Depuis quand... ?
Nelly : Je m'intéresse au cinéma depuis toujours.
La mère : ... ?
Nelly : Ça fait un an que je fais du cinéma.
Le père : ... ?
Nelly : J'ai signé le contrat en novembre.
La mère : ... ?
Nelly : Je joue avec Patrick Marin.
La mère : ... ?
Nelly : Le film parle de la vie d'une étudiante.
Le père : ... ?
Nelly : Je ne vous ai rien dit en raison de mon âge.

6. Comprendre un fait divers

Écoutez ces documents sonores. Chacun parle d'un fait divers. Complétez le tableau.

Document	Type de fait divers	Circonstances	Victimes éventuelles
1	Naufrage	...	...

5

Vivre ses passions

- **C**hoisir
- **E**xprimer des sentiments
- **P**arler de ses passions, de ses activités
- **R**aconter une aventure
- **U**tiliser les pronoms interrogatifs et démonstratifs
- **R**éfléchir à la signification des mots

Magritte, *La Clé des champs*, 1936.

Monet, *Le Bassin aux nymphéas; harmonie verte*, 1899.

Le tableau/1

Coup de cœur

Chez une marchande de tableaux du 6ᵉ arrondissement.

Élise : Regarde celui-ci. Je le trouve génial.

Franck : Lequel ? Le marché de Provence ?

Élise : Mais non. Celui qui est au-dessus.

Franck : Ça représente quoi ?

Élise : Ce que tu veux. C'est de la peinture abstraite.

La marchande de tableaux : C'est un Mazelier... Claire Mazelier est une jeune artiste qui monte. Mais vous la connaissez, c'est celle qui a dessiné le nouveau timbre de 1 euro.

Franck : Ah bon.

Élise : En tout cas, j'adore ses couleurs. Elles iraient parfaitement avec celles du salon. Qu'est-ce que tu en penses ?

Franck : Rien.

Élise : C'est tout ce que tu trouves à dire...

Franck : Écoute, Élise, pour le salon tu choisis ce qui te plaît...

Découvrez le document

1 Observez la scène et imaginez le dialogue.

2 Écoutez la scène. Notez les mots qui servent à montrer.

3 Le lendemain, Élise rencontre une amie et lui raconte sa visite chez la marchande de tableaux. Parlez pour elle.

Ex. : Figure-toi qu'hier, j'étais dans le 6ᵉ avec Franck...

Exercez-vous

1 Montrez, précisez. Continuez les phrases comme dans l'exemple.

Ils décorent leur maison. Ils ne sont pas d'accord.
• Au-dessus du buffet, ne mettons pas ce tableau, *mettons celui-ci !*
• Pour la chambre, ne choisissons pas cette couleur, ...
• Ne décorons pas le couloir avec ces affiches, ...
• Dans le salon, ne mettons pas ces meubles, ...
• Ne peignons pas la cuisine avec cette peinture, ...

montrer - choisir *(voir p. 185 (4.1))*

■ Demander (les pronoms interrogatifs)

	masculin	féminin
singulier	lequel	laquelle
pluriel	lesquels	lesquelles

J'aime bien ces deux chemises. Laquelle tu préfères ? Celle-ci ou celle-là.

Celle-ci.

■ Montrer (les pronoms démonstratifs)

	masculin	féminin	neutre
singulier	celui-ci celui-là celui...	celle-ci celle-là celle...	ceci cela – ça ce...
pluriel	ceux-ci ceux-là ceux...	celles-ci celles-là celles...	

■ Pour préciser
• **Lequel** de ces deux tableaux tu préfères ?
→ **celui de** Claire Mazelier
→ **celui qui** représente un paysage
celui que Van Gogh a peint
celui où on voit un marché
• **Ce qui/ce que**
– Tu as une idée de sortie pour dimanche ?
– On fait **ce que** tu veux, **ce qui** te plaît.

■ Sans précisions
Ne faites pas **ça (cela)** !
Je prends **ceci**.

---

2 Il veut en savoir plus. Posez la question comme dans l'exemple.

Léa : Hier soir, je suis sortie avec un de tes copains.
Luc : Lequel ?
Léa : Nous sommes allés voir une pièce de théâtre.
Luc : ... ?
Léa : Puis nous avons dîné dans un restaurant que tu connais.
Luc : ... ?
Léa : Nous avons parlé de toi. Il m'a dit que tu avais beaucoup de qualités.
Luc : ... ?
Léa : Et deux gros défauts.
Luc : ... ?

3 Complétez avec *ce qui/que, celui qui/que, celle qui/que,* etc.

Trous de mémoire.
Élise : On joue *Les Randonneurs* ce soir à la télé.
Franck : Je n'ai jamais vu ce film.
Élise : Mais si, c'est ... se passe en Corse. Il y a l'actrice Karin Viard, ... joue dans *La Nouvelle Ève*.
Franck : ... m'étonne, c'est que je n'ai aucun souvenir de ce film.
Élise : On l'a vu avec Patrick et ses copains, ... travaillent dans l'immobilier.
Franck : Je me souviens d'eux mais pas du film. De toutes façons, j'ai sommeil. Alors, regarde ... tu as envie de voir. Moi, ... je veux, c'est aller dormir.

Jouez la scène

Il (elle) a un coup de foudre pour un tableau ou un objet.
Elle (il) n'est pas de son avis. Ils hésitent.
Ils demandent conseil.
(Vous pouvez choisir un des tableaux de la p. 61).

Prononciation et mécanismes

• Exercices 41, 42, 43 page 179.

Le goût de l'extrême

Les nouveaux aventuriers

Aujourd'hui, ceux qui tentent la traversée du Sahara ou de la jungle de Bornéo sont de plus en plus nombreux. Mais qu'est-ce qui pousse ces nouveaux aventuriers à affronter la fatigue et à risquer leur vie ?
La sociologue Marianne Barthélémy a interrogé des passionnés de raids d'aventures.

« Après le Raid... j'étais très contente de moi. J'avais un sentiment de victoire sur moi-même. Ça m'a montré de quoi j'étais capable. »

« Il y a une ambiance indescriptible... Que vous soyez médecin, PDG ou simple employé, on a tous les mêmes peines et les mêmes souffrances. On a toujours un petit mot pour l'autre le matin. »

« Il y a... le désir d'affronter les éléments bruts : la violence de l'eau, de la terre, de l'air, du soleil. »

« Le meilleur souvenir du Raid, c'est quand on est arrivés dans un petit village juste avant la jungle. Il y avait une tribu et on a tous été invités à prendre le thé chez eux...
Ils n'avaient rien et ils nous donnaient tout... »

Témoignages extraits de *Passions ordinaires*, sous la direction de C. Bromberger, © Bayard Éditions, 1998.

Découvrez le document

1 Identifiez le document. De quoi s'agit-il ? Qui s'exprime ?

2 Pour chacun des quatre témoignages, complétez le tableau ci-contre.

	Témoignage 1
Quelle est la scène qui est évoquée ?	l'arrivée
Quels sont les sentiments qui sont éprouvés ?	la fierté, la satisfaction
Comment s'explique la passion pour les raids ?	... ...

passions et aventures

■ **Faire/pratiquer**

faire du sport – pratiquer un sport (Quel sport pratiquez-vous ?) – faire du tennis
jouer au tennis, aux cartes (voir p. 119 et 121)
consacrer une heure par jour à...
faire du patinage en amateur/en professionnel

■ **Exprimer son intérêt**

s'intéresser à la peinture – se passionner pour le jardinage – être passionné de (fou de..., fanatique de...) bandes dessinées
un centre d'intérêt – un passe-temps

■ **Essayer – réussir – échouer**

essayer de... – tenter de (faire quelque chose)
tâcher de... – un essai – une tentative
réussir à (faire quelque chose) – une réussite –
arriver à... – une victoire
échouer (à un examen) – un échec – rater (une épreuve, l'avion) – une défaite

■ **Se distraire**

se distraire – se détendre ⑰ – s'amuser

Laurence de la Ferrière a réussi, seule, la traversée de l'Antarctique en 1999.

Exercez-vous

1 Confirmez en employant une autre formulation.

• Les chevaux la passionnent → *C'est sa passion... Elle est fana d'équitation.*
• Le jardinage me détend → ...
• Les mots croisés m'amusent → ...
• Faire la cuisine lui plaît → ...
• Le bricolage nous intéresse → ...
• Jouer aux cartes la distrait → ...

2 Complétez avec un verbe de la rubrique « Essayer, réussir, échouer ».

• Le train pour Paris part à 12 h 40. Elle est arrivée à la gare à 12 h 45. Elle ... son train.
• Pour la deuxième fois, le sportif ... de sauter 2,30 m en hauteur. Malheureusement, il ... Mais il est courageux. Il va ... un troisième essai.
• Marie est trop paresseuse. Elle n'... jamais à faire des études à l'université.

Écoutez 🎧

Un homme parle de sa passion. Notez :

1. l'activité
2. l'origine de la passion
3. le temps consacré à cette activité
4. son coût
5. les raisons de la passion.

Parlez

1 Présentez une de vos passions ou celle de quelqu'un que vous connaissez.

(sport, jeu, activités de connaissance, de fabrication, de découverte, etc.)

2 Racontez votre plus belle réussite ou une réussite exemplaire.

Désir de retrouver le contact avec la nature et la terre, envie de pratiquer une activité manuelle, beaucoup de Français consacrent une partie de leurs loisirs au jardinage.

Le tableau/2

De surprise en surprise

Élise et Franck VIDAL organisent une petite soirée pour pendre la crémaillère dans leur nouvelle maison et espèrent que vous serez de la fête le samedi 25 mai à partir de 20 heures

Le 25 mai à 21 heures. Chez Élise et Franck, les invités sont nombreux.

Claire : Ils te l'ont montré ?

Loïc : Quoi ?

Claire : Leur nouveau tableau.

Loïc : Franck m'en a parlé au bureau. Mais je viens d'arriver. Je ne l'ai pas encore vu.

Claire : Alors retourne-toi, et regarde !

Loïc : Ça alors ! Je ne m'attendais pas à ça.

Claire : Moi, ça ne m'étonne pas. Élise a toujours adoré les coupes tahitiennes : chocolat, vanille, citron vert, c'est sa gourmandise...

Élise : *(qui a entendu)* Je vois que l'art moderne vous laisse de glace !

Claire : Ne te fâche pas, Élise. On plaisantait...

...

Claire : À minuit, il va y avoir un feu d'artifice. Ils te l'ont dit ?

Loïc : Non. Élise me surprendra toujours.

Claire : Et attends ! Il paraît qu'elle a prévu des tas de surprises...

Découvrez le document

1 Lisez le carton d'invitation. Observez le dessin et imaginez la scène.

2 Écoutez l'enregistrement. Relevez :
– les mots qui expriment la surprise
– les plaisanteries.

3 Relevez et observez les constructions avec deux pronoms.

4 Imaginez les surprises que Franck et Élise ont prévues pour leurs invités.

Exemples :
– des beignets aux fleurs pour l'apéritif
– des sauterelles grillées
– des danseurs brésiliens pour l'animation
– une séance de magie
– etc.

5 Pour chaque surprise, imaginez et jouez la conversation entre deux invités.

1 Répondez pour eux en utilisant la construction avec deux pronoms.

Deux pères parlent de leurs enfants.
Paul : Est-ce que ta fille te présente ses copains ?
Pierre : Oui, …
Paul : Est-ce qu'elle te dit où elle va quand elle sort ?
Pierre : Non, …
Paul : Est-ce qu'elle te demande les clés de ta voiture ?
Pierre : Oui, …
Paul : Et tu lui donnes ces clés ?
Pierre : Non, … Elle n'a que 17 ans. Elle n'a pas son permis.
Paul : Est-ce qu'elle t'envoie des lettres quand elle est en vacances ?
Pierre : Oui, …

2 Même exercice.

Deux amies parlent d'une de leurs copines.
Léa : Charlotte t'a parlé de sa nouvelle voiture ?
Kim : Oui, …
Léa : Est-ce qu'elle t'a montré cette voiture ?
Kim : Non, …
Léa : Est-ce qu'elle t'a demandé de l'argent ?
Kim : Oui, …
Léa : Et tu lui a prêté cet argent ?
Kim : Oui, …
Léa : Elle t'a dit quand elle te le rendrait ?
Kim : Non, …

exprimer la surprise

• Je suis surpris, étonné par sa coiffure.
C'est surprenant, étonnant, inattendu.
Je ne m'attendais pas à ça !
• Étonner, surprendre **18** quelqu'un
Élise nous a surpris.

> Ma parole !

> Ce n'est pas possible !

> Je rêve ou quoi ?

> Je tombe de haut !

> Ce n'est pas vrai !

> Ça alors !

• Faire une (bonne/mauvaise) surprise à quelqu'un
• Expression de l'indifférence (voir p. 119) : Ça ne me surprend pas – Ça m'est égal – etc.

constructions avec deux pronoms

(voir p. 185 (3. b))

■ **Objet direct + objet indirect**
1. Pierre te prête sa voiture ?
→ *Il me la prête.*

il	me te nous vous	le la les	prête

2. Pierre prête sa voiture à Marie ?
→ *Il la lui prête.*

il	le la les	lui leur	prête

■ **Pronom « en » + objet indirect**
Pierre fait des cadeaux à Marie.
→ *Il lui en fait.*

il	me, te lui nous, vous leur	en	fait

■ **Au passé composé**
Sa voiture ?… Il me l'a prêtée.
À Marie ?… Il la lui a prêtée.
Des cadeaux ?… Il lui en a fait.

Imaginez – Parlez

Vous voulez organiser une fête (anniversaire, mariage, etc.) inattendue.
Vous voulez déclarer votre amour, demander un emploi d'une manière originale, etc.
Imaginez un lieu original, des activités surprenantes, des événements inattendus.

Prononciation et mécanismes

• Exercices 44, 45, 46, 47
page 179.

Sydney, le 2 février

Ma chère Laure,

Nous sommes un peu déçus que tu ne puisses pas nous rendre visite le mois prochain.

Bud et les enfants, qui ont souvent entendu parler de toi, se faisaient une joie à l'idée de faire ta connaissance. Tant pis. Nous irons en Tasmanie sans toi, mais j'espère que tu pourras venir bientôt.

L'annonce de ta rupture avec Xavier m'a rendue triste. J'avais beaucoup de sympathie pour lui et vous sembliez très bien vous entendre.

Pour moi, pas de problème. Je suis très heureuse de me consacrer à ma famille et je n'éprouve aucune honte d'avoir abandonné ma vie professionnelle.

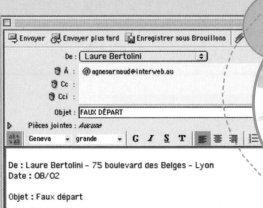

Envoyer — Envoyer plus tard — Enregistrer sous Brouillons

De : Laure Bertolini
À : @ agnesarnaud@interweb.au
Cc :
Cci :
Objet : FAUX DÉPART
Pièces jointes : *Aucune*

Geneva — grande — **G** *I* S̲ T

De : Laure Bertolini – 75 boulevard des Belges – Lyon
Date : 08/02

Objet : Faux départ

Bonjour Agnès

Merci de ta lettre qui m'a fait très plaisir.

Félicitations à Bud pour son succès aux élections. Tu vas bientôt devenir célèbre malgré toi.

J'ai été très touchée de ta sincérité. Je t'admire d'avoir quitté la France, ta famille et surtout ton activité de médecin. Moi, mes recherches, c'est ma seule fierté – avec Amélie qui, entre parenthèses, me donne des soucis en ce moment. Elle dit qu'elle s'ennuie sans son père.

Heureusement, avec Xavier, tout se passe bien. Vendredi, quand il est venu chercher Amélie pour le week-end, il m'a annoncé qu'il avait une petite amie. Je n'ai ressenti aucune jalousie.

D'ailleurs, je crois que je suis en train de tomber amoureuse.

Découvrez les lettres

1 Lisez progressivement les lettres. À chaque phrase notez ce que vous apprenez sur les deux personnes qui écrivent. Notez aussi vos suppositions (?).

Agnès	Laure
Écrit de Sydney – Habite à Sydney (?) Écrit à Laure (amie ?, parente ?) Répond à...	Laure habite Lyon. – Elle a écrit à Agnès pour...

2 Relevez les sentiments exprimés. Complétez la grille ci-dessous avec ces sentiments et ceux du tableau de vocabulaire.

Nom du sentiment	Ce que dit celui qui éprouve le sentiment	Provoquer le sentiment
la déception	je suis déçu(e) ça me déçoit	décevoir quelqu'un
la joie	...	...

Exercez-vous

Reformulez comme dans l'exemple.

Ex. : a. Je suis triste qu'il soit au chômage.
a. Pierre est au chômage. Je suis triste.
b. Il ne trouve pas de travail. Je suis déçue.
c. Nous ne pouvons pas l'aider. Je suis désespérée.
d. Je ne lui ai pas téléphoné. J'ai honte.
e. Nous passerons le voir. Je le souhaite.
f. Il sera chez lui. Je l'espère.

Jouez la scène - Écrivez

(à faire à deux)

1. Coup de téléphone
Vous avez été invité(e) à un repas délicieux. La conversation était amusante. Tout s'est bien passé mais les langoustes étaient trop cuites. Vous téléphonez à la maîtresse de maison pour la remercier. Elle s'excuse.

> C'était une soirée formidable ! Nous sommes ravis.

2. Échanges de mails
Vous venez de gagner une compétition sportive. Mais votre fiancé(e) qui n'est pas sportif (sportive) vous a quitté(e). Vous annoncez ces nouvelles à un(e) ami(e).

> *Je suis à la fois heureuse et malheureuse...*

l'expression des sentiments

(voir p. 196 (15.1) pour l'emploi du subjonctif)

◼ **Éprouver/faire naître un sentiment**
1. être triste ⑩ – éprouver de la tristesse – ressentir   de la tristesse
2. avoir honte (de...) – avoir du plaisir (de la fierté, du bonheur etc.) ⑰ à faire quelque chose
3. rendre triste   7 – Cette nouvelle m'a rendu triste.

◼ **Construction des verbes**
Après un verbe exprimant un sentiment (sauf espérer), on emploie le subjonctif quand les deux verbes ont des sujets différents.
Je me réjouis que tu sois là.
Je suis content que tu viennes demain.
Je suis heureuse de déjeuner avec toi.
J'espère que tu arriveras tôt.

◼ **Quelques sentiments**
→ *face à une réalité agréable*
la satisfaction (satisfaire) ㊵ – le contentement (contenter) – la joie – le bonheur – le plaisir (plaire) ㊶ → *face à une réalité désagréable*
la honte (faire honte) – la déception (décevoir) ㉒ – la jalousie – la tristesse – le désespoir (désespérer) – le dégoût (dégoûter) – l'insatisfaction – le mécontentement.

Prononciation et mécanismes

• Exercices 48, 49, 50 page 179.

Objets de légende

LE JEAN
Symbole d'égalité et de liberté

L'histoire commence en Californie en 1848. C'est la ruée vers l'or. Un prospecteur a besoin d'un pantalon résistant à l'érosion[1] par l'eau. Le jeune Bavarois Oscar Levi-Strauss lui taille un pantalon dans la toile de bâche[2] qu'il achète à Nîmes pour fabriquer... des tentes. En 1873, Levi-Strauss s'associe avec un tailleur[3] du Nevada, Jacob Davis.

Ensemble, ils perfectionnent leur pantalon.

Mais c'est au début des années 20 que le blue-jean prend son nom : « blue » pour sa nouvelle couleur car le denim (« de Nîmes »), qui était ocre, est désormais teint au bleu indigo ; et « jean » pour Gênes comme le port d'Italie, le pantalon d'Oscar Levi-Strauss ressemblant beaucoup à celui des marins génois du XVIe siècle.

Sous son nouveau patronyme[4], le blue-jean est prêt pour une nouvelle carrière. Jusque-là réservé aux cow-boys, aux ouvriers et aux bûcherons[5] du western, il va se transformer en vêtement de loisir. La crise de 1929 oblige la bourgeoisie américaine à faire des économies, elle ne passe plus ses vacances en Europe mais dans les ranchs de l'Ouest. C'est là qu'elle va découvrir le blue-jean et l'adopter pour le week-end.

À la Libération[6], c'est le grand boum. La jeunesse du monde entier en fait l'emblème d'un nouveau mode de vie, libre et contestataire[7].

100 Ans d'objets de légende,
M. Bertherat et M. de Halleux,
© Éditions Atlas, 1996.

1. Usure à cause de l'eau. – 2. Tissu imperméable qui sert à protéger les marchandises, les véhicules de la pluie. – 3. Personne qui fabrique des vêtements. – 4. Nom. – 5. Personnes qui travaillent dans la forêt. – 6. Fin de la guerre de 1939-1945 (en France). – 7. Qui aime s'opposer aux traditions.

Découvrez le document

1 Notez dans le tableau les principales étapes de l'histoire du pantalon « jean ».

Le lieu	L'époque	Les événements
La Californie (États-Unis)	1848 (époque de la ruée vers l'or)	Un prospecteur a besoin de...

2 Dites si les phrases suivantes sont vraies ou fausses.

a. Le premier jean a été créé pour un chercheur d'or. V
b. Le premier jean vient de France. F
c. C'est Oscar Levi-Strauss qui, en 1848, a conçu le premier jean. F

d. Le tissu du premier jean était de la toile de tente. V
e. Le jean a toujours été bleu. F
f. Oscar Levi-Strauss s'est inspiré des pantalons des marins du port de Gênes au XVIe siècle. V
g. Le jean est devenu populaire dans le monde entier après la guerre de 1939-1945. V

TENDANCES

Delphine Murat nous présente sa collection 2002. Elle nous parle des tendances de la mode et nous raconte son parcours de créatrice.

Pour sa collection Printemps-Été 2002, Delphine Murat a choisi de s'amuser en célébrant le mariage du glamour et du sport.
On appréciera en particulier de jolies robes légères en satin avec imprimés logotypés qui rappellent celles des majorettes de l'Amérique des années cinquante.
Une collection pleine d'humour où l'on va de surprise en surprise.

(D'après le dossier de presse)

Racontez des créations

Utilisez le vocabulaire du tableau pour raconter les étapes d'une création :

(a) un roman

(b) une collection de mode (vêtements)

(c) la maison de vos rêves

*Ex. : **a.** L'écrivain a trouvé l'idée de son nouveau roman dans un fait divers. Il a conçu...*

Découvrez le reportage

1 Lisez la présentation du reportage. Écoutez.

2 Présentez Delphine Murat. Quel est son parcours professionnel ?

3 Cochez les mots qui correspondent aux tendances vestimentaires actuelles selon Delphine Murat.

☐ varié(e)   ☐ rétro   ☐ chic
☐ futuriste   ☐ multiple   ☐ sport
☐ mariage de l'ancien et du moderne
☐ emprunté(e) à différents styles

de l'idée à la réalisation

■ **L'idée**
avoir l'idée de... – concevoir **22** –
la conception
le projet – faire un projet – un plan –
un brouillon – un dessin – une maquette

■ **La réalisation**
réaliser quelque chose – préparer –
fabriquer – monter – construire **34** –
composer – produire **34**

■ **L'amélioration**
améliorer – perfectionner –
les retouches – retoucher – refaire –
reprendre la fin – finir – l'achèvement –
achever – terminer

.6 > Découvrir les mots

Dans cette leçon vous réaliserez
LE DICTIONNAIRE DE VOTRE CLASSE.
Chacun de vous choisira un mot. À propos
de ce mot vous rédigerez de petits textes
(souvenirs, idées) et de brefs poèmes.
Ce travail pourra faire l'objet d'un
recueil collectif ou d'une exposition.

Travaillez avec un dictionnaire

1 Mettez en commun vos connaissances sur les dictionnaires français (unilingues et bilingues).

Le Petit Larousse ? Le Petit Robert ? Les versions cédérom ? etc.

ARBRE [aRbR] *n.m.* (1080 ; latin *arbor*)
I ◆ Végétal pouvant atteindre des dimensions et un âge considérable ; ◇ COUR. *Petit arbre, jeune arbre* ⇒ arbuste - *Les racines, la tige, les branches, les feuilles de l'arbre* [...] *Monter dans un arbre, grimper aux arbres.* « *Maître Corbeau, sur un arbre perché* » (LA FONTAINE) - *Arbre à palabres,* sous lequel on se réunit en Afrique - *Arbre à caoutchouc* ⇒ hévéa ◇ PROV. *Il ne faut pas juger de l'arbre par l'écorce**. *Couper l'arbre pour avoir le fruit :* supprimer une source de profit pour un avantage immédiat (cf. *Tuer la poule aux œufs d'or*). *C'est au fruit qu'on connaît l'arbre :* c'est à l'œuvre qu'on peut juger l'auteur. *Les arbres cachent la forêt.*
◇ ANCIENNT. *Arbre de la liberté :* arbre planté sur une place publique comme symbole d'émancipation.
◇ *Arbre de Noël :* sapin ou branche de sapin auquel on suspend des jouets, des décorations.
◇ BIBLE. *L'arbre de vie :* arbre du paradis terrestre.
II ◆ Axe qui reçoit ou transmet un mouvement de rotation. *Arbre moteur.*
III ◆ Ce qui a l'apparence d'un arbre.
1. *Arbre généalogique.* 2. Schéma représentant des chemins et des bifurcations. *Classification en arbre :* présentation du sens d'un mot selon cette structure.

Extrait du dictionnaire *Le Petit Robert,* 1995.

2 Dans l'article de dictionnaire ci-dessus cherchez :

– la prononciation du mot
– son étymologie
– un mot de la même famille

– des emplois particuliers
– des emplois figurés
– des expressions ou proverbes
– une citation littéraire.

3 Choisissez le mot sur lequel vous allez travailler. Relevez ses sens et ses emplois dans un dictionnaire.

Évoquez des souvenirs

À la manière de Georges Perec, notez un ou plusieurs souvenirs évoqués par votre mot.

Dans son livre *Je me souviens,* l'écrivain Georges Perec évoque des souvenirs des années 1930-1950.
Je me souviens que je me suis cassé le bras et que j'ai fait dédicacer le plâtre à toute la classe.
Je me souviens des autobus à plate-forme : quand on voulait descendre au prochain arrêt, il fallait appuyer sur une sonnette, mais ni trop près de l'arrêt précédent, ni trop près de l'arrêt en question.
Je me souviens des trous dans les tickets de métro.

Georges Perec, *Je me souviens,* © Hachette, 1978.

*les mots sont des armes
le poids des mots. les
mots de la tribu. les
mots d'amour. entre
deux mots. les
mots piègent.
un
mot pour un autre.
la memoire des mots.
le mot de la fin.* Ben 92

Recherchez des idées associées à votre mot

1 Lisez ci-contre des extraits du *Nouveau Dictionnaire des idées reçues* d'Alain Schifres.

Commentez et comparez avec les opinions courantes qu'on associe à ces mots dans votre pays.

2 Notez les idées reçues associées à votre mot.

Imaginez un bref poème à partir de votre mot

1 Observez la construction du poème « Dans notre ville... ». Imaginez le début des strophes suivantes.

2 À quoi vous fait penser chaque vers du poème « Tant de temps » ?

Ex. : Le temps qui passe → on devient vieux.

3 Créez un poème à partir de votre mot.

Alain Schifres note les « idées reçues » associées à certains mots. Il s'agit de préjugés, d'opinions non vérifiées qu'on entend toujours dans les conversations courantes.

ÉCOLE. Fabrique des chômeurs. On ne sait rien en sortant de l'école.

MÉDECINS. Leur écriture s'est améliorée mais ils continuent de vous faire attendre exprès. De mèche avec des laboratoires. Mon grand-père n'en voyait jamais et achetait ses lunettes sur les marchés.

PLANTES VERTES. Il faut leur parler.

ORDINATEUR. A changé notre façon d'écrire, de lire, de voir, de penser mais ne saurait remplacer l'Homme.

TOURISTES. En vacances, toujours se plaindre des touristes ou, faisant soi-même du tourisme, des vacanciers.

TAXI. *Vox populi.* Ce que pense de la situation votre chauffeur de taxi est jugé très important. Met le son trop fort à la radio.

Alain Schifres, *Le Nouveau Dictionnaire des idées reçues,* © Jean-Claude Lattès, 1998.

TANT DE TEMPS

Le temps qui passe
Le temps qui ne passe pas
Le temps qu'on tue
Le temps de compter jusqu'à dix
Le temps qu'on n'a pas
Le temps qu'il fait
Le temps de s'ennuyer
Le temps de rêver
Le temps de l'agonie
Le temps qu'on perd
Le temps d'aimer
Le temps des cerises
Le mauvais temps
Et le bon et le beau
Et le froid et le temps chaud.

Philippe Soupault, *Georgia, Épitaphes, Chansons,*
© Gallimard, 1994.

Dans notre ville, il y a
Des tours, des maisons par milliers,
Du béton, des blocs, des quartiers,
Et puis mon cœur, mon cœur qui bat
Tout bas.

Dans mon quartier, il y a
Des boulevards, des avenues,
Des places, des ronds-points, des rues,
Et puis mon cœur, mon cœur qui bat
Tout bas. [...]
Jacques Charpentreau, *La Ville enchantée,*
© L'École des loisirs.

Bilan 5

1. Montrer – choisir

Il veut offrir un collier à son amie (sa femme).
Imaginez un dialogue de 10 courtes phrases.
Utilisez les pronoms interrogatifs et possessifs
(voir p. 63).

Il montre ce qu'il veut voir...
La vendeuse se trompe. Il précise...
Il pose des questions : matière (or, argent, strass), prix,
tendances de la mode...
Il hésite... La vendeuse demande quels sont les goûts de
son amie...
Il compare... Il choisit.

2. Utiliser les pronoms démonstratifs

Complétez avec ce (celui, celle, etc.) + qui
(que).

Dans une boutique.
La fille : C'est bientôt l'anniversaire de papa. Tu sais... lui
ferait plaisir ?
La mère : Si on lui offrait une cravate ? ... il met avec
sa chemise bleue est horrible !
La fille : ... sont dans cette boutique ne sont pas très
belles non plus. Et pourquoi pas un chapeau ? J'adore...
porte oncle Pierre.
La mère : Offre ... tu voudras mais pas de chapeau !
Jamais ton père n'en a porté.

3. Utiliser les constructions avec deux pronoms

a. Complétez en utilisant deux pronoms.

Une couturière parle de son travail.
« Je travaille pour une créatrice parisienne et j'habite à
200 km de Paris. Mais tout se passe bien.
Les dessins et les tissus, elle ... envoie par la poste.
Quand elle veut ajouter des précisions, elle ... donne par
Internet.
Quand j'ai un gros problème, je ... parle au téléphone.
Mais quand les vêtements sont finis, je ... apporte moi-
même à Paris. Les clientes demandent souvent des
retouches. Je ... fais sur place. »

b. Complétez les réponses.

*Dans une entreprise de produits de beauté, deux
commerciaux bavardent.*
Léa : Le service voyage t'a donné ton billet pour le Japon ?
Kim : Non, ... (pas encore).
Léa : Tu as demandé à Martin si tu pouvais rester trois
jours de plus ?

Kim : Oui, ...
Léa : Il t'a donné sa réponse ?
Kim : Il ... demain.
Léa : Au fait, tu as expédié les échantillons au distributeur
de Nagasaki ?
Kim : Oui, ...
Léa : Catherine t'a parlé de son voyage au Japon ?
Kim : Oui, ...
Léa : Elle t'a apporté son guide du Japon ?
Kim : Non, ...

4. Exprimer des sentiments

Rédigez une lettre de 15 lignes environ à partir
du plan suivant. Exprimez les sentiments
indiqués entre parenthèses.

*Vous avez accepté de travailler dans une agence de votre
entreprise située à l'autre bout du pays. Vous écrivez à une
ancienne collègue.*
• Vous avez trouvé un logement agréable *(satisfaction)*.
• Mais certains de vos collègues sont beaucoup mieux
logés *(jalousie)*.
• Le travail est monotone. Il n'est pas intéressant *(surprise,
déception)*.
• Vous avez un bureau sans fenêtre *(mécontentement,
tristesse)*.
• Dans cette ville, vous avez retrouvé des anciens amis
(joie, bonheur).

5. Parler d'une création

Complétez avec des verbes qui signifient
« créer » (voir tableau p. 71).

Une nouvelle comédie musicale va être ... au Grand
Théâtre.
C'est Nicolas Legrand qui ... la musique.
Le metteur en scène Patrick Marin ... une mise en scène
originale.
Les techniciens ... des décors magnifiques.
La société Comédie'Art ... des costumes superbes.

6. Raconter une aventure

Elle raconte ses tentatives pour monter
au sommet du mont Blanc. Notez :
• le déroulement normal de l'ascension
– le premier jour
– le deuxième jour
• les problèmes qu'elle a rencontrés.

Comprendre le monde

Exprimer la cause et la conséquence

Exprimer la crainte. Encourager

Décrire une organisation

Expliquer un fonctionnement

Argumenter une explication

Présenter un projet (justifications, buts, déroulement)

Carabal, Les Gosses *(6), © Dupuis, 2000.*

L'entreprise en difficulté/1

Explications

REGARDER LA VIE AUTREMENT

Couleurs
Finesse
Élégance

L'entreprise
Les produits
Les nouvelles lignes
La distribution
Vos messages

OPTIRIS

Optiris est une entreprise familiale située dans le Jura et dirigée par Jacques Grandval. Après des études à HEC (École des hautes études commerciales) et un séjour aux États-Unis, Sabine Grandval revient voir sa famille.

J. Grandval : Je suppose que tu as déjà plusieurs offres d'emploi...

Sabine : Oui, mais je préférerais travailler ici.

J. Grandval : Tu sais, l'entreprise ne marche pas aussi bien qu'avant.

Nicolas : Disons-le franchement : c'est la fin. D'ailleurs, moi, je cherche du travail ailleurs.

Sabine : Mais à quoi sont dus vos problèmes ?

J. Grandval : À la concurrence... des pays d'Asie surtout.

Nicolas : La vraie cause, c'est que papa refuse de délocaliser la production.

J. Grandval : Je ne veux pas être à l'origine d'un plan de licenciement.

Sabine : Et bien, puisque Nicolas s'en va, je veux bien le remplacer... si papa est d'accord.

Nicolas : Tu crois que tu vas sauver l'entreprise grâce à tes cours d'économie ?

Sabine : Non, grâce à un styliste que je connais et à quelques idées...

Découvrez le document

1 Lisez et écoutez. Présentez la fiction « L'entreprise en difficulté ».

a. le lieu : *Ça se passe...*
b. les personnages : *Il y a...*
c. le problème du début de l'histoire : *Optiris est en difficulté parce que...*

2 Relevez les phrases exprimant la cause. Transformez-les en utilisant des expressions de cause différentes.

Ex. : À quoi sont dus vos problèmes ?
→ Quelle est la cause de vos problèmes ?
→ Comment s'expliquent vos problèmes ?
Etc.

Exercez-vous

1 Employez « à cause de », « en raison de » ou « grâce à ».

L'entreprise Alma a perdu beaucoup d'argent ... un gestionnaire incompétent.
Les ventes ont baissé ... la mauvaise qualité des produits.
Heureusement, l'entreprise n'a pas fermé ... l'aide des banques.
C'est aussi ... la nouvelle direction qu'Alma a retrouvé sa compétitivité.

2 Employez « parce que », « car », « comme », « puisque ».

J. Grandval : (...) tu vas travailler dans l'entreprise, tu habiteras avec nous ?

exprimer la cause *(voir p. 194 (14.1))*

■ Pour introduire un nom
• **à cause de – en raison de**
L'entreprise a des difficultés à cause de (en raison de) la concurrence.
• **être dû** (devoir) – **être causé** (causer) – **s'expliquer – venir de**
Les difficultés de l'entreprise
sont dues à...
sont causées par... ⎫
s'expliquent par... ⎬ *la concurrence.*
viennent de... ⎭
• **la cause – la raison**
La cause des difficultés, c'est la concurrence
• **grâce à...** (idée de moyen, d'aide et de conséquence positive)
*L'entreprise n'a pas fermé **grâce à** la Banque du Commerce.*

■ Pour introduire une proposition
• **parce que**
Il est absent parce qu'il est malade.
• **car** (plutôt à l'écrit)
L'entreprise a des difficultés car il y a beaucoup de concurrence.
• **comme** (la cause est annoncée avant la conséquence)
Comme il est malade, il n'ira pas travailler.
• **puisque** (la cause est évidente et connue)
Comment veux-tu qu'il vienne travailler puisqu'il est malade ?

■ Pour demander la cause
• *Pourquoi est-il absent ?*
• *Quelle est la cause (la raison) de son absence ?*
• *À quoi est due* ⎫
Comment s'explique ⎬ *son absence ?*

Sabine : Non, (...) je veux être indépendante.
J. Grandval : Si tu veux, tu peux t'installer dans le studio de la rue du Vallon. (...) le locataire est parti la semaine dernière, il est vide.
Sabine : C'est gentil, mais je vais chercher un grand appartement... je ne serai pas seule.
J. Grandval : Donc, ta mère et moi, on va se retrouver seuls.
Sabine : Mais non, papa, (...) nous allons travailler ensemble tous les jours !

Réfléchissez – Discutez

Recherchez les causes.

– d'un succès commercial
– d'un échec commercial.

Les supermarchés du sport Décathlon ont su prévoir les nouveaux besoins.

La voiture électrique. Dans les années 90, on la présentait comme la voiture de l'avenir. Mais...

Prononciation et mécanismes

• Exercices 51, 52 page 179.

Futur

Ces innovations aux conséquences imprévisibles

RÉSEAUX D'INFORMATIONS

L'ordinateur, les nouveaux téléphones et le réseau Internet ont produit d'immenses possibilités de stockage et de circulation de l'information. C'est pourquoi, demain, des activités quotidiennes comme faire ses courses, emprunter un livre à la bibliothèque, aller au cinéma deviendront inutiles.

ROBOTS

Présents dans nos usines et dans nos cuisines, les robots ont déjà entraîné des améliorations dans nos conditions de travail. Mais bientôt, ils seront partout. Ils conduiront nos voitures, construiront nos maisons, exploiteront les champs et le fond des océans.

La multiplication des robots aura pour conséquence une nouvelle diminution de la durée du travail.

Réseau Internet, intelligence artificielle, réalité virtuelle, téléphone multifonctions, génétique, robotique... Ces innovations dessinent le monde de demain : un monde bien souvent imprévisible.

TRANSPORTS

TGV, voitures de plus en plus puissantes, avions géants nous permettront demain d'aller encore plus vite et plus loin ; de sorte que nous deviendrons des nomades[1].
L'homme du XXIe siècle sera donc moins attaché à sa maison et à son lieu de travail.

1. Selon l'expression de Jacques Attali dans *Le Dictionnaire du XXIe siècle*.

Imaginez le monde futur

1 Faites une lecture rapide du document de la page 78.

De quoi parle-t-il ?

2 Partagez-vous les trois rubriques du document. Recherchez les mots qui expriment la conséquence.

Mettez en commun ce que vous avez trouvé.

3 Imaginez les conséquences des innovations de votre rubrique dans tous les domaines :

– le travail   – la vie quotidienne
– l'éducation   – les loisirs
– la famille   – etc.
– la vie à la maison

Rédigez ces conséquences en utilisant les mots du tableau.

Ex. : Vie de famille : les membres de la famille voyageront beaucoup de sorte qu'ils ne se retrouveront que pendant les vacances...

Exercez-vous

1 Reliez les deux phrases en utilisant l'expression entre parenthèses.

• Il y a des bouchons sur l'autoroute. Il faut prendre une route départementale. *(C'est pourquoi)*
• Les gens travaillent moins. Ils voyagent plus. *(de sorte que)*
• Marie parle trois langues étrangères. Elle a trouvé facilement du travail. *(donc)*
• Une autoroute traverse la région. Celle-ci n'est plus isolée. *(En conséquence)*

2 Reliez les phrases ci-dessus en utilisant des expressions de cause *(car – comme – parce que – puisque)*.

Trouvez des enchaînements de conséquences

Jouez par groupes de 5 ou 6. Chacun ajoute une conséquence à la phrase écrite par son voisin.

Ex. : Paul a rencontré Jane, une amie d'enfance.
→ Paul a donc proposé à Jane d'aller bavarder au café.
→ ...

expression de la conséquence

(voir p. 194 (14.2))

■ **Interrogation sur la conséquence**
Quelles sont les conséquences de cette décision ?
Qu'est-ce qu'elle entraîne ? Elle permettra quoi ?

■ **Introduction d'une conséquence**
Je prends le TGV...
... **donc** } j'irai plus vite (j'irai **donc** plus
... **de sorte que** } (subjonctif) vite)
... **En conséquence** } je gagnerai du temps.
... **C'est pourquoi** }

■ **Verbes de conséquence**
→ Conséquence positive : **permettre**
Le TGV permet d'aller plus vite.
→ Conséquence négative : **causer**
Le mauvais temps a causé des dégâts.
→ Conséquence positive ou négative : **créer –**
produire – entraîner – provoquer
La construction de l'autoroute crée des emplois.

3 Complétez avec un verbe qui exprime la conséquence *(permettre, causer, etc.)*.

Discussion à propos des avantages et des inconvénients des téléphones portables.
– Moi, j'ai un portable. Il me ... de recevoir des appels quand je ne suis pas chez moi.
– Moi aussi. Mais il faut faire attention, ça peut ... de grosses dépenses.
– Il paraît que les portables peuvent ... des maladies.
– Je n'y crois pas, mais ils peuvent ... des problèmes quand ils sonnent au théâtre ou au cinéma.

Prononciation et mécanismes

• Exercices 53, 54, 55 page 179.

L'entreprise en difficulté/2

Nouvelles inquiétudes

Ma chère Sabine,

Un petit bonjour de Luchon, dans les Pyrénées, où je soigne mes rhumatismes.

J'ai appris que tu dirigeais Optiris avec ton père. Je t'adresse toutes mes félicitations et tous mes encouragements.

Je suis sûre que tu réussiras car tu es toujours été audacieuse (comme ton père).

L'entreprise Optiris. Dans le bureau du styliste.

Sabine : *(à la porte du bureau)* Je te dérange ?

Luigi : Pas du tout. Entre ! Oh, toi, il y a quelque chose qui ne va pas !...

Sabine : Luigi, je suis inquiète.

Luigi : Tu as tort. Je viens de parler à deux distributeurs. Nos nouvelles lignes marchent très fort.

Sabine : Le problème n'est pas là. Hier soir, j'ai rencontré le directeur de Visio chez les Lacroix. Il souhaite nous racheter.

Luigi : Tu l'as dit à ton père ?

Sabine : Je n'ose pas. J'ai peur qu'il accepte.

Luigi : Ne t'en fais pas. Je vais aller le rassurer sur nos ventes. Tu lui parleras après... Et les syndicats, ils sont au courant ?

Sabine : Oh, il n'y a rien à craindre de ce côté-là...

Découvrez les documents

1 Lisez la lettre à Sabine.

Qui lui écrit ? Qu'est-ce qu'on apprend ?

2 Écoutez l'enregistrement. Préparez une mise en scène de la conversation entre Sabine et Luigi.

Ce que dit le personnage	Ce qu'il fait	Les sentiments qu'il éprouve – Ses gestes, son attitude
Je te dérange ? ...	Sabine frappe à la porte du bureau de Luigi. ...	Elle paraît contrariée. ...

exprimer la peur - encourager

■ La peur
- avoir peur – faire peur à quelqu'un

J'ai peur $\begin{cases} de\ lui. \\ qu'il\ (ne)\ vienne.\ \text{(subjonctif)} \end{cases}$

- craindre – la crainte

Je crains $\begin{cases} l'orage. \\ qu'il\ (ne)\ fasse\ un\ orage. \end{cases}$

- l'inquiétude (inquiéter quelqu'un) – l'angoisse – être angoissé (*Ce film m'a angoissé(e)*) – le trac (avoir le trac)

■ Le courage
- être courageux (audacieux) – avoir du courage encourager quelqu'un à faire quelque chose – oser faire quelque chose – affronter – faire face
- avoir de l'assurance – être sûr de soi – assurer (familier)

■ (se) Rassurer

> Ne vous inquiétez pas !
> Rassurez-vous !

> C'est terrible !
> C'est affreux !

> C'est épouvantable !
> C'est horrible !

> Ce que vous dites me rassure.

> Ne vous faites pas de soucis !
> Ne vous en faites pas !

Jouez les scènes

1 Choisissez une scène et jouez-la.

2 Trouvez d'autres situations de peur (crainte, trac, etc.).

- Avant d'entrer en scène pour la première fois de sa vie, le jeune acteur a le trac. Une amie le rassure...

- C'est la première fois qu'il monte dans la Porsche de Diane. Sur la petite route de campagne, elle roule à 180 km/h.

- Ils ont raté le dernier métro. À 2 heures du matin, ils rentrent dans leur banlieue déserte.

Parlez des superstitions

1 Lisez le texte ci-dessous puis écoutez le reportage sur les superstitions. Complétez.

Ce qui porte bonheur	Ce qui porte malheur
...	Ouvrir un parapluie dans une maison. ...

2 Dialoguez. « Qu'est-ce qui, d'après vous, porte bonheur ? malheur ? Pourquoi ? »
Ex. : ouvrir un parapluie dans une maison → Ça porte malheur.

ÊTES-VOUS SUPERSTITIEUX ?

■ Dorothée, 21 ans
Je n'aime pas ouvrir un parapluie dans une maison, je fuis les chats noirs et je ne passe pas sous les échelles, les trucs basiques, quoi ! J'ai aussi des porte-bonheur. Hier, j'ai passé un examen et j'avais mes petits scarabées que j'ai ramenés d'Égypte. Résultat, ça a bien marché.

■ Dina, 17 ans
Je suis assez superstitieuse avec le sel de table... Je pose toujours le sel sur la table avant de le tendre... Je fais aussi beaucoup le coup du feu. Si j'arrive à traverser avant que le feu passe au rouge, c'est bon signe...

Propos recueillis par Marie Pavlenko, *Muteen*, octobre 2001.

Prononciation et mécanismes

- Exercices 56, 57, page 179.

ACCIDENTS DE LA ROUTE
À QUI LA FAUTE ?

Il y a trente ans, on désignait l'état des routes comme la principale cause des accidents. Aujourd'hui, l'opinion accuse les fautes de conduite.

Or, depuis longtemps, les spécialistes savent qu'un accident est souvent dû à de multiples facteurs : l'expérience et l'état du conducteur, le type de déplacement (trajet maison-travail, week-end, etc.), la puissance et le poids de la voiture, la vitesse, le type de route et son état, les conditions météo, la présence d'un obstacle, etc.

Accuser seulement l'automobiliste a donc pour conséquence de passer sous silence les raisons de son comportement. Cela permet par ailleurs de cacher certaines vérités embarrassantes.

Les services publics et les constructeurs automobiles n'ont pas intérêt à ce qu'on accuse les routes et les voitures. Elles sont pourtant elles aussi responsables.

D'après *Sciences et Vie*, août 2001, p. 75.

Découvrez le document

1 Lisez le titre. Imaginez (en groupe) quelles sont les idées développées dans l'article.

Ex. : Cet article va parler de...

2 Lisez progressivement l'article. Cochez les idées que vous aviez trouvées. Notez les autres.

l'enchaînement des idées *(voir p. 195 (14.4))*

■ **Succession d'idées qui vont dans le même sens**
• *Je ne sors pas.* **D'abord (Premièrement,**
Tout d'abord) *parce qu'il pleut.*
Ensuite (Deuxièmement) *parce que je suis fatigué.*
Enfin, *parce qu'il y a un match à la télé.*
De plus, *c'est un match de rugby.*
Par ailleurs, *Catherine doit téléphoner.*
• Quand on présente deux idées :
D'une part... D'autre part...

■ **Enchaînement d'idées qui peuvent s'opposer**
D'un côté (D'une part) *je suis fatiguée.* **D'un**
autre côté (D'autre part) *j'ai envie de sortir.*

■ **Enchaînement en opposition**
• *Il pleut.* **Pourtant (Cependant)** *j'ai envie de sortir.*
• *Aujourd'hui il pleut.* **En revanche**
(Par contre) *demain, il doit faire beau.*

■ **Enchaînement avec « or »**
Hugo (15 ans) veut conduire la voiture de son père.
Or, *il n'a pas le permis. Il faut donc l'empêcher de le*
faire. (dans une démonstration avec conclusion)

---

3 Observez la construction de l'article.
Relevez et classez les mots qui servent à
l'enchaînement des phrases.

Ex. : Il y a trente ans... Aujourd'hui... → opposition entre
deux époques.

4 Relevez les mots en relation avec les idées
suivantes :

– la cause
– la conséquence
– la faute

Exercez-vous

1 Enchaînez les phrases suivantes en
employant les expressions du tableau.

Ex. : Je suis pour les publicités. D'abord, il y a...

Extraits d'un débat sur la publicité à la télévision.
a. Je suis pour la publicité à la télé. Il y a des pubs très
amusantes. La publicité fait vivre la télé. Si certains
films peuvent exister, c'est grâce aux pubs.
b. Je suis pour les pubs dans les émissions de variétés.
Je suis contre quand elles coupent les films.
c. Les publicités me dérangent. Elles font vivre la
télévision.
d. Les publicités sont gênantes. Elles sont nulles.

2 Enchaînez les phrases avec *or, donc, en*
revanche (par contre).

a. J'adore la campagne.
J'ai un collègue qui a une maison de campagne.
Je vais me faire inviter par ce collègue à déjeuner.

b. Marie a une grosse voiture.
Elle a un petit salaire.
Je me demande comment elle a pu l'acheter.
c. Nicolas veut toujours m'inviter. Il déteste danser.
Je n'aime pas trop sortir avec lui.
Son copain Bruno adore danser.
Je préfère sortir avec Bruno.

Discutez en petits groupes

• Partagez-vous les différentes causes des
accidents énumérées dans l'article.

• Cherchez des arguments pour ou contre.

• Présentez vos réflexions à la classe dans
un développement organisé.
Ex. : Nous pensons que... D'abord parce que... etc.

• Discutez.

• Cherchez d'autres sujets de débat à propos
de la conduite automobile. Discutez-en.
– Pour ou contre des moteurs moins puissants.
– Pour ou contre l'utilisation du téléphone portable
en voiture.
– Les femmes conduisent-elles mieux que les hommes ?

Prononciation et mécanismes

• Exercices 58, 59, 60 page 179.

Reportage à la Cité des sciences
et de l'industrie de Paris
La Cité des enfants

CITÉ DES SCIENCES ET DE L'INDUSTRIE***
Tlj sf lun. 10 h-18 h (dim. 19 h) ; l'Argonaute : 10 h 30-17 h 30, w.-end 11 h-18 h 30. Fermé 1er mai et 25 déc. Tél. 01 40 05 80 00.
Réalisée par l'architecte Adrien Fainsilber et inaugurée en 1986, elle remplit trois missions : la connaissance, le savoir et l'émerveillement.

EXPLORA**
À travers une variété d'expositions, de spectacles interactifs, de maquettes et de manipulations, comment explorer notre monde d'aujourd'hui et de demain.

CITÉ DES ENFANTS
Activités de loisirs, d'éducation et de recherche pour les enfants de 3 à 6 ans et de 6 à 12 ans. On joue, on observe, on expérimente dans le domaine des sciences et des techniques.

TECHNO CITÉ
Les parents hésitent rarement à laisser leurs enfants pendant 1 h 30 à leurs passions dans cette Techno Cité : comment concevoir un logiciel ? Mettre au point un prototype ? Voilà des questions intéressantes...

MÉDIATHÈQUE
Riche de 300 000 documents écrits et informatiques, la médiathèque accueille librement petits et grands.

LA GÉODE**
10 h-21 h 30, lun. 10 h-18 h (séance toutes les h.). 57 F (tarif réduit : 44 F). Tél. 01 40 05 12 12 (réservation) et Tél. 01 40 05 79 99 (info).
C'est dans ce gros ballon aux miroirs en acier posé sur l'eau que le spectacle a lieu. Le champ de projection sur un écran hémisphérique de 1 000 m² vous donne une vision proche de celle de l'oiseau, une impression de réalité époustouflante. Films scientifiques et culturels.

Le Guide vert, © Michelin et Cie, 2000.

DÉCOUVREZ LA CITÉ DES SCIENCES ET DE L'INDUSTRIE

Lisez l'extrait du *Guide vert*. Complétez cette présentation de la Cité des sciences.

a. **Le rôle** de la Cité des sciences et de l'industrie est de ...
b. Cette Cité des sciences **se compose de** ...
c. La Géode **fait partie de** ... . Elle permet de ...
d. Explora **comprend** ...
e. La médiathèque **contient** ...
f. Les activités de la Cité des enfants **servent à** ...
g. La Techno Cité **a pour fonction** ...

DÉCOUVREZ LE REPORTAGE

1 Apprenez quelques mots techniques (p. 85).

2 Écoutez le reportage sur la Cité des enfants.

Faites correspondre les moments du reportage, les photos et les extraits du *Guide pour la Cité des enfants* (p. 85).

3 Expliquez la fonction et le déroulement de chaque activité.

Quelques activités
de la Cité des enfants

LA FONTAINE RENVERSANTE
Cette fontaine, créée par Bernard Gitton, est une boule avec un flotteur à l'intérieur. Quatre pompes la remplissent. Lorsque la boule est pleine, elle bascule et se vide, guidée par les galets disposés comme des rails.

LE CHARIOT TRAVELLING
En installant une caméra sur un chariot guidé sur des rails, il est possible de suivre un acteur pendant son déplacement ou de donner une impression de mouvement à une scène fixe. C'est la technique de prise de vue du travelling ou « voyage de la caméra ».

LANGUES DU MONDE
Des milliers de langues sont parlées dans le monde. S'il n'est pas possible de les parler toutes, voici une occasion d'apprendre à dire « Bonjour, soyez les bienvenus ! » dans une autre langue que la sienne.

MÉTÉO-CITÉ
Annoncer le temps qu'il fera demain est un vrai travail de spécialiste. Le présentateur doit bien connaître la météorologie pour commenter les cartes de prévision et expliquer clairement dépressions, anticyclones et autres précipitations.

Guide pour la Cité des enfants,
© Cité des sciences et de l'industrie, Paris, 2000.

Apprenez quelques mots techniques

Reliez chaque mot et sa définition.

un chariot	**a.** qui sert à faire monter l'eau
	b. les trains roulent dessus
un flotteur	**c.** qui sert à faire tourner une machine
un galet	**d.** utilisé pour transporter (par exemple quand on fait ses courses au supermarché)
une manivelle	
une pompe	**e.** qui sert à faire circuler l'eau
	f. petite roue qui entraîne une mécanique
des rails	**g.** qui permet de rester à la surface de l'eau
un tuyau	

organisation et fonction

■ **L'organisation**
• un ensemble – un groupe
se composer de – comprendre – contenir
Le groupe Vivendi comprend plusieurs sociétés.
• une partie – un élément fait partie de...
La société Universal Music fait partie du groupe Vivendi.

■ **La fonction**
• servir à/de **14**
À quoi sert ce dictionnaire ?
Il sert à traduire les mots. – Il sert de presse-papiers.
• Quelle est la fonction, le rôle de... ?
Il permet de... Il est utilisé pour...

■ **Le fonctionnement**
• un appareil qui marche, fonctionne/ est en panne
• mettre en marche/arrêter
appuyer sur/relâcher une touche, un bouton
tourner un bouton – cliquer
insérer/éjecter une cassette, une disquette, un cédérom

Dans cette leçon, vous organiserez seul(e) ou en petits groupes

UNE JOURNÉE D'ACTION

pour intéresser le public à un problème de votre choix.
Vous expliquerez ce problème.
Vous présenterez les buts de votre journée et vous ferez un programme d'animation.

Journée sans achat

**Journée sans tabac pour sensibiliser les fumeurs aux dangers de la cigarette,
Fête du cinéma pour attirer le public dans les salles obscures,
Journées de la femme, de l'enfant, de la science, des plantes,
Journée sans voiture...
Et pourquoi pas, comme dans certains pays, une journée sans achat...**

« Faites un geste pour la Terre : arrêter d'acheter ».

Vendredi, des associations de consommateurs d'une quinzaine de pays appellent à une « journée sans achat » pour dénoncer une société de consommation devenue « hors de contrôle » dans les pays riches et sensibiliser le public à ses conséquences écologiques.
Ce jour de boycott, lancé au Canada en 1992 par un ex-publicitaire, est toujours organisé le lendemain de Thanksgiving, une période de shopping aux États-Unis.

Cette journée est organisée le vendredi 24 aux États-Unis, au Canada, en Israël, en Australie, au Danemark et en Finlande. Mais le Brésil et plusieurs pays d'Europe (Belgique, Royaume-Uni, Autriche, Pays-Bas...) ont choisi de l'organiser le 25, car le rush y a lieu le samedi. L'objectif est d'appeler les consommateurs à marquer un temps d'arrêt dans leurs achats, pour réfléchir à ce qu'implique le « toujours plus » : agriculture et pêche intensives, épuisement des ressources en eau et en énergie, modes de production industrielle utilisant des produits toxiques, émission croissante de déchets.

Midi-Libre, 21 novembre 2000.

Choisissez le thème de votre journée

1 Lisez le texte ci-dessus. Complétez la fiche suivante.

• Nom de la journée d'action : ...
• Objectifs : ...
• Slogan : ...
• Dates : ...
• Problèmes qu'on veut poser : ...

2 Commentez. Cette journée d'action vous paraît-elle justifiée ? utile ? efficace ?

3 Relevez les différentes manifestations qui sont citées dans l'introduction de l'article. Quels sont leurs objectifs ?

4 Cherchez en commun d'autres thèmes de journée d'action.

Ex. : une journée sans bruit, une journée du roman policier, etc.

5 Choisissez votre projet de journée d'action.

Apprenez à exprimer un but

Lisez le tableau ci-contre. Un organisateur de la « Semaine du goût », en France, présente les buts de cette manifestation. Formulez ses phrases en employant le mot entre parenthèses.

Ex. : La semaine du goût a pour but de...

« Une semaine du goût dans les écoles, les cantines, etc. : pour quoi faire ?
• sensibiliser les gens à l'importance de l'alimentation *(avoir pour but)*
• apprendre le nom de certains aliments – connaître leur goût *(pour que)*
• découvrir de nouveaux plats *(être consacré à)*
• savoir manger de façon équilibrée *(afin que).* »

Justifiez votre journée d'action

• Présentez les causes et les conséquences du problème.

Ex. : À l'origine de cette journée d'action, il y a le problème de...

• Présentez les buts de votre journée.

Ex. : La journée ... a donc pour but...

Imaginez des animations

Cherchez des idées :
– de slogans
– d'affiches
– d'animations

exprimer le but *(voir p. 195 (14.3))*

■ **À l'aide d'un nom**
Le **but** (l'objectif) de cette journée est...
Notre **intention** est de faire...

■ **À l'aide d'une forme verbale**
Cette journée est destinée à... Elle est consacrée à...
Projeter, envisager (de faire quelque chose)

■ **À l'aide d'une conjonction**
Nous organisons une Journée des langues...
... { **pour** les étudiants.
pour (**afin d'**) intéresser les étudiants.
pour que (**afin que**) les étudiants apprennent les langues. *(subjonctif)*
N.B. Les expressions « de peur de + infinitif » et « de peur que + subjonctif » peuvent exprimer un but à la forme négative.
Je t'ai longuement expliqué le problème...
*... **de peur que** tu ne comprennes pas.*

■ **Interroger**
Dans quel but (Pourquoi) tu vas à Paris ?
Tu vas à Paris. **Pour quoi faire ?**
Quelle est ton intention. Quels sont tes objectifs, etc. ?

Animations pour les

Journées du patrimoine

À Paris, à l'occasion des Journées du patrimoine, un jeu de piste sera organisé dans le périmètre des berges de la Seine récemment classé au répertoire du patrimoine mondial par l'Unesco.
Au Palais-Royal, ancien lieu de fêtes, on projettera des films des débuts du cinéma muet accompagnés au piano.
Ailleurs, on rivalisera d'imagination pour attirer le public. Les jeunes qui restaurent le château de Villemont (XVIIIᵉ) y présenteront une pièce de théâtre et des animations équestres. Au château médiéval de Bannegon dans le Cher, on pourra assister à des tournois et François d'Ormesson, propriétaire du château de Méréville (Essonne), qui se bat pour sauver ses magnifiques jardins romantiques, tondra lui-même soixante hectares de pelouse !

D'après *Le Figaro*, sept. 1997.

Bilan 6

1. Exprimer la cause

Complétez avec les mots du tableau de la p. 77.

Deux stylistes se rencontrent.

Paul : Je me suis inscrit à des cours de japonais.
Agnès : Pourquoi ?
Paul : ... je vais aller travailler au Japon chez Kenzo.
Agnès : Comment tu as trouvé ce travail ?
Paul : ... Michel Durand.
Agnès : Alors *sayonara* !
Paul : Pardon ?
Agnès : ... tu apprends le japonais, tu dois comprendre.
Paul : Nous n'avons eu qu'un seul cours et ... j'étais malade ce jour-là, je n'ai pas encore entendu un mot de japonais.

> Je suis inquiète.

> Rassure-toi ! C'est un excellent plongeur.

> Oui, mais j'ai peur des requins.

a. Vous êtes sur un bateau avec des amis. L'un d'eux fait de la plongée sous-marine. Ça fait une heure qu'il est parti...
b. Demain, votre amie Amélie va passer l'oral d'un examen difficile.
c. Vous êtes en voiture avec un(e) ami(e) sur une petite route de montagne. Il fait nuit. La voiture tombe en panne.
d. Le directeur donne trop de travail à votre ami(e) qui n'ose pas se plaindre.

4. Décrire une organisation

Écoutez. On vous présente le musée d'Orsay. Reportez certaines informations sur le plan. Rédigez les autres sous forme de légende au bas du document.

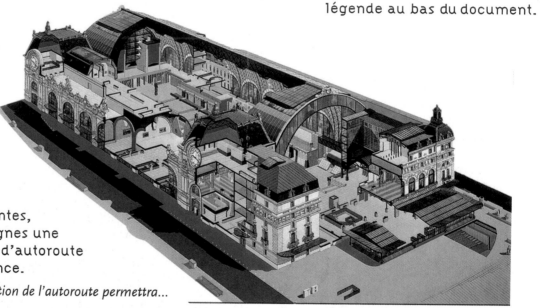

2. Exprimer la conséquence

D'après les notes suivantes, rédigez en quelques lignes une présentation du projet d'autoroute Grenoble-Aix-en-Provence.

Ex. : Tout d'abord, la construction de l'autoroute permettra...
Ensuite...

PROJET D'AUTOROUTE GRENOBLE-AIX-EN-PROVENCE À TRAVERS LES ALPES DU SUD.

AVANTAGES	INCONVÉNIENTS
• création d'emplois	• dégradation du paysage
• développement du tourisme dans la région	• augmentation de la pollution
• rapidité des communications Italie/France	• danger pour les animaux sauvages

3. Exprimer la peur – encourager

Pour chacune des situations suivantes, imaginez un bref dialogue de deux ou trois phrases.

5. Faire une démonstration

Enchaînez les idées avec les mots de la page 83.

Sabine Grandval parle aux fabricants de lunettes de sa région.

« Nous avons tous de gros problèmes.
..., parce que nos produits sont trop chers,
... parce que les fabricants étrangers font de bons produits.
..., il y a une solution.
Chacun essaie de résoudre seul ses problèmes.
..., c'est parce que nous sommes isolés que nous sommes faibles.
..., il faut que nous nous regroupions. »

7

Gérer le quotidien

- **E**xprimer l'appartenance

- **D**ire le droit. **R**éclamer, donner des directives à l'oral et à l'écrit

- **G**érer l'argent

- **D**écrire, définir un objet. **D**onner sa fonction

- **P**arler de la vie professionnelle

La fête techno/1
Rendez-vous

Il est minuit. Sur un parking, à la sortie d'une petite ville du Sud-Ouest, des jeunes se retrouvent.

Louis : Hyper top, la voiture ! C'est la tienne ?

Noémie : Oui, cadeau de mes parents pour ma réussite au Deug.

Louis : C'est pas les miens qui feraient ça, même pour mon doctorat !

Noémie : Les miens ont du fric, les tiens sont sympas, ça équilibre... Alors, où est-ce qu'on fait la fête ?

Eudes : Au Clos-Gaillard, c'est à cinq kilomètres.

Noémie : Mais le Clos-Gaillard, je connais ! Ça appartient au docteur Péruzet !

Eudes : Et alors ? Il possède la moitié du village. D'ailleurs, c'est sa fille qui nous a indiqué l'endroit où on pouvait organiser la fête techno.

Louis : De toute façon, le matériel est déjà là-bas. Alors Jérôme et David, vous montez dans la voiture de Noémie ! Lorraine, tu viens dans la nôtre ?

Découvrez le document

1 Écoutez et complétez ce résumé de l'histoire.

• Sur un parking non loin d'une petite ville, des jeunes se préparent à ...
• Louis admire ...
• Les parents de ... sont riches. Ceux de ... ne le sont pas.
• La fête techno a lieu ... qui est une propriété de ...

2 Relevez les mots qui expriment la possession ou l'appartenance.

Exercez-vous

Confirmez en utilisant un pronom possessif.

Des jeunes ont fait la fête. Ils rangent l'appartement.
• C'est mon sac. *C'est le mien.*
• C'est l'écharpe de Marie. ...
• Ces magazines sont à nous. ...
• Ce CD est à toi. ...
• Ce sont mes affaires. ...
• Ce sont vos clés de voiture ? ...
• Ces disques sont à Marie et à Pierre. ...
• Ce portable est à moi. ...

Jouez la scène

Ils déménagent. Ils quittent un appartement de 100 m² pour s'installer dans un trois pièces de 60 m².

expression de la possession *(voir p. 186 (5.1 et 2))*

■ **Adjectifs et pronoms possessifs**

	masculin singulier	*féminin singulier*	*masculin pluriel*	*féminin pluriel*
à moi	mon livre **le mien**	ma montre **la mienne**	mes amis **les miens**	mes amies **les miennes**
à toi	ton livre **le tien**	ta montre **la tienne**	tes amis **les tiens**	tes amies **les tiennes**
à lui/à elle	son livre **le sien**	sa montre **la sienne**	ses amis **les siens**	ses amies **les siennes**
à nous	notre pays **le nôtre**	notre maison **la nôtre**	nos frères et nos sœurs **les nôtres**	
à vous	votre pays **le vôtre**	votre maison **la vôtre**	vos frères et vos sœurs **les vôtres**	
à eux/à elles	leur pays **le leur**	leur maison **la leur**	leurs frères et leurs sœurs **les leurs**	

■ **Formes verbales**

• *avoir - posséder*
Elle a... Elle possède un grand appartement.
Elle est propriétaire d'un grand appartement.
• *appartenir* **7**
Cette maison lui appartient.
Elle est à elle. C'est sa propriété.

■ **Autres formes**

> Il dit que tu étais incompétente.
> Ce sont ses propres mots.

> Qu'il s'occupe de ses affaires !

Que faut-il garder, jeter, donner, vendre ?

> Je n'ai pas envie de garder cette lampe.

> Eh... C'est la mienne.
> Elle me vient de mon grand-père !

Donnez votre opinion

Lisez la légende de la photo ci-contre.
Discutez. Par qui doivent être gérés, à qui
doivent appartenir :

– les autoroutes ⎫ à l'État ?
– les chemins de fer ⎪ à la région ?
– les grands théâtres ⎬ à la commune ?
– les écoles et les universités ⎪ à des sociétés privées ?
– les parcs naturels ⎪ à des particuliers ?
– etc. ⎭

L'idée de propriété est différente selon les pays.
Chez certains agriculteurs du Pérou, la terre appartient
à tout le monde. Chez certains peuples de l'océan Pacifique,
les maisons sont la propriété des femmes.
En France, les lieux de culture et d'éducation appartiennent
souvent au domaine public.

Prononciation et mécanismes

• Exercices 61, 62 page 180.

Répartition des dépenses des Français **1999** (en % de la consommation totale)	en %
▢ Produits alimentaires, boissons et tabac	18,1
▢ Habillement (y compris chaussures)	5,3
▢ Logement, chauffage, éclairage	24,4
▢ Meubles, matériel ménager, articles de ménage et d'entretien	6,5
▢ Services médicaux et de santé	3,6
▢ Transports et communications	17,2
▢ Loisirs, spectacles, enseignement et culture	9,5
▢ Autres biens et services	15,4

Gérard Mermet, *Francoscopie*, © Larousse, 2000.

Gérez votre budget

1 À quelle rubrique des statistiques ci-dessus appartiennent les dépenses suivantes :

a. un abonnement au magazine *Voyager*
b. une facture de téléphone
c. l'achat d'une boîte d'aspirine
d. l'achat d'un billet de train
e. une note d'hôtel
f. l'achat d'une baguette de pain
g. l'achat d'un lave-linge
h. l'achat d'une paire de chaussettes
i. le loyer de la maison
j. la facture des dépenses d'électricité

2 Comparez ces statistiques avec votre propre répartition des dépenses.

3 Classez les dépenses et les recettes suivantes. Précisez dans quel cas on verse ou on touche ces sommes.

(1) une taxe d'habitation
(2) un salaire (pour les fonctionnaires : un « traitement »)

(3) une allocation familiale
(4) une bourse – (5) une retraite
(6) une assurance (voiture, logement, accident, etc.)
(7) les prélèvements obligatoires pour la sécurité sociale et la retraite
(8) une assurance maladie complémentaire
(9) une indemnité de déplacement
(10) une allocation logement

Recettes	Dépenses
	(1) → elle est due pour chaque logement

Consommez

1 Utilisez le document de la Fnac (page 93) pour répondre aux questions suivantes.

a. C'est quoi la Fnac ? Qu'est-ce qu'on y trouve ?
b. C'est intéressant d'être adhérent ?
c. Est-ce que c'est vrai que le jour où on adhère, on peut avoir 6 % de réduction sur tous les produits ?
d. Tu crois qu'à la Fnac je peux avoir des places pour le spectacle de Liane Foly ?

Dépliant Fnac, octobre 2001.

Carte Fnac.
La Fnac reconnaît ceux
qui se reconnaissent en elle.

**Découvrez des offres
et des avantages à
saisir toute l'année.**

• Offres de bienvenue :
*elles agissent dès
le premier jour !*

En devenant adhérent,
vous bénéficiez d'une
journée de réduction que
vous choisissez vous-même.
Vous profiterez alors d'une
remise de 6 %* sur la hi-fi,
photo, micro-informatique,
TV/vidéo, logithèque et
bureautique et de 10 %* sur les
disques, CD, DVD, cassettes audio
et vidéo enregistrées (hors CD 2 titres et prix verts).

• Offres adhérents :

découvrez chaque mois
dans Contact, le magazine des
adhérents, les meilleurs articles,
sélectionnés et proposés à prix
réduits exclusivement pour
les adhérents Fnac.

• Les remises permanentes :

dans votre Fnac, vous accédez à des tarifs préférentiels
sur de nombreux produits et services…

• 6 % de remise permanente sur les travaux photo
de la gamme Collection dans les Fnac et Fnac Service,

• des tarifs réduits sur plus de 17000 spectacles et
événements toute l'année.

• des remises dans plus de 2000 points de vente agréés
Fnac.

* À l'exception des produits bénéficiant déjà d'une remise et de ceux pour
lesquels elle serait prohibée par les dispositions légales ou réglementaires.

Écoutez – Jouez

1 Écoutez une scène de réclamation et une
scène de négociation.
Relevez les expressions qui vous seront utiles
pour faire les jeux de rôles ci-dessous.

2 Jouez les scènes.
a. Réclamation.

Il y a des erreurs sur la note d'hôtel.

> Excusez-moi, mais vous
> avez compté…

b. Négociation.

*Il voudrait s'offrir ce téléviseur moderne à écran plat.
Il cherche à faire baisser le prix.*

> Je vous ai déjà acheté…
> Vous ne pourriez pas me faire
> une petite réduction ?

> Je vous le fais
> à 8 000 mais c'est
> mon dernier mot.

Donnez votre avis

Commentez l'idée de Coca-Cola. Réfléchissez
sur les différentes façons de faire varier les
prix (soldes, opérations de promotion, etc.).

DES PRIX À LA TÊTE DU CLIENT

Tout a commencé par une rumeur, il y a un an.
À l'aide d'une puce et d'un thermomètre,
Coca-Cola venait de mettre au point une machine
géniale : un distributeur capable de faire varier
le prix de la boisson en fonction de la température.
Plus il fait chaud, plus la canette est chère. À peine
inventé, le procédé, trop impopulaire, a été
abandonné. Mais le principe du prix variable, lui,
n'a pas été oublié.

L'Express, 09/11/2000.

Prononciation et mécanismes

• Exercices 63, 64 page 180.

La fête techno/2

Vous n'avez pas le droit !

*Il est une heure du matin. Au Clos-Gaillard,
la fête techno a commencé. Des centaines de
voitures arrivent. Le propriétaire du Clos-Gaillard
a été averti.*

M. Péruzet : Qu'est-ce que vous faites ?
Il est interdit de s'installer ici !

Eudes : On n'a plus le droit de
s'amuser ?

M. Péruzet : Il y a des endroits pour ça.

Eudes : Mais qu'est-ce que ça peut
vous faire ? Ces champs
ne sont pas cultivés.
Nous sommes loin de tout.
De quoi avez-vous peur ?

M. Péruzet : D'être obligé de nettoyer
pendant un mois !

Un organisateur : On vous promet qu'on
nettoiera.

M. Péruzet : Moi, je veux bien tolérer que
vous fassiez votre fête ici,
mais s'il y a un problème...

Découvrez le document

1 Résumez la situation. Où se passe
la scène ? Qui est M. Péruzet ?
Que demande-t-il ? Comment réagissent
les jeunes ?

2 Travail en petits groupes. En utilisant
le vocabulaire du tableau, proposez d'autres
versions de cette scène.

*Ex. : M. Péruzet, plus méchant : « Qu'est-ce qui se passe
ici ! C'est une propriété privée. Je vous interdis... J'appelle la
police... Etc. »*

3 Imaginez la suite et la fin de cette
histoire.

Exercez-vous

Que disent-ils ? Utilisez (quand c'est
possible) les trois constructions présentées
dans le tableau.

*Ex. : **a.** Je vous interdis de...*
a. Eudes fait du skate board dans un parc pour petits
enfants. Le gardien l'appelle...
b. Marie voudrait traverser le désert du Sahara en été.
Son ami le lui déconseille...
c. David est tombé et a très mal à la jambe. Son
professeur de gymnastique accepte qu'il ne participe
pas au cours.
d. Vous avez envie de faire un pique-nique dans le
champs d'un fermier. Il accepte.

règles et droits

■ La règle
observer ⎱ une loi, un règlement
respecter ⎰ une règle, une consigne

obéir **6** /désobéir à qqn[1]
(voir aussi page 113)

1. qqn = quelqu'un – qqch = quelque chose.

■ Le droit
avoir le droit de faire qqch
avoir droit à qqch
être dans son droit – être en règle

→ Constructions
• *Active*
Je lui interdis de sortir.
Il m'interdit d'entrer.
• *Passive*
Les jeux d'argent sont interdits.
• *Impersonnelle*
Il est interdit de stationner.

■ De l'interdiction à la permission
interdit (interdire à qqn de faire qqch **37**)
déconseillé (déconseiller à qqn de faire qqch)
toléré (tolérer qqch)
permis (permettre à qqn de faire qqch **30**)
autorisé (autoriser qqn à faire qqch)

■ De l'obligation à la liberté
obligé (obliger qqn à faire qqch)
conseillé (conseiller à qqn de faire qqch)
dispensé (dispenser qqn de qqch)
donner une dérogation – un examen facultatif –
un sujet libre

Vous n'avez pas le droit !

C'est interdit !

On ne touche pas.

Ça ne se fait pas.

Écoutez - Jouez

Pour chacune des trois scènes :

a. Écoutez l'enregistrement. Notez :

– le lieu
– les personnages
– le déroulement de la scène
*Ex. : Au guichet d'un bureau de poste, une femme qui n'a
pas pris de ticket d'appel...*

b. Trouvez ci-dessous la scène proche
de celle que vous venez d'entendre.

Jouez cette scène.

1. Vous faites la queue devant un cinéma.
Une personne arrive et s'installe devant vous.

2. Vous venez de vous garer dans un parking avec
horodateur. Mais vous n'avez pas de pièce de monnaie.
Un agent de police vous regarde...

3. Dans une agence de voyage, vous vous inscrivez
à un séjour d'une semaine aux sports d'hiver. Vous
posez des questions sur :
– la compétition finale
– l'excursion à Avoriaz
– les activités du dimanche

Réfléchissez - Notez

Travail en petits groupes. Cherchez :

– ce qui est autorisé et qui devrait être interdit ;
– ce qui est interdit et qui devrait être toléré ;
– ce qui est facultatif et qui devrait être obligatoire ;
– ce qui devrait être permis.

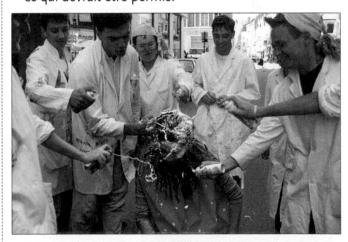

*En France, le bizutage est interdit. Mais certains continuent
à le pratiquer.*

Prononciation
et mécanismes

• Exercices 65, 66 page 180.

Paris, le 25 février 2002

Nathalie BADAROUX
25, avenue Denfert-Rochereau
75014 PARIS
Numéro d'abonnée
T4 8614

Magazine DÉCOUVERTES
Service abonnements

Madame, Monsieur,

Je me suis abonnée à votre magazine le 3 janvier dernier. D'après votre publicité, vous offrez à tout nouvel abonné un stylo comme cadeau de bienvenue.

J'ai le regret de vous informer que je n'ai pas reçu ce cadeau.

Je vous remercie par avance de bien vouloir me l'envoyer.

Veuillez agréer, Madame, Monsieur, l'expression de mes salutations distinguées.

Les candidats au concours
de recrutement
des guides des musées
et monuments historiques

sont priés de se présenter

**le mardi 15 avril 2001
à 7 h 45
Espace Jean-Renoir (porte B)
3, rue Guy-de-Maupassant**

● Ils devront être munis
de leur convocation
et d'une pièce d'identité.

● Les candidats ne seront pas
autorisés à quitter la salle
avant la fin de la première
heure des épreuves.

● Il est rappelé que tout
document est interdit.

Monsieur,

Suite à notre conversation téléphonique, je vous prie de trouver ci-joint mon billet de train Perpignan-Paris du 3 mai dernier (train n° 4732).

Ce train est arrivé avec plus de trois heures de retard et je sollicite le remboursement de mon billet.

Je vous remercie par avance et vous prie d'agréer, Monsieur, l'expression de mes sentiments les meilleurs.

Pièces jointes : mon billet de train, un relevé d'identité bancaire.

> *Madame la Conservatrice,*
>
> *Conseillère historique pour la société Films-Production,*
> *je collabore actuellement à la préparation d'un film*
> *sur le navigateur Robert Surcouf.*
>
> *Je vous serais très reconnaissante s'il m'était possible de consulter*
> *les ouvrages de la bibliothèque du musée de la Marine consacrés*
> *aux navigateurs des XVIIIe et XIXe siècles.*
>
> *Je vous en remercie par avance et vous prie d'agréer,*
> *Madame, l'expression de mes salutations distinguées.*

Découvrez les lettres

1 Pour chaque lettre, complétez le tableau.

	1
Qui écrit ? Quelles informations celui qui écrit donne-t-il sur lui ?	N. Badaroux Abonnée à *Découvertes*
À qui ? Quelles informations donne-t-on sur la personne à qui on écrit ?	...
Quel est le but de la lettre ? (directive, demande, réclamation, etc.)	...
Que s'est-il passé avant la lettre ?	...
Que doit-il se passer après ?	...

2 Repérez et notez les formules utilisées pour :

1. *Demander quelque chose :* « de bien vouloir me l'envoyer »...
2. *Donner des directives :* ...
3. *Demander une autorisation :* ...
4. *Remercier :* ...
5. *Saluer :* ...

Écrivez

1 Vous avez commandé *L'Encyclopédie des oiseaux* par Internet à une librairie en ligne. Vous avez reçu les œuvres complètes de Balzac. Écrivez un message de réclamation.

• Rappelez la situation.
• Exprimez votre demande.
• Remerciez.
• Saluez.

2 Vous avez envie de quelque chose qui nécessite une approbation ou une autorisation (rencontrer une artiste célèbre, visiter un château privé, etc.). Vous écrivez pour exprimer votre souhait.

• Présentez-vous.
• Donnez les raisons de votre souhait.
• Formulez votre demande.
• Remerciez.
• Saluez.

> **D**ans cette leçon, vous présenterez
>   UN OBJET TÉMOIN DE VOTRE ÉPOQUE
> (objet quotidien, livre, photo, jouet, etc.)
> à l'intention des générations futures.

Voici un livre auquel je suis très attaché et avec lequel j'ai passé des heures à rêver. Il raconte l'histoire d'un petit garçon, le "Petit Prince", qui décide de quitter la planète où il vit seul pour découvrir le vaste monde et apprendre que ce dont nous avons le plus besoin : c'est d'amitié. C'est un livre que trois générations d'enfants ont lu et dont l'auteur était un pionnier de l'aviation dans les années 1930.

Des témoignages du siècle enterrés pour 100 ans à Saint-Just (Hérault)

À n'ouvrir que le 25 novembre... 2100

Samedi, les habitants de Saint-Just ont enterré un sarcophage dans lequel ils avaient placé de nombreux témoignages de leur époque.

Le conseil municipal a voté une loi selon laquelle le sarcophage ne pourra pas être ouvert avant le 25 novembre 2100.

Que découvriront les héritiers des habitants de Saint-Just ? Des objets auxquels on attache aujourd'hui une importance particulière : un poster de l'équipe de France championne du monde de football, un dossard du marathon de New York, une poupée Barbie... et même l'écharpe tricolore du maire... ■

D'après Midi Libre, 27/11/2000.

Choisissez votre objet témoin

1 Lisez les documents ci-dessus. Vous êtes en l'an 2100. Avec des amis, vous découvrez le sarcophage de Saint-Just. Posez-vous les questions suivantes :

– Qui a fait ça ?
– Qu'est-ce qu'il y a là-dedans ?
– Pourquoi quelqu'un a-t-il mis le livre *Le Petit Prince* ?
– Pourquoi a-t-on mis les autres objets ?

2 Faites, en commun, une liste d'objets témoins de votre époque.

– un jeu de cartes Pokémon
– une bande dessinée d'Astérix le Gaulois
– etc.

3 Choisissez votre objet.

4 Observez les constructions relatives du texte. Retrouvez les phrases qui ont été regroupées.

Ex. : Les habitants de Saint-Just ont enterré un sarcophage
– Ils ont placé des témoignages de leur époque dans ce sarcophage.

les constructions relatives *(voir p. 184 (2.3))*

■ **Rappel (voir page 15)**

Les constructions relatives permettent de regrouper des informations.

*Ex. : Saint-Exupéry a écrit **Le Petit Prince**. **Le Petit Prince** est une **histoire** merveilleuse. Tous les enfants connaissent cette **histoire**.*

*→ Saint-Exupéry a écrit **Le Petit Prince** qui est une histoire merveilleuse **que** tous les enfants connaissent.*

Le choix du pronom relatif dépend de la fonction grammaticale du mot qu'il remplace.

■ **Nouvelles constructions**

auquel – à laquelle **auxquels – auxquelles** (« **à qui** » est souvent employé pour les personnes)	remplace un complément introduit par la préposition **« à »** *(au, à la, aux)*	Voici un objet **auquel** je tiens beaucoup. *(Je tiens à cet objet.)*
dont	remplace un complément introduit par la préposition **« de »** *(du, de la, des)*	Le téléphone portable est un instrument **dont** je me sers beaucoup. *(Je me sers du téléphone portable.)*
	remplace un complément de nom ou d'adjectif	Le magasin **dont** tu m'as donné le nom est fermé. *(Le nom du magasin.)*
préposition (avec, dans, pour, etc.) + **lequel – laquelle** **lesquels – lesquelles** (« préposition + **qui** » pour les personnes)	remplace un complément introduit par une préposition autre que « **à** » et « **de** »	Voici le stylo **avec lequel** j'ai écrit toutes mes lettres d'amour. *(J'ai écrit mes lettres d'amour avec ce stylo.)* Le fauteuil **dans lequel** j'aimais faire la sieste est cassé. *(J'aimais faire la sieste dans ce fauteuil.)*

EXERCEZ-VOUS

1 Regroupez les deux phrases en utilisant « dont » complément de nom ou d'adjectif.

Ex. : a. → J'ai rencontré un type sympathique dont le frère est musicien.

Après la fête techno.

• J'ai rencontré un type sympathique. Son frère est musicien.

• Nous avons emmené des copains. La voiture de ces copains était en panne.

• Il y avait un excellent DJ. J'ai oublié son nom.

• Louis est un garçon sympathique. Noémie est amoureuse de Louis.

• J'ai rencontré Clara. Son père est avocat.

2 Complétez avec un pronom relatif du tableau (nouvelles constructions).

Noémie et une copine sont montées au grenier.

• Voici les skis ... j'ai gagné le slalom de Val d'Isère quand j'avais 15 ans.

• Sur cette photo, tu peux voir la piste ... je m'entraînais.

• Ça, c'est la coupe ... j'ai rêvé pendant plusieurs années.

• Voici le dictionnaire ... je me servais pour faire mes devoirs de latin.

• Dans ce dossier, il y a un projet ... je me suis beaucoup intéressée.

• Ça, ce sont des jeux de société ... j'ai beaucoup joué.

Rédigez la présentation de votre objet témoin

Prononciation et mécanismes

• Exercices 67, 68 page 180.

OPINIONS
« En France, le travail sans bureau fait peur »

Aux États-Unis, les professionnels travaillent de plus en plus loin du bureau et quelquefois sans bureau. Le magazine Le Nouvel Observateur *a demandé à Robert Rochefort, directeur du Credoc[1], si cette pratique allait se développer en France.*

■ **Robert Rochefort.** – Je ne pense pas qu'en France on aille vers une suppression des bureaux à grande échelle. J'imagine plutôt un modèle mixte. Ici, ce nouveau mode d'organisation fait peur à tout le monde, sauf dans les start-up. Il y a une sorte de consensus[2] assez fort – entre hommes d'entreprises, syndicalistes, élus locaux – pour maintenir une forme d'organisation traditionnelle. Officiellement, on demande aux collaborateurs d'être autonomes, responsables. Mais simultanément[3] on veut qu'ils fassent ce que l'on a décidé pour eux. Et quand vous n'avez pas les gens sous la main, vous ne pouvez pas les contrôler.

■ **N.O.** – *Pour le salarié, la vie « sans bureau » n'a-t-elle pas aussi des inconvénients ?*

■ **R. Rochefort.** – Si, elle en a, alors que dans une vie de bureau classique ce n'est pas grave si vous n'êtes pas productif 100 % du temps. Sans bureau, vous êtes entièrement responsable de votre travail. Vous pouvez être extrêmement efficace. Inversement[4] vous pouvez également diverger, décrocher[5] complètement et ne pas vous rattraper. En outre[6], de nouvelles formes de travail coïncident souvent pour les salariés avec une diminution des protections sociales.

Propos recueillis par J. de L.
Le Nouvel Observateur, 24/02/2000

1. Centre de recherche, d'études et de documentation sur la consommation. – 2. Accord général. – 3. En même temps. – 4. Dans un sens contraire. – 5. Se noyer dans d'autres activités. – 6. D'autre part.

Découvrez le document

1 Identifiez le document. Qui écrit ? À qui ? Pourquoi ?

2 Lisez le document. Au fur et à mesure de votre lecture, répondez aux questions suivantes.

a. Robert Rochefort croit-il que le travail sans bureau va se développer en France ?
b. Qu'est-ce qui le lui prouve ?
c. Quelle est l'attitude des patrons avec leurs collaborateurs ?
d. Quels sont les inconvénients du travail sans bureau ?
e. Quels sont ses avantages ?

3 D'après Robert Rochefort, quelle est l'attitude des Français face à :

– la nouveauté,
– les relations patrons/collaborateurs,
– l'autorité,
– l'autodiscipline,
– la protection sociale ?

4 Donnez votre avis personnel.

Donnez votre opinion

Utilisez les constructions du tableau ci-contre pour dire ce que vous pensez des sujets suivants.

a. Les métiers qui ont de l'avenir. Certains disent que ce sont les métiers manuels (plombier, garagiste, menuisier, etc.).

b. Comment diminuer le stress au travail ? (30 % d'Européens dont une grande majorité de cadres disent qu'ils sont stressés.)

c. La sieste au bureau. Certains médecins du travail la préconisent très sérieusement.

d. Le congé de paternité à la naissance d'un enfant. En France, il est de 15 jours, mais certains pensent que les hommes devraient avoir les mêmes droits que les femmes.

Découvrez le reportage

Vous êtes journaliste et vous devez rédiger un entretien avec Claire de Lavallée.

Écoutez le reportage et complétez les réponses de l'entretien.

doutes, opinions, sentiments

(voir p. 196 (15.1))

Quand une opinion ou un sentiment sont introduits par un verbe à la forme négative, on emploie le subjonctif.
→ *Je pense qu'il viendra demain.* (indicatif)
  Je ne pense pas qu'il vienne. (subjonctif)

■ Expression des opinions

Je ne pense pas ⎫
Je ne crois pas ⎬ que le travail chez soi **soit** une bonne chose.
Je ne trouve pas ⎭

■ Expression du doute (voir aussi p. 51)
Je ne suis pas sûre (certaine) qu'il **vienne** travailler demain.
Il n'est pas certain que la diminution de la durée du travail **résolve** le problème du chômage.

■ Expression de l'impossibilité, de l'improbabilité

Il est impossible ⎫ que les médecins
Il est peu probable ⎬ puissent travailler
⎭ sans voir leurs patients.

REPORTAGE DANS LE STUDIO D'ARTISTE DE LA CÉRAMISTE CLAIRE DE LAVALLÉE

Profession céramiste

Claire de Lavallée est céramiste. Elle crée des objets d'art à partir de la terre cuite.
En ce moment, son travail s'inspire des images transmises par les télescopes qui photographient le ciel.

• Claire de Lavallée, depuis quand faites-vous de la céramique ?
…

• La céramique est votre activité principale ?
…

• Quelle est votre formation ?
…

• Qu'est-ce qui inspire votre travail ?
…

Prononciation et mécanismes

• Exercices 69, 70 page 180.

1. Exprimer la possession

Remplacez les mots en gras par un pronom possessif pour éviter une répétition.

Deux pères se rencontrent.
– Comment vont tes enfants ?
– Ils vont bien, merci. Et **tes enfants** ?
– Ma fille a réussi au bac.
– **Ma fille** aussi.
– Elle a eu de très bons professeurs, cette année.
– C'est pareil pour Clémence. **Ses professeurs** étaient excellents.
– Malheureusement, nous avons des problèmes avec nos voisins.
– **Nos voisins** sont très gentils.
– Leurs enfants sont des voyous.
– Rien à voir avec nos voisins. **Leurs enfants** viennent souvent à la maison.

2. Employer les pronoms relatifs

Combinez les deux phrases en utilisant un pronom relatif.

Un étudiant en histoire de l'art parle d'une amie artiste.
• Maria m'a montré un tableau. Elle travaille à ce tableau depuis quelques jours.
• Elle m'a prêté un livre. J'ai besoin de ce livre pour mon exposé sur Renoir.
• Elle m'a présenté un de ses copains. La sœur de ce copain s'intéresse aussi à Renoir.
• Elle a fait un tableau. Dans ce tableau on voit notre maison de campagne.
• À Berlin, il y aura bientôt une exposition. Maria participera à cette exposition.

3. Gérer son argent

Continuez les phrases. Dites ce qu'ils font dans les situations suivantes.

a. Pedro est espagnol. Il va travailler à Paris mais il n'a pas de compte en banque en France. Il doit …
b. Agnès a acheté une voiture d'occasion. Comme elle trouvait le prix un peu élevé, elle …
c. Sabine et Luigi achètent un lave-linge dans un magasin dont ils sont des clients fidèles. Ils demandent …
d. Eudes n'a plus d'argent dans son portefeuille. Il va …
e. Quand Élise et Marc ont acheté leur maison, ils n'avaient pas assez d'argent. Ils ont dû …

4. Dire le droit

Imaginez un bref dialogue pour chacune des situations suivantes. Utilisez les verbes ou expressions indiqués.

a. *Elle ne supporte pas la fumée. Au restaurant, son voisin allume une cigarette.*
déranger
avoir le droit
respecter
b. *Le médecin lui demande de faire un régime. Il négocie.*
avoir droit à
(se) permettre
tolérer

5. Faire une réclamation

a. Écoutez cette conversation.

Thomas a commandé l'appareil photo Lentex. Il a reçu sa commande mais il n'est pas satisfait.

Notez pour quelles raisons il n'est pas satisfait.

b. Rédigez la lettre ou le message que Thomas envoie à Photomarché.

OFFRE EXCEPTIONNELLE

Appareil photo numérique
LENTEX 2100

• Compact
• 4 millions de pixels avec zoom optique
• Pour des images de très haute qualité
Options couleurs : noir, gris métal, bleu

EN CADEAU : UN ÉTUI

500 €

WWW.PHOTOMARCHÉ.FR

8

Apprendre

- **E**xprimer les rapports de temps. **F**aire une chronologie
- **R**apporter des paroles
- **I**ndiquer les circonstances d'une action
- **P**arler d'éducation, de recherche, d'histoire
- **R**éfléchir à l'apprentissage du vocabulaire

*Yves Coppens, anthropologue,
avec les moulages des ossements
de Lucy (3 millions d'années).*

Université de la Sorbonne, Paris.

La promotion/1

Un chercheur

Adrien Demange est chercheur au Centre de recherche en génétique des végétaux. Il donne aussi des cours à l'université. Il est 22 heures. Il rentre chez lui.

Adrien : Excuse-moi. Je suis en retard.

Émilie : J'ai l'habitude... Toujours tes expériences sur les champignons ?

Adrien : Ben oui, toujours... Il y a quelque chose à manger ?

Émilie : En cherchant bien dans le frigo, tu dois trouver un reste de poulet.

Adrien : Tu as l'air fâchée...

Émilie : Adrien, ce n'est pas en travaillant jusqu'à dix heures du soir pour Meynadier que tu deviendras chef de service !

Adrien : C'est en faisant quoi, alors ?

Émilie : En refusant de travailler sur les articles de Meynadier et en publiant sous ton propre nom. Tu es son assistant, tu n'es pas son esclave !

Adrien : Oui, mais tout ça est bientôt fini. Paul Pignon prenant sa retraite en juin, c'est moi qui doit lui succéder.

Émilie : Ne vends pas la peau de l'ours avant de l'avoir tué !...

Découvrez le document

1 Écoutez la scène. À chaque phrase, complétez le tableau.

2 Recherchez les formes verbales en « -ant ». Remplacez-les par une autre construction.

Ex. : En cherchant bien dans le frigo → Si tu cherches bien dans le frigo.

Les activités d'Adrien	Il rentre souvent tard le soir. Il travaille à...
La personnalité d'Adrien	travailleur
La personnalité d'Émilie	...

emploi du participe présent et du gérondif *(voir p. 184 (2.4) et 193 (11.3 et 4))*

■ **Formation du participe présent**
→ À partir de la 1re personne du pluriel du présent :
parler → nous parlons → **parlant**
faire → nous faisons → **faisant**
• Cas particuliers : avoir → **ayant** –
être → **étant** – savoir → **sachant**
• La forme composée du participe présent indique une antériorité :
*Les promeneurs **ayant déjeuné** et **s'étant reposés** vont repartir.*

■ **Forme « en » + participe présent (gérondif)**
Elle indique la circonstance d'une action :
*Il travaille **en écoutant la radio**.* (= en même temps)
En allant travailler, *j'ai rencontré Sylvie.*
(= quand je suis allée travailler)

■ **Proposition participe présent caractérisant un nom**
*Les étudiants **ayant réussi au concours** trouveront du travail.*
(= Les étudiants **qui ont réussi au concours**...)

■ **Proposition participe indiquant une circonstance**
*Charlotte **n'ayant pas** fait ses devoirs,*
*Le ciel **étant** nuageux,*
*Paul n'**aimant** pas sortir,*
} *nous resterons à la maison dimanche.*

■ **Participe présent et adjectif**
Ne confondez pas le participe présent (invariable) et certains adjectifs formés avec le **verbe (+ ant)**.
*Elle étudie la biologie en **se passionnant** pour son sujet.*
*Elle raconte des histoires **passionnantes**.*

Exercez-vous

1 Remplacez les propositions avec gérondif par des propositions commençant par :
« en même temps », « si », « quand », « parce que ».

a. En revenant de la bibliothèque, j'ai rencontré Philippe.
b. Il a beaucoup minci. C'est en faisant le régime « Filvert ».
c. En faisant ce régime, je pourrais peut-être perdre du poids moi aussi.
d. Philippe a beaucoup de courage. Tout en travaillant, il élève seul ses deux enfants.

2 Reliez les deux phrases en utilisant une proposition participe.

a. L'entreprise Vidéo-Concept a fait faillite. Le personnel est au chômage.
b. Le Président visite le Mexique.
Le Conseil des ministres est reporté à la semaine prochaine.
c. Le joueur de football Emmanuel Petit est blessé.
Il ne jouera pas contre les Pays-Bas.
d. De gros orages sont annoncés pour la fin du week-end. Soyez prudents !

Jouez les scènes

1 Pierre et Marie rentrent de vacances. Ils ont perdu la clé de leur petite maison de banlieue. Comment faire ?
« On pourrait ...
Peut-être en passant par le jardin ... »

2 Il voudrait maigrir. Il a essayé. Ça n'a pas marché. Elle lui donne des conseils.
« En faisant ... »

Échangez des trucs pratiques

Comment faire pour :

• au cours d'un repas, faire partir une tache sur un chemisier ou une cravate ;
• faire passer un mal de tête ;
• empêcher un bouquet de fleurs de faner ;
• empêcher un bas de filer ;
• faire passer le hoquet ;
• réussir une mayonnaise.
• avoir des vêtements non froissés dans une valise quand on voyage.

Prononciation et mécanismes

• Exercices 71, 72 page 180.

Marie Curie : une vie pour la science

C'était le soir du 28 mars 1902. Marie et Pierre Curie étaient restés tard dans leur laboratoire de la rue Lhomond et allaient rentrer chez eux. Avant de sortir, Marie s'est retournée. Sur la table, dans l'obscurité, les petites coupelles émettaient une lumière bleue. À ce moment-là, Marie a su qu'elle avait enfin isolé le radium, cet élément chimique sur lequel elle avait travaillé les cinq années précédentes.

L'année suivante, pour cette découverte qui va révolutionner la science du XXe siècle, elle obtiendra le prix Nobel de physique.

Maria Sklodowska était née en Pologne en 1867. Très tôt, elle avait montré des capacités intellectuelles exceptionnelles. À l'âge de 24 ans, elle était venue à Paris pour faire des études de physique et trois ans plus tard, elle avait épousé le scientifique Pierre Curie.

Mais tout a commencé ce jour de 1897 où Marie a choisi comme sujet de thèse l'étude des éléments radioactifs. Un an auparavant, Henri Becquerel avait découvert que l'uranium émettait des rayonnements. Marie a alors une intuition : d'autres éléments peuvent être radioactifs. À partir de ce moment, malgré des conditions de travail difficiles, elle consacrera toute son énergie à ses recherches.

En 1911, elle obtient un deuxième prix Nobel, celui de chimie. Elle aura été la première femme à recevoir ce prix et le premier scientifique à l'obtenir deux fois.

Découvrez le document

1 Lisez le texte et retrouvez la chronologie de la vie de Marie Curie.

1867 – Naissance en Pologne de Maria Sklodowska.
...

2 Relevez et classez les mots qui donnent des indications de temps.

Vers le passé	Moment présent	Vers le futur
C'était... Avant de...	...	...

3 Observez les temps des verbes.

a. *Marie s'est retournée...* → circonstances
Elle a su... C'était le soir du...
→ actions antérieures
Marie et Pierre étaient restés...
→ actions postérieures
...

b. *Tout a commencé le jour où...* → actions antérieures
...
→ actions postérieures
...

avant et après *(voir p. 189 (8.1 et 2))*

■ Le plus-que-parfait

Marie Curie a eu le prix Nobel de physique en 1903. Elle **avait consacré** cinq ans à cette recherche.
Quand Pierre Curie a rencontré Marie, elle **n'avait pas encore fait** sa thèse.

j'avais fait	j'étais resté(e)
tu avais fait	tu étais resté(e)
il/elle avait fait	il/elle était resté(e)
nous avions fait	nous étions resté(e)s
vous aviez fait	vous étiez resté(e)(s)
ils/elles avaient fait	ils/elles étaient resté(e)s

■ Emplois de « avant » et « après »

Pierre Curie est mort...
... **avant d'**avoir fini ses recherches.
... **avant que** Marie obtienne son deuxième prix Nobel. *(subjonctif)*

■ Pour situer dans le temps

Par rapport au moment présent	*Par rapport à un autre moment*
aujourd'hui ce mois-ci maintenant	ce jour-là ce mois-là à ce moment-là
hier avant-hier la semaine dernière il y a 10 ans	la veille l'avant-veille la semaine précédente dix ans avant (auparavant)
demain après-demain la semaine prochaine dans 10 ans	le lendemain le surlendemain la semaine suivante 10 ans après (plus tard)

... **après** avoir eu un accident.
... **après que** Marie a eu son premier prix Nobel (*indicatif* mais souvent aussi au *subjonctif* : ait eu son premier prix Nobel).

Exercez-vous

1 Mettez en relation les deux actions.

• 8 h : Émilie Demange et ses enfants dînent. – 10 h : Adrien rentre du travail. *(Quand Adrien est rentré ...)*
• De 1995 à 2000 : Adrien publie trois articles. – 2000 : Il passe sa thèse. *(Quand Adrien a passé sa thèse ...)*
• 1994 : J'entre au CRGV. – 1995 : Adrien est nommé assistant. *(Quand Adrien ...)*
• 1995 : Nous passons notre thèse. – 2000 : Adrien passe la sienne. *(Quand Adrien ...)*

2 Imaginez... Racontez ce qui s'est passé avant.

• En 1995, Émilie a enfin accepté d'épouser Adrien. Mais pendant trois ans, le jeune homme avait écrit des poèmes ... *(téléphoner..., inviter..., envoyer des fleurs..., etc.)*
• L'an dernier, j'ai enfin obtenu le poste que je voulais. Mais pendant dix ans ... *(passer des examens..., écrire des articles..., etc.)*
• Hier, nous avons enfin trouvé l'appartement de nos rêves. Pendant deux ans ... *(chercher..., visiter..., faillir abandonner..., etc.)*

3 Racontez l'histoire de la première vaccination par Louis Pasteur en utilisant les mots de la 2ᵉ colonne du tableau « Pour situer dans le temps » et en commençant par :

« C'est le 6 juillet 1885 que Louis Pasteur a vacciné... »

La première vaccination sur l'homme

1822 – Naissance de Louis Pasteur.
1865 – Louis Pasteur commence à travailler sur les maladies infectieuses.
1879 – Il découvre la vaccination. Il ne la pratique que sur des animaux.
1885 (4 juillet) – Un enfant, Joseph Meister, est mordu par un chien qui a la rage. Il tombe malade.
6 juillet : Louis Pasteur vaccine l'enfant.
7 juillet : L'enfant s'amuse normalement.
27 juillet : Il est définitivement guéri.

Prononciation et mécanismes

• Exercices 73, 74 page 180.

LE MUSÉE
de
L'HISTOIRE

1

2

**Observez ces tableaux. Ils représentent des scènes célèbres
de l'histoire de la France. Retrouvez à quel tableau correspond
chaque information (exemple : 3 496). Réponses : page 181.**

• **La date**
☐ 496
☐ 1789
☐ 1815

☐ 1661

• **Les acteurs**
☐ Le roi Louis XIV
☐ Les députés du peuple
☐ Clovis, roi des Francs,
et l'archevêque de Reims
☐ L'armée de Napoléon

• **L'événement**
☐ La bataille de Waterloo
☐ Le roi s'installe à Versailles
☐ Les députés jurent de donner
une constitution à la France
☐ Le roi se fait baptiser

• **Ce qui s'est passé avant**

☐ La veille, le roi Louis XVI avait interdit aux députés du peuple de se réunir.
Il s'opposait aux idées nouvelles d'égalité.

☐ L'empereur avait pris le pouvoir 16 ans auparavant. Il avait réorganisé la France.
Il avait fait la guerre à toute l'Europe pour imposer les idées de la Révolution.

☐ Les années précédentes, le jeune roi avait dû faire face à une révolte
des seigneurs et du peuple de Paris.

☐ Un siècle auparavant, des peuples venus de l'est avaient migré en Gaule
(territoire de la France actuelle).

3

4

• **Ce qui se passera après**

☐ Dans les années qui suivent, le roi gouvernera sans partage.
Les seigneurs deviennent des courtisans.

☐ Les années suivantes, grâce à leur alliance avec l'Église, les Francs occupent une grande partie de la Gaule. Ils lui donneront un nouveau nom, « la France ».

☐ Quelques jours plus tard, Napoléon est exilé sur une île anglaise de l'Atlantique.

☐ Un mois plus tard, les députés votent la fin des privilèges et l'égalité de tous.
La France a fait sa Révolution.

• **Ce qu'ils ont dit**

☐ « L'État, c'est moi. »

☐ « Adore ce que tu as brûlé !
Brûle ce que tu as adoré ! »

☐ « Les hommes naissent et demeurent libres et égaux en droit. »

☐ « La garde meurt mais ne se rend pas ! »

Faites le test

1 Notez dans chaque case le numéro du tableau qui correspond.

2 Regroupez les informations relatives à chaque tableau. Racontez les événements.

Ex. : C'était en 1789, ...

Enrichissez votre vocabulaire

Relevez dans le texte le vocabulaire appartenant aux thèmes suivants. Complétez avec d'autres mots qui vous paraissent utiles.

a. *les acteurs de l'Histoire :* un roi – une reine – ...

b. *gouverner :* prendre le pouvoir – être élu (élire) – ...

c. *faire la guerre :* une bataille – ...

d. *les mouvements sociaux :* une révolte – ...

Parlez

• Les films basés sur un moment de l'Histoire ont beaucoup de succès. Les aimez-vous ? Lesquels avez-vous appréciés ?

• Si vous deviez faire un film historique, quelle époque choisiriez-vous ?

• Si vous deviez jouer le rôle d'un personnage de l'Histoire, lequel choisiriez-vous ?

La promotion/2
Déception

Un mardi matin, au Centre de recherche en génétique des végétaux, Adrien Demange rencontre une collègue.

Clémence : Tes oreilles n'ont pas sifflé hier soir ?

Adrien : Pourquoi ? On a parlé de moi ?

Clémence : Meynadier nous avait réunis : Florence Maugeais, Pignon et moi.

Adrien : Tu as demandé à Pignon s'il allait prendre sa retraite ?

Clémence : Oui, il nous l'a confirmé. Je leur ai fait remarquer que tu serais un excellent chef de service.

Adrien : Et qu'est-ce qu'ils ont dit ?

Clémence : Que tu n'avais pas assez publié.

Adrien : Et Meynadier n'a pas pris ma défense ?

Clémence : Non... De toutes façons, ils veulent Marianne. Ils ont dit que les grands laboratoires l'appréciaient beaucoup.

Adrien : Mais tous ses étudiants répètent qu'elle est nulle !

Clémence : Écoute, il y a peut-être un moyen de les faire changer d'avis...

Découvrez le document

1 Écoutez le document. Continuez la présentation de la scène qui est faite dans les deux lignes d'introduction.

Ex. : Adrien rencontre une collègue : Clémence. Elle lui apprend que...

2 Notez les paroles rapportées. Imaginez la réunion entre le professeur Meynadier et ses collaborateurs.

Avant la réunion :
Meynadier (à Clémence) : J'aimerais qu'on se voie ce soir... Pouvez-vous dire à M. Pignon... Etc.
Pendant la réunion : ...

3 En petits groupes, trouvez des idées pour la suite de l'histoire « La Promotion ». Imaginez comment Clémence pourrait faire changer d'avis le professeur Meynadier.

Exercez-vous

1 La ministre de la Recherche a rendu visite au Centre de génétique des végétaux. Adrien rapporte à Émilie ce que la ministre a dit.

La ministre a dit que...

- Je suis très fière de ce centre de recherche.
- Vous avez fait un travail remarquable.
- Avez-vous des problèmes particuliers ?
- Venez au ministère pour me présenter vos projets !
- Vos crédits augmenteront l'année prochaine.
- Je parlerai de vous au Premier ministre.

2 Marianne raconte sa soirée avec Marco à une copine. Retrouvez le dialogue entre Marianne et Marco.

« ... Alors Marco m'a demandé si j'aimais le théâtre. Je lui ai répondu que j'adorais ça et que ça faisait longtemps que je n'y étais pas allée. Il m'a proposé

---

cent dix

rapporter des paroles (ou des pensées) passées *(voir p. 194 (13))*

Ce que Clémence a dit	Paroles rapportées
« Adrien est compétent. »	Elle a dit qu'Adrien **était** compétent. *(imparfait)*
« Il a fait des recherches intéressantes. »	Elle a dit qu'il **avait fait** des recherches intéressantes. *(plus-que-parfait)*
« Ces recherches étaient originales. »	Elle a dit que ces recherches **étaient** originales. *(imparfait)*
« Il va faire une grande découverte. »	Elle a dit qu'il **allait faire** une grande découverte. *(imparfait + infinitif)*
« Il sera un grand savant. »	Elle a dit qu'il **serait** un grand savant. *(conditionnel)*

■ **Ces constructions sont utilisées :**
→ *avec les verbes qui servent à rapporter des paroles :*
dire – affirmer – déclarer – annoncer – répéter – demander – répondre – raconter – confirmer – rapporter – avouer – avertir – etc.
• *quand les paroles rapportées sont des questions ou des ordres.*

→ *avec les verbes qui servent à exprimer des pensées, des souvenirs, etc. :*
penser – croire – supposer – imaginer – se rappeler (que...) – se souvenir (que...) – savoir (que...) – etc.

> Tu lui as demandé si tu serais payé ?

> Il m'a demandé de l'aide.

d'aller voir le spectacle d'une troupe italienne. Je lui ai dit que je n'allais rien y comprendre. Mais il m'a rassurée. Il m'a affirmé que les acteurs parlaient très peu. »

> On m'a dit que...
> Moi je pense que...
> On m'a avertie que...

> Il paraît que...
> Je me souviens que...
> J'ai su que...

Jouez les scènes

(Par deux).

Mme Taillefer et M. Dubois sont des mauvaises langues. Ils se retrouvent tous les après-midi sur un banc du square pour échanger des ragots.

Choisissez (ou tirez au sort) un sujet de bavardage et jouez la scène.

a. Le voisin du premier étage est très riche.
b. La pharmacienne connaît Gérard Depardieu.
c. Le boucher a fait de la prison.
d. La coiffeuse a un boa dans son appartement.
e. Etc.

Prononciation et mécanismes

• Exercices 75, 76 page 180.

REPORTAGE DANS LES ÉCOLES DE NANCY

École, écoles

L'ÉCOLE MATERNELLE

Elle est gratuite. Elle n'est pas obligatoire mais tous les enfants y vont.

LE COLLÈGE

De la classe de 6e à la 3e.

LES LYCÉES

(lycées d'enseignement général, lycées techniques, lycées professionnels)
Les lycées professionnels préparent à des professions de techniciens ou d'artisans. Les meilleurs élèves peuvent passer un baccalauréat professionnel (40 spécialités).

L'ÉCOLE PRIMAIRE

Elle est obligatoire. Elle est gratuite sauf dans l'enseignement privé (10 % des élèves).
Cours préparatoire, cours élémentaire 1re et 2e année, cours moyen 1re et 2e année.

APRÈS LE BACCALAURÉAT

■ *L'université* : lettres et sciences humaines, sciences, droit, sciences économiques, médecine, pharmacie, etc.
→ Études et diplômes : Deug (diplôme d'études universitaires générales), en 2 ans – licence, en 1 an – maîtrise, en 1 an – doctorat, en 2 ans – DESS (diplôme d'études supérieures spécialisés), en 1 an.

■ *Les IUT et IUP* (instituts universitaires de technologie/professionnels) : 2 ou 3 ans d'études et de formation professionnelle.

■ *Les écoles pour la formation professionnelle*
Il en existe beaucoup. Par exemple les IUFM (instituts universitaires de formation des maîtres).

■ *Les écoles supérieures et les grandes écoles*
Elles forment les ingénieurs, les cadres, les hauts fonctionnaires : ENA (École nationale d'administration) [1] – École polytechnique – etc.

1. Voir p. 154.

Découvrez le reportage

Écoutez progressivement l'enregistrement.

1 Faites correspondre chaque moment du reportage avec une rubrique de la page 112.

2 Complétez les informations données sur chaque type d'école. Selon le cas :

– âge d'entrée et de sortie,
– buts de l'enseignement,
– activités pratiquées,
– examens.

Exercez-vous

Dans quel type d'établissement scolaire fait-on les choses suivantes ?

a. Apprendre à faire des additions et des soustractions.
b. Apprendre le métier de mécanicien.
c. Faire des coloriages et des découpages.
d. Faire un devoir de philosophie.
e. Étudier les lois sur le divorce.
f. Faire un exposé sur une pièce de Shakespeare.

éducation et autorité

■ **Étudier (les études)**
apprendre quelque chose (de quelqu'un) (l'apprentissage) – se former (la formation) – faire un stage, une formation – prendre des leçons particulières.

■ **Enseigner (l'enseignement)**
apprendre quelque chose (à quelqu'un) – former – éduquer
un enseignant exigeant, strict, sévère/tolérant, laxiste, indulgent
un élève attentif/distrait – calme/agité – obéissant/désobéissant – poli/impoli
punir **6** – une punition (voir aussi p. 95)

Parlez des relations parents/enfants

1 Lisez les témoignages ci-dessous. Caractérisez les comportements de ces parents.

2 Donnez votre avis :

– sur l'éducation que vous avez reçue (de vos parents, de vos professeurs),
– sur l'éducation que vous donnerez (que vous donnez) à vos enfants.

La parole est aux parents

Comment réagissez-vous aux exigences de vos enfants ?

Isabelle Manscour 42 ans Attachée de direction Charenton (94)	**Gilles Ziller** 54 ans Enseignant Nancy (54)	**Didier Franck** 45 ans Professeur Clermont-Ferrand (63)
« Je n'ai pas vraiment de recette miracle : cela vient surtout de l'éducation qu'on leur donne. On peut faire plaisir de temps en temps, mais il faut savoir faire attention. Ma fille de 4 ans veut des collants Barbie, mais si je ne mets pas le hola, ce sera les chaussures de sport à 130 € dans quelques années ! Je cède parfois à ses caprices, pour avoir un peu la paix. Peut-être ai-je tort. » ■	« C'est assez difficile. Mon fils a 12 ans, et je crois qu'il y a un problème de générations entre nous : je commence à manquer de patience. Le ton peut monter très vite. Je ne lui ai donné que deux corrections dans sa vie, et je me suis excusé après. J'essaie de faire preuve de fermeté, mais c'est dur : les enfants baignent dans une culture de la violence et dans une société de consommation. » ■	« Les conflits directs, c'est surtout ma femme qui les gère. Nous avons trois filles de 18, 15 et 12 ans. La plus têtue, c'est l'aînée. Les problèmes que l'on peut rencontrer avec elle tournent surtout autour des sorties. Elle essaie de voir la limite, mais sans s'opposer brutalement. Ma femme crie, moi je parle. Mais ce n'est pas avec une discussion que l'on règle les choses, mais avec plusieurs. » ■

Aujourd'hui, 25/09/2001.

8.6 > Apprendre le vocabulaire

Dites qui fait quoi

Trouvez les professions correspondant à ces activités.

a. celui qui travaille dans l'informatique → *un informaticien*
b. celle qui vend
c. celui qui conseille les autres
d. celle qui s'occupe des costumes de théâtre
e. celui qui coupe et coiffe les cheveux
f. celle qui enseigne
g. celui qui forme les autres
h. celle qu'on consulte

Exprimez le contraire

1 Le supporter de l'équipe de football PSG (Paris Saint-Germain) n'est pas d'accord avec le supporter de l'OM (Olympique de Marseille).

« La victoire est *possible* ...
Les joueurs sont *compétents* ...
Le jeu est *adapté* et *cohérent* ...
Cette pénalité est *légale* ...
Le résultat est *certain* ...
Tony Blanc est *l'honneur* de son équipe ... »

> La victoire est possible !

> Elle est impossible !

2 Le poète Claude Roy présente Paris. En utilisant des oppositions comme lui, présentez :

– les femmes (ou les hommes)
– votre maison (ou votre appartement)

𝒫ARIS

Ville très grande et très petite
très innocente et très rusée
qui se rêve et qui se calcule
[...]
Ville ambiguë ville facile
aussi compliquée que le ciel
aussi réfléchie que la mer
aussi captive que l'étoile
aussi libre qu'un grain de sel

Ville ouverte et si refermée
[...]
où la laideur sait être belle
et la beauté sourire en coin*
Claude Roy, *L'Âme en peine*,
© Gallimard, 1954.

*sourire moqueur

Attention !
Les préfixes et les suffixes ci-dessous ne permettent pas de construire des mots de manière automatique.
(voir aussi p. 182 (1.1))

■ **Pour nommer une personne**
• à partir de l'action qu'elle fait
-eur/-euse : vendre → un vendeur/
une vendeuse
-teur/-trice : observer → un observateur/
une observatrice
-ant/-ante : étudier → un étudiant/
une étudiante
• à partir de son activité
-ier/-ière : la cuisine → un cuisinier/
une cuisinière
-ien/-ienne : la musique → un musicien/
une musicienne

■ **Pour exprimer le contraire**
• d'une action
dé-/dès- : faire/défaire – habiller/déshabiller
• d'un adjectif ou d'un nom
im-, il-, in-, ir- : moral/immoral –
légal/illégal – exact/inexact – réel/irréel

■ **Pour exprimer une opposition**
anti-, contre- : un antimilitariste – un contrordre

Mettez en valeur les qualités

Imaginez des slogans publicitaires.

ARCOPAL (vaisselle)
La vaisselle résistante et irrésistible

CITIZEN (imprimantes)
Fiez-vous à ce qui est fiable

SAUTER (électroménager)
La tranquillité que donne la solidité

Faites des inventaires de mots

(travail en petits groupes)

1 Quel est le sujet du texte ci-dessous ?

2 Relevez les inventaires

(a) Il y a les voisins, les gens du quartier...
(b) ...

3 En vous inspirant de ce texte, rédigez quelques lignes pour présenter :

– la vie dans votre ville
– la vie dans votre école, etc.

Comme le poète Jacques Prévert, l'écrivain Georges Perec prend plaisir à faire des inventaires des choses de la vie quotidienne.

LA VIE DE QUARTIER

C'est un bien grand mot.
D'accord, il y a les voisins, il y a les gens du quartier, les commerçants, la crémerie, le tout pour le ménage, le tabac qui reste ouvert le dimanche, la pharmacie, la poste, le café dont on est, sinon un habitué, du moins un client régulier. Évidemment, on pourrait cultiver ces habitudes, aller toujours chez le même boucher, laisser ses paquets à l'épicerie, se faire ouvrir un compte chez le droguiste, appeler la pharmacienne par son prénom, confier son chat à la marchande de journaux, mais on aurait beau faire, ça ne ferait pas une vie [...].

Georges Perec, *Espèces d'espaces*, © Éditions Galilée, Paris, 1974.

■ **Pour nommer une action à partir d'un verbe**
-(a)tion, –(i)tion, -sion (forment des mots féminins) :
continuer → la continuation – finir → la finition – permettre → la permission
-ement (forme des mots masculins) :
commencer → le commencement
-age (forme des mots masculins) :
se marier → un mariage
-ure (forme des mots féminins) :
ouvrir → l'ouverture

■ **Pour nommer une qualité à partir d'un adjectif**
-(i)té : léger → la légèreté
-ude : seul → la solitude
-ence -ance, : violent → la violence – élégant → l'élégance
-eur (à partir des adjectifs de couleur) :
blanc → la blancheur – pâle → la pâleur
Tous ces noms sont féminins.

■ **Pour exprimer la possibilité d'une action**
(à partir de la 1re personne du pluriel du présent d'un verbe)
-able : boire → nous buvons → buvable
-ible : lire → nous lisons → lisible

4 Voici des titres possibles pour le tableau ci-contre. Selon le titre, notez tout ce que vous voyez.

– Soir d'été   – Conte mystérieux
– Océan   – etc.

Miró, *Chiffres et constellations amoureux d'une femme*, 1941.

Prononciation et mécanismes

• Exercices 77, 78, 79, 80
page 180.

Bilan 8

1. Employer le gérondif et la proposition participe présent

Continuez les deux phrases en employant le gérondif (en parlant, …) ou la proposition participe (Pierre ayant parlé, nous …).

Une promenade catastrophique.
a. À 9 heures, Laure et Paul n'étaient pas arrivés. Nous avons dû les attendre.
b. À 10 heures, nous sommes partis. Mais nous avons oublié un sac à dos.
c. Alice a sauté un ruisseau. Elle est tombée à l'eau.
d. À 11 heures, les enfants avaient faim. Nous avons fait une pause.
e. Nous sommes enfin arrivés au chalet refuge. Nous avons vu qu'il était fermé.

2. Exprimer l'antériorité

Voici le début de la carte postale que Claire et Patrick ont envoyé, le 15 juillet 1989.

Aujourd'hui, ils racontent ce souvenir.

Continuez.

C'était le 15 juillet …

> Paris, le 15 juillet 1989
> Chers amis,
> Nous passons quelques jours de vacances à Paris. Nos amis Richard nous ont invités. Hier, Paris fêtait le bicentenaire de la Révolution de 1789. Nous avons assisté à un grand feu d'artifice et j'ai pris beaucoup de photos. Nous sommes allés danser sur la place de la Bastille. Aujourd'hui, nous visitons Versailles et c'est de là que je vous écris […]

3. Rapporter des paroles

Une journaliste a interrogé Adrien sur ses recherches en génétique des végétaux. Plus tard elle rapporte cette interview :
« Je lui ai demandé … »

La journaliste : Sur quoi travaillez-vous ?
Adrien : Sur les tomates. Nous avons créé des tomates de différentes formes et de différentes couleurs.
La journaliste : Est-ce que ces tomates ont un goût de tomate ?
Adrien : J'ai cherché à leur donner le goût des tomates bio. Sans succès. Mais je réussirai un jour.
La journalise : Vous pouvez me montrer ces nouveaux produits ?

4. Faire une chronologie

Clémence et Adrien parlent du professeur Meynadier. Notez la chronologie des informations.

1970 : Meynadier est étudiant à l'université.

5. Parler d'histoire

Retrouvez les scènes qu'on peut voir dans les quatre films suivants.

	• **a.** la révolte du peuple.
	• **b.** une femme qui commande l'armée.
• Jules César	• **c.** la bataille d'Austerlitz.
• Jeanne d'Arc	• **d.** l'occupation de la Gaule.
• Napoléon Ier	• **e.** l'invasion de l'Europe.
• 1789	• **f.** la résistance de Vercingétorix.
	• **g.** la mort du roi.
	• **h.** une jeune fille de l'est de la France entend des voix mystérieuses.

Vivre ses loisirs

Décrire des mouvements et des déplacements

Se plaindre

Parler des sports, de la musique et de la chanson, des voyages, des jeux

France TGV,
mars 2001, n° 32.

La randonnée/1
Motivations

Jeudi 20 juin, 11 heures. À la faculté de droit de Bordeaux.
Les résultats des examens de licence sont affichés.

Alexis : Alors, tu as réussi ?

Gabrielle : Non, mais j'ai failli. J'ai eu 9,5 sur 20.

Alexis : Qu'est-ce qui n'a pas marché ?

Gabrielle : Le droit international. Je n'ai pas eu de chance. Je
suis tombée sur le droit de la famille à Madagascar.

Alexis : Donc tu vas passer les vacances à réviser ?

Gabrielle : D'abord, je vais partir... dix jours... n'importe où. Je vais
entrer dans n'importe quelle agence de voyage et je prendrai ce
qu'ils me proposeront à 300 € maximum... N'importe quoi.

Alexis : Mais tu vas te retrouver avec n'importe qui...

*Jeudi 20 juin, 14 heures. Dans
l'agence Cap Monde d'Amiens.*

L'employée : Je suis désolée.
Comme randonnée, il ne
nous reste que le Pays
basque. Mais c'est assez
sportif.

Estelle : Ça m'est égal...

*Jeudi 20 juin, 15 heures.
Dans un café de Rennes.*

Valentin : Moi, les nanas, je ne les
trouve ni sur les plages
ni dans les boîtes de nuit.

Thieu : Ah bon, et c'est quoi ton
truc ?

Valentin : La randonnée...

*Jeudi 20 juin, 23 heures.
À la fête annuelle du club de
handball de Grenoble.*

L'animateur : Et maintenant, nous
allons tirer au sort les
gagnants de notre loterie.
Premier prix : une randonnée
pour deux au Pays basque.

Découvrez le document

1 Regardez les illustrations et écoutez les
scènes. Notez le moment, le lieu et résumez
chaque situation en une phrase.

2 Continuez les trois dernières scènes.

3 Les quatre scènes ci-dessus constituent
le début d'un film. Imaginez le scénario
et quelques scènes de ce film.

Ex. : Gabrielle entre dans une agence de voyage...

1 Valentin et Thieu partent en week-end. Valentin est indifférent. Imaginez ses réponses.

Thieu : Quel jour partons-nous ?
Valentin : N'importe lequel.

Thieu : Quelle voiture prenons-nous ? La mienne ou la tienne ?
Valentin : ...
Thieu : Où allons-nous ?
Valentin : ...
Thieu : Avec qui partons-nous ?
Valentin : ...
Thieu : Quand revenons-nous ?
Valentin : ...

2 Combinez les deux phrases en utilisant les constructions négatives du tableau.

Marie est malade...
• Je n'ai pas envie de lire. Je n'ai pas envie de regarder la télé.
• Depuis dix jours, je ne suis pas allée au cinéma. Je ne suis pas allée au théâtre.
• Valentin n'est pas venu me voir. Thieu non plus.
• Je reste chez moi. Je ne veux pas attraper froid.

Écoutez - Jouez

1 Écoutez et notez la règle du jeu des allumettes.

2 Jouez à ce jeu avec votre voisin(e).

(Vous pouvez remplacer les allumettes par de petits morceaux de papier.)

3 Écoutez les conseils pour gagner.

Discutez

Quels jeux appréciez-vous ? Quels sont leurs intérêts ?
Êtes-vous contre certains jeux ?

---

le hasard et les jeux

■ **Le hasard et la chance**
marcher au hasard – rencontrer qqn par hasard – avoir de la chance – tenter sa chance – (essayer) un coup de chance

■ **L'indifférence**
→ n'importe quoi (qui... où... lequel... etc.)
En vacances, je mange n'importe quoi.
→ Ça m'est égal – Ça n'a pas d'importance (Ça n'a aucune importance)
→ Ça ne fait rien – Je m'en moque
■ **Jouer**
un jeu de cartes, d'échecs, de dames, de dés
jouer au Loto, aux courses, à la roulette
parier (je parie qu'il fera beau – je parie sur le numéro 10) – gagner/perdre un pari – miser (sur...) – tirer au sort
faillir (il a failli gagner)

■ **Constructions négatives**
Je **n'**aime jouer **ni** aux cartes **ni** aux échecs.
Ni les courses **ni** les casinos **ne** m'intéressent.
Je préfère **ne pas** jouer. Je ne joue pas pour **ne pas** perdre d'argent. *(voir p. 192 (10))*

Le jeu des allumettes (joué ici avec des dominos) dans l'Année dernière à Marienbad, de A. Robbe-Grillet et A. Resnais.

Prononciation et mécanismes

• Exercices 81, 82 page 180.

Dans cette leçon, vous organiserez en petits groupes une réunion de marketing sportif.
Vous ferez des propositions pour RENDRE UN SPORT PLUS SPECTACULAIRE, PLUS ATTRACTIF ET MIEUX ADAPTÉ À LA TÉLÉVISION.

Le retour du tennis spectacle

Pourquoi les chaînes de télévision ne retransmettent-elles pas les grandes compétitions de tennis, à part Roland-Garros ?
Réponse de l'agence de marketing sportif ISL engagée par l'Association du tennis professionnel (ATP) : parce qu'elles sont ennuyeuses, que la durée des matchs est trop longue et imprévisible et donc que toute programmation télé est impossible.

Mais tout cela va changer. Mot d'ordre de l'ATP : « Il faut rendre notre sport plus spectaculaire, plus fun ! » Pour cela le règlement va être modifié. La saison sera réduite à quelques grandes compétitions et on désignera chaque année un champion du monde comme en Formule 1. Finis aussi les matchs interminables : ils ne pourront pas dépasser 2 heures et les pauses après chaque jeu seront supprimées.

Enfin, l'esprit « self control britannique » du tennis n'est plus d'actualité. On veut des joueurs qui montrent leur passion et leur déception comme Nastase et Mac Enroe. Les jurons et les jetés de raquette sont recommandés. Tant pis si ça tourne au western. Ou plutôt tant mieux.

Source : *L'Express*, 2001.

Découvrez le document

1 Lisez l'article de la page 120. Complétez la fiche ci-dessous.

COMITÉ POUR L'AMÉLIORATION DE L'IMAGE DES SPORTS
Nom du sport : ...
Enquête réalisée par : ...
Problèmes posés : ...
Causes : ...
Solutions proposées : ...
...

2 Donnez votre avis sur ces propositions. Les sports doivent-ils être médiatiques ? Doit-on pour cela changer leur règlement et leur esprit ?

Découvrez le vocabulaire des sports

1 Reliez.

Ex. : Le basket-ball se joue sur un terrain ou en salle avec...

Sports	Lieux	Objets	Actions
• le basket-ball	une piste	une balle	attraper
• l'escrime	une salle	un ballon	avancer
• la moto	un terrain	une épée	descendre
• le tennis de table		un filet	glisser
• le ski		une raquette	lancer
		des skis	taper
			reculer
			renvoyer
			rouler

2 Quels sont, selon vous, les sports

les plus } pratiqués ?

les moins } médiatiques ?

Ex. : En France, la pratique du tennis est en baisse. Celle du golf est en hausse.

les sports

■ **Noms des sports**
l'athlétisme – l'automobile (Formule 1, etc.) – le basket-ball – la boxe – le cyclisme (le vélo) – l'équitation – l'escrime – le football – le golf – la gymnastique – le jogging – le judo – le karaté – la moto – la natation – le patinage – la pétanque – le ski alpin – le ski de fond – le surf – la randonnée – les rollers – le rugby – le tennis – le tennis de table – la voile – le volley-ball.

■ **Quelques lieux**
un stade – un terrain (de football, de rugby, etc.) – un court (de tennis) – une salle (de gymnastique, d'escrime, etc.) – une piste (de ski) – une patinoire – une piscine.

■ **Quelques objets**
une balle – un ballon – une boule – une planche (à voile, à roulettes, de surf) – des patins – une raquette – une épée.

■ **Quelques actions**
lancer – taper dans un ballon/attraper – relancer (renvoyer)
marquer un but, un point, etc.
marcher – courir – sauter – nager – rouler
(Voir aussi p. 65)

Organisez votre réunion marketing

(Travail en petits groupes)

1 Choisissez le sport dont vous voulez améliorer l'image.

2 Recherchez les moyens de rendre ce sport plus attractif et plus médiatique et rédigez vos propositions.

Quelques exemples pour améliorer :
• *le lieu :* le Tour de France se fera chaque année dans un pays différent (Tour de Grande-Bretagne, de Mongolie, etc.).
• *les objets :* agrandir la table du tennis de table ...
• *les vêtements :* ...
• *le règlement :* ...
• etc.

Prononciation et mécanismes

• Exercices 83, 84 page 180.

La randonnée/2

Perdus !

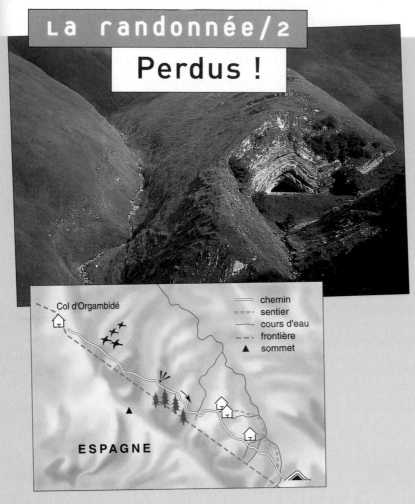

Col d'Orgambidé

chemin
sentier
cours d'eau
frontière
▲ sommet

ESPAGNE

La grotte d'Harpéa

Depuis le col d'Orgambidé, il suffit de suivre le chemin carrossable qui longe la frontière. À droite, la petite montagne du Sayarre est déjà en Espagne. À gauche, le torrent a creusé un profond ravin au pied du sommet d'Errozate.

Quelques kilomètres en aval, ses eaux se mêlent à celles des sources de la Nive pour former l'une des rivières les plus importantes du Pays basque.

Environ 300 mètres après la sortie d'un petit bois, le chemin tourne vers la droite au niveau des cabanes d'Elhursaro.

Continuer à le suivre tandis que le balisage disparaît (marquant un sentier qui redescend vers les sources de la Nive). La route finit par s'arrêter devant une ferme.

Au-delà se poursuit un sentier qui longe le ravin et qui, après environ 500 mètres, aboutit à la grotte d'Harpéa.

Frédéric Fontaine,
Les Plus Belles Balades en Pays basque,
© Les Créations du Pélican.

Après avoir visité la grotte d'Harpéa au Pays basque, les randonneurs sont allés explorer les montagnes. Ils essaient de retrouver le chemin du retour.

Estelle : Ça fait longtemps qu'on longe ce ruisseau. Vous ne croyez pas qu'on a dépassé le départ du sentier ?

Le guide : Le berger a dit « Au gros chêne ». Tu as vu un gros chêne, toi ?

Estelle : Tu sais, moi, les arbres, ce n'est pas ma spécialité. Et puis avec ce brouillard, tout se ressemble.

Thieu : À mon avis, il faudrait grimper par là et redescendre de l'autre côté.

Le guide : Ne vous inquiétez pas. Le ruisseau contourne la montagne. En le suivant, on ne peut pas se perdre.

Valentin : De toutes façons, tous les fleuves vont à la mer.

Gabrielle : Et tous les chemins mènent à Rome.

Découvrez l'itinéraire

1 Lisez le document « La grotte d'Harpéa ». Reportez les informations sur la carte.

Col d'Orgambidé – chemin – etc.

2 Dites si les affirmations suivantes sont vraies ou fausses.

a. On peut aller en voiture presque jusqu'à la grotte d'Harpéa.
b. Le chemin passe au fond d'un ravin.
c. On longe la Nive, une rivière importante du Pays basque.
d. Une partie de l'itinéraire se trouve en Espagne.
e. Après les cabanes d'Elhursaro, il n'y a plus d'indications.

3 Relevez et classez le vocabulaire. Complétez avec le vocabulaire que vous connaissez.

a. *le relief* : une montagne...
b. *les voies de communication* : un col, un chemin...
c. *les cours d'eau* : un torrent...

Découvrez la scène

1 Que s'est-il passé depuis les scènes de la page 118 ?

2 Imaginez et montrez sur la carte l'itinéraire suivi par les randonneurs.

Exercez-vous

En utilisant les verbes du tableau, imaginez le scénario d'une course-poursuite.

Ex. : Le héros se rapproche de... mais un gros camion barre la rue. Il recule...

Parlez

• Décrivez l'itinéraire d'une balade que vous aimez bien (montagne, campagne, bord de mer).

• Présentez un lieu sauvage que vous connaissez.

le mouvement

■ **Aller vers...**
en haut (monter – grimper)
– *en bas* (descendre)
le long de... (longer) – *à travers* (traverser)
à l'intérieur (entrer) – *à l'extérieur* (sortir)
plus près (s'approcher – se rapprocher)
plus loin (s'éloigner) – *autour de* (tourner
autour – contourner) – *vers l'avant* (avancer)
– *vers l'arrière* (reculer)
N.B. Le préfixe « re- » (remonter – redescendre –
retraverser – etc.) indique que l'on revient
au point de départ.

■ **Situation imprécise**
→ Elle habite **vers** (du côté de..., dans
les environs de...) la gare.
→ Parmi toutes les grottes de France, celle
de Lascaux est la plus belle.
→ Il va **quelque part/nulle part**.
Elle va **ailleurs**.

Dans le film Taxi, une course entre le héros et ses ennemis.

Prononciation et mécanismes

• Exercices 85, 86 page 180.

Découvrez le document

Identifiez le document (p. 125) et résumez son contenu. Montrez l'itinéraire suivi sur une carte.

Jouez la scène (à deux)

Avec quelques collègues de travail et leurs familles, vous avez l'intention de faire un voyage organisé de 5 jours. Vous êtes chargé(e) de l'organisation de ce voyage.

Vous demandez des renseignements à l'agence Carré d'as sur le circuit « Futuroscope et Puy du Fou ».

• Demandez les renseignements pratiques.

• Vérifiez que ce circuit intéressera :

– des amateurs d'histoire
– un passionné d'architecture
– des adolescents de 13 ans
– un photographe qui s'intéresse aux beaux paysages
– des collègues intéressés par les sciences et les technologies.

• Négociez de meilleurs prix.

Découvrez la lettre

• Qui écrit ?
• À qui ?
• Pour quelles raisons ?
• Quels arguments donne l'auteur de la lettre ?
• Que souhaite-t-il ?

Relevez les formules qui servent à exprimer l'insatisfaction.

Rédigez

1 Vous avez fait le voyage « Futuroscope et Puy du Fou ». Imaginez des motifs de satisfaction et d'insatisfaction.

2 Vous écrivez à l'agence de voyage et vous faites part de vos remarques.

Madame,

J'ai effectué du 2 au 8 février un séjour à Val d'Isère organisé par votre agence.

J'ai le regret de vous faire savoir que je suis très mécontent de ce séjour.

En premier lieu, le logement ne correspondait pas à celui qui figure dans votre catalogue. Nous avons été très déçus d'être dans un studio, alors que nous avions demandé un deux-pièces. De plus, le chauffage était insuffisant et quelquefois inexistant, nous avons dû dormir avec des pull-overs.

J'ajouterais que la propreté du couloir laissait à désirer.

Je suis donc loin d'être satisfait de votre agence et j'apprécierais un dédommagement pour les inconvénients que j'ai subis.

Veuillez agréer…

Futuroscope et Puy du Fou

490 €

Le plus fantastique des voyages avec une étape dans le futur et une étape dans l'histoire médiévale de Vendée ; le tout dans un univers aux attractions exceptionnelles, aux spectacles extraordinaires et dynamiques et aux décors irréels et merveilleux.

14 au 18 juin
490 €
5 au 9 juillet
490 €
30 août au 3 sept.
490 €
Réduction Enfant 60 €

Jour 1 : Destination Poitiers

Départ de votre ville (voir lieux de départ en dernière page). Déjeuner en cours de route. Arrivée en fin d'après-midi à Avanton, au nord de Poitiers. Installation à l'hôtel (7 mn du Futuroscope). Dîner et nuit.

Jour 2 : Futuroscope, destination sensation

Visite guidée du Futuroscope, le parc Européen de l'image, à l'architecture futuriste. Un festival de nouveautés pour l'an 2001, des sensations nouvelles avec les programmes du Kinémax, de l'Omnimax et du cinéma Dynamique, des spectacles encore plus étonnants avec le Défi d'Atlantis, la nouvelle attraction unique, des effets spéciaux et des images à vous couper le souffle… Une journée pleine de surprises et de sensations. Déjeuner et dîner sur le site. Grand spectacle nocturne endiablé qui file au rythme de la musique. L'illusion est parfaite. Nuit à l'hôtel.

Jour 3 : Puy du Fou, destination Moyen-Âge

Journée au Puy du Fou, au cœur de la Vendée. Visite du premier parc historique, culturel et écologique d'Europe qui retrace la vie en Vendée, d'il y a 200 ans. Au vieux château médiéval, ballet médiéval des grands rapaces. À la fête de la chevalerie, les chevaliers font revivre les joutes équestres et réalisent des cascades équestres… Sur le Grand Parcours du Puy du Fou, la fête bat son plein, grandeur nature et ne s'arrête plus. Déjeuner et dîner sur le site. Superbe spectacle nocturne, unique au monde " la Cinescénie du Puy du Fou ", grand film historique de plein air. Nuit à l'hôtel.

Jour 4 : Poitiers/Limoges

Visite guidée de Poitiers, au patrimoine architectural exceptionnel : Notre-Dame-la-Grande, Le Palais des Ducs, Baptistère St-Jean, la Cathédrale St-Pierre, le centre-ville piétonnier… Déjeuner dans le centre. Nous poursuivons jusqu'à Limoges. Visite guidée d'une manufacture de porcelaine. Dîner et nuit à Limoges.

Jour 5 : Cahors/Votre ville

Départ pour Cahors, dans un site remarquable, enserrée dans un méandre du Lot que dominent de hautes collines rocheuses. Vue sur le Pont Valentré, magnifique ouvrage fortifié médiéval du XIVe s. Déjeuner. Nous poursuivons jusque dans votre ville de départ.

Carré d'As

■ Journée au Futuroscope avec spectacle de nuit

■ Journée au Puy du Fou avec spectacle de nuit

■ Pension complète avec boissons aux repas

■ Visite guidée de Poitiers

Notre prix comprend :
● le transport en autocar de grand tourisme ● L'hébergement en hôtel**, base chambre double ● La pension complète du déjeuner du jour 1 au déjeuner du jour 5 (1/4 de vin) ● Les visites mentionnées dans le programme ● Les entrées au Futuroscope et au Puy du Fou ● Les assurances assistance et rapatriement.

Notre prix ne comprend pas :
● Le supplément chambre individuelle : 106 €
● L'assurance annulation et bagages : 12 € .

Dans cette leçon, vous concevrez
VOTRE CD AUDIO IDÉAL
avec les chansons et les morceaux de musique
que vous préférez
ou
que vous avez sélectionnés pour un(e) ami(e).

COMPOSEZ LE DISQUE PARFAIT GRÂCE À INTERNET

Vous rêvez du disque parfait, de la compil idéale, celle qui ne contient que les chansons que vous aimez ?
Avec Internet, vous pouvez aujourd'hui composer le CD audio qui vous ressemble.

Corinne, 39 ans, fait partie de cette catégorie d'internautes. Il y a quelques semaines, elle a tout simplement commandé une compilation sur mesure *via* le site alapage.com, un site de commerce en ligne qui vend des CD, des livres, des DVD et des jeux vidéo. « Il y avait une opération Charles Trenet à la demande sur le site, raconte-t-elle. J'ai voulu essayer pour moi et aussi pour offrir le disque à ma fille Morgane qui va avoir 18 ans. Elle n'aime que la musique techno et je veux lui faire découvrir autre chose. »

En quelques clics, Corinne a sélectionné une douzaine de titres du « Fou chantant ». « Je connaissais les mélodies, mais pas les titres. Heureusement, il est possible d'écouter en ligne quelques secondes de chaque chanson avant de la choisir. Ensuite, tout est très simple, on organise l'ordre des morceaux sur le disque, on paie en ligne et on attend quelques jours pour recevoir le CD par la poste. »

Aymerie Renou, *Aujourd'hui*, 03/11/2001.

IL A CHOISI

Roger Grauby
55 ANS
INGÉNIEUR
LES LOGES-EN-JOSAS (78)

« Ma compilation idéale serait composée de titres que j'aime et que j'écoute régulièrement comme *la Pastorale* de Beethoven, que j'essaie de transmettre à mon fils. *Les Amoureux* de Georges Brassens figureraient aussi en bonne place dans mon palmarès, surtout pour les paroles. Enfin, plus contemporain, *Rue de la Paix* de Zazie, qui passe actuellement en boucle sur toutes les radios. »

Découvrez le document

Lisez l'article du quotidien *Aujourd'hui*. Quelqu'un fait les remarques suivantes. Répondez-lui.

a. « J'aimerais bien avoir un CD avec mes chansons préférées. »
b. « Il paraît que sur ce site, ils n'ont que de la musique techno. »
c. « La plupart du temps, je ne connais pas le titre des chansons que j'aime. Ça pose des problèmes pour choisir. »
d. « Le téléchargement est gratuit ? »
e. « Moi, je n'ai pas confiance dans ce site. »

Découvrez le vocabulaire de la musique

a. Lisez le catalogue des succès. Complétez le tableau.

Nom du disque	Sol Invictus
Informations sur le musicien (le chanteur, etc.)	Akhenaton en solo – C'est son 2e album – Il est accompagné d'une bonne équipe
Informations sur la musique et les paroles	Rap (tendance hardcore et old skool) – Textes bien écrits et forts
Originalité	

Akhenaton

Sol Invictus / *Hostile* / *Virgin*

Pour ce second album solo, Akhenaton, architecte de IAM, s'est entouré d'une équipe musclée. Du coup, il réalise un album direct et implacable, remarquablement écrit, entre old skool (une débauche de scratches) et hardcore, nouvelle pyramide à la gloire du rap.

Ostinato

Jordi Savall / *Hespérion XXI*
Alia Vox / *Nocturne*

Passé à la notoriété mondiale pour sa réalisation musicale du film « Tous les matins du monde », le gambiste catalan Jordi Savall explore dans « Ostinato » avec son ensemble Hespérion XXI un parcours dans l'Europe musicale baroque avec des compositeurs germaniques, britanniques et espagnols.

Cecilia Bartoli

Airs italiens de Gluck
Decca / *Universal*

Avec les airs d'opéras italiens

de Gluck dont plusieurs sont inédits, Cecilia Bartoli aborde un répertoire plus dramatique que Rossini et Vivaldi qui l'ont lancée au premier rang des interprètes de musique lyrique. Moins de virtuosité mais une richesse d'expression et une palette sonore incomparables.

Zazie

La zizanie / *Mercury* / *Universal*

Tout en restant fidèle aux belles chansons auxquelles elle nous avait habitués, Zazie semble amorcer un virage assez net pour aller vers un environnement musical plus sophistiqué : son plus électro, arrangements complexes… Zazie nous offre un album d'une éclatante maturité. On l'aime !

Massive Attack

Massiv Attack DVD
Virgin

L'ensemble des clips d'un groupe qui a joué et joue encore un rôle déterminant dans l'évolution de la pop anglaise depuis plus de dix ans. Ce DVD très copieux contient de nombreux bonus et un lien internet exclusif vers un site protégé, permettant d'élaborer soi-même des pochettes à partir d'images…

Roch Voisine

Roch Voisine / *RCA* / *BMG*

Après une parenthèse « de saison », l'année dernière, il chantait Noël, Roch Voisine (appuyé de Luc de Larochellier et Daniel Lavoie) revient avec un nouvel album reflétant une réjouissante spontanéité. Arrangements simples et efficaces, chansons pop lumineuses… notre homme signe sans doute son meilleur disque.

Fnac, 2001.

---

la musique

■ **Les musiques**
la musique classique – folklorique – pop – rock – rap – etc. – les variétés (la chanson)

■ **Les instruments**
la batterie – la clarinette – la contrebasse – la flûte – la guitare (électrique) – le piano – le saxo – le synthétiseur – le tambour – la trompette – le trombone – le violon – le violoncelle

■ **La chanson**
les paroles — la musique (la mélodie – le rythme – l'accompagnement) – interpréter une chanson – (s')accompagner (un chanteur) au piano – chanter juste/faux

■ **L'orchestre**
un orchestre – un groupe – un chef d'orchestre (diriger) – un compositeur (composer) – un morceau de musique

---

b. Quels instruments composent les orchestres suivants (voir tableau ci-contre) ?

(1) un orchestre de musique pop
(2) un orchestre de chambre
(3) une formation de jazz
(4) une musique militaire

Concevez votre compilation idéale

Justifiez brièvement le choix de chaque morceau.

Prononciation et mécanismes

• Exercices 87, 88 page 180.

Premières lignes

Les spécialistes du marketing littéraire et cinématographique n'ont rien inventé. Les grands auteurs des siècles passés savaient déjà que l'adhésion du lecteur se joue dès les premières lignes. Voici quelques débuts d'œuvres littéraires qui ont le pouvoir de nous faire entrer dans un univers magique : celui de la littérature.

Vers la fin du mois d'octobre dernier, un jeune homme entra dans le Palais-Royal au moment où les maisons de jeux s'ouvraient [...] Sans trop hésiter, il monta l'escalier du tripot[1] désigné sous le nom de numéro 36.

Lorsqu'avec ses enfants vêtus de peaux de bêtes
Echevelé[2], livide[3] au milieu des tempêtes
Caïn se fut enfui de devant Jehovah
Comme le soir tombait l'homme sombre arriva
Au bas d'une montagne en une grande plaine.

La cigale ayant chanté tout l'été
Se trouva fort dépourvue
Quand la bise[4] fut venue.

Nous étions à l'Étude, quand le Proviseur[5] entra, suivi d'un nouveau habillé en bourgeois et d'un garçon de classe qui portait un grand pupitre[6]. Ceux qui dormaient se réveillèrent, et chacun se leva comme surpris dans son travail.

La première fois que je me vis dans un miroir, je ris : je ne croyais pas que c'était moi. À présent, quand je regarde mon reflet, je ris : je sais que c'est moi. Et tant de hideur[7] a quelque chose de drôle. Mon surnom arriva très vite. Je devais avoir six ans quand un gosse me cria, dans la cour : « Quasimodo ! » Fous de joie, les enfants reprirent en chœur : « Quasimodo ! Quasimodo ! »

Extraits de : Balzac, *La Peau de chagrin* (1831) – Flaubert, *Madame Bovary* (1857) – Hugo, *La Légende des siècles* (1859-1883) – La Fontaine, *Fables* (1668-1693) – Amélie Nothomb, *Attentat* (1997).

1. Maison de jeux. – 2. Les cheveux en désordre. – 3. Qui a le teint vert (ou pâle). – 4. Le vent d'hiver. – 5. Le directeur d'un lycée. – 6. Table d'écolier. – 7. Laideur.

Lisez - Imaginez

1 Lisez les cinq débuts d'œuvres littéraires. Reformulez ces extraits dans un style parlé.

Ex. : Nous étions à l'étude. Le proviseur est entré...

2 Relevez les verbes au passé simple et observez les conjugaisons.

3 Imaginez la suite de ces débuts d'œuvres littéraires.

4 Mettez en commun vos connaissances. Cherchez dans les dictionnaires pour retrouver à quelle œuvre appartient chaque extrait.

Exercez-vous

Lisez le conte suivant. Racontez-le oralement (en ajoutant des détails si vous le souhaitez).

HISTOIRE DES AVEUGLES ET DE L'ÉLÉPHANT

Un village de l'Inde n'était habité que par des aveugles. Un jour, ceux-ci apprirent qu'un grand roi était arrivé à la ville voisine. Ce roi voyageait à dos d'éléphant.
Les aveugles voulurent savoir ce qu'était un éléphant. Ils envoyèrent trois d'entre eux à la ville en délégation.
Les trois aveugles partirent le matin et revinrent le soir. Tout le village se réunit pour les écouter. Le premier qui n'avait touché que les oreilles déclara :

« Ça ressemble à un vieux tapis. »
Le deuxième qui avait touché la trompe :
« On dirait un serpent. »
Le troisième qui avait touché une patte :
« C'est comme la colonne d'un temple. »
Bien entendu, les habitants du village ne furent pas satisfaits de ces explications contradictoires. Ils décidèrent d'envoyer une autre délégation à la ville. Mais quand celle-ci arriva, le roi était parti.

Découvrez le reportage

1 Réalisez la fiche signalétique de Christopher Warner.

Nom : ...
Prénom : ...
Nom d'artiste : ...
Profession : ...
Etc.

deux temps du récit écrit

(voir p. 189 (8.1. b))

■ **Dans les récits écrits** : presse, ouvrages comportant des récits historiques (comme les guides touristiques), ouvrages littéraires, etc., on peut employer :
→ **le passé simple** à la place du passé composé ou du présent ;
→ **le passé antérieur** pour exprimer une action antérieure à une action au passé simple.
*Elle **sortit** quand elle **eut dîné**. (Elle est sortie après avoir dîné.)*

■ **Formes**
→ *verbes en -er*

Passé simple	Passé antérieur
je parlai	j'eus parlé
tu parlas	tu eus parlé
il/elle parla	il/elle eut parlé
nous parlâmes	nous eûmes parlé
vous parlâtes	vous eûtes parlé
ils/elles parlèrent	ils/elles eurent parlé

→ *autres verbes* (voir conjugaison, p. 198)

2 Aimeriez-vous vivre comme Christopher Warner ?

REPORTAGE :
Christopher Warner, un homme au parcours original, nous raconte sa vie

Citoyen du monde
Je m'appelle Christopher Warner. Mon nom d'artiste est Cristobal... »

Prononciation et mécanismes

• Exercices 89, 90 page 180.

1. Parler du jeu et du hasard

Complétez ce dialogue avec le vocabulaire du tableau de la page 119.

Paul : Figure-toi qu'hier après-midi, j'ai trouvé ... un billet de 500 € en ouvrant un livre de ma bibliothèque.

Lucie : Qui l'avait mis là ?

Paul : Je ne sais pas. Alors le soir, je suis allé au casino et j'ai ... 500 € sur le 14.

Lucie : Pourquoi tu as fait ça ?

Paul : Parce que je suis né le 14 février et que j'ai lu dans mon horoscope que c'était mon jour ...

Lucie : Et est-ce que tu as eu ... ?

Paul : Non, mais j'ai ... gagner. C'est le 15 qui est sorti. Tant pis pour moi. Je ne jouerai plus jamais.

Lucie : Je te ... que tu vas recommencer.

2. Exprimer l'indifférence

Imaginez un bref dialogue.

Il y a deux ans qu'ils vivent ensemble. Elle a envie de se marier, de s'installer, etc. Lui, est insouciant.

Mariage ? Date ? Lieu ? Installation ? Paris ? Région ? Appartement ? Maison ? Premier enfant ?

Ça m'est égal !

3. Décrire un mouvement

Rédigez le descriptif de l'itinéraire du GR 240 (chemin de grande randonnée).

Ex. : Montez jusqu'au sommet de ...

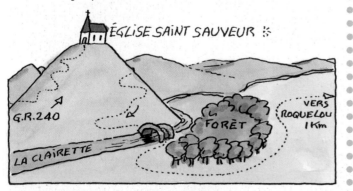

ÉGLISE SAINT SAUVEUR
G.R.240
LA CLAIRETTE
FORÊT
VERS ROQUELOU 1 Km

4 Parler de musique

Complétez.

• Nous sommes allés écouter la 9e *Symphonie* de Beethoven ... par l'orchestre et les chœurs de l'Opéra-Bastille. L'œuvre était ... par le chef Ricardo Mutti.

• Dans les chansons de Georges Brassens, j'aime bien les paroles mais je trouve que les ... se ressemblent.

• Mozart ... la musique de plusieurs opéras.

5. Parler de sport

Dans quel(s) sport(s) peut-on dire :

a. Il a marqué deux buts.

b. Elle est montée au filet.

c. Il est allé au tapis.

d. Elle a fait la descente en 1 min 40 s.

e. Il a marqué un panier.

f. Nous avons fait un parcours de 18 trous.

6. Parler d'un voyage

Écoutez. Mme Dumas a fait le voyage organisé ci-dessous. Complétez le tableau.

Moment du voyage	Motifs de satisfaction	Motifs d'insatisfaction
...	...	...

L'ALSACE

Strasbourg – Les Vosges – Les villes de Colmar et de Saint-Dié – Le château du Haut-Koenigsbourg

4 au 9 Juin

• Hôtel ★★★
• Pension complète
• Transport en autocar grand tourisme
• Restauration de qualité + dégustation

10

Construire l'avenir

Anticiper - Situer dans le futur

Employer le subjonctif passé

Exprimer l'opposition et la concession

Décrire une évolution

Parler de la ville, des sciences, de la science-fiction et de la nourriture

Le village aéroport/1

Projets

À quelques kilomètres du bord de mer dans le Languedoc, non loin du village de Plaisson, Béatrice Laroque et Michel Vandervelt discutent d'un grand projet. Béatrice Laroque est promoteur immobilier et Michel Vandervelt représente une banque d'affaires belge.

Béatrice L. : Vous voyez ces terrains, au bord de l'étang ? Là, dans trois ans, nous aurons construit notre village aéroport... À condition que vous participiez, bien sûr.

Michel V. : Quand ces terrains seront-ils à vous ?

Béatrice L. : Dans dix jours, j'aurai signé avec le propriétaire.

Michel V. : C'est parfait. Dès que nous aurons reçu les titres de propriété, nous créerons la société Village-aéroport.

Béatrice L. : D'ici là, j'aurai obtenu le permis de construire.

Michel V. : Vous ne craignez pas des oppositions : les chasseurs, les pêcheurs, les écologistes ?

Béatrice L. : Jusqu'à ce qu'ils découvrent le projet, nous serons tranquilles. Après, j'espère que 80 % des gens de Plaisson seront avec nous...

Le village aéroport de Plaisson

✳ Village privé de 300 villas avec jardin autour d'une piste pour avions de tourisme.

✳ Dans la commune de Plaisson à 3 km de la mer Méditerranée.

✳ Services collectifs : gardiens, tennis, piscine, mini-marché, etc.

« M. et Mme De Moor vivent et travaillent à Amsterdam. Tous les week-ends, ils rejoignent leur résidence secondaire de Plaisson en avion privé. »

l'expression du futur *(voir p. 189 (8.1. c))*

■ Idée d'antériorité (le futur antérieur)

Quand tu rentreras ce soir, **j'aurai fini** *mon travail et* **je serai sorti.**

→ *avoir* ou *être* au futur + participe passé :

j'aurai fini	je serai parti(e)
tu auras fini	tu seras parti(e)
il/elle aura fini	il/elle sera parti(e)
nous aurons fini	nous serons parti(e)s
vous aurez fini	vous serez parti(e)(s)
ils/elles auront fini	ils/elles seront parti(e)s

■ Idée de proximité

Il **va partir.** *(bientôt)*
Il **est sur le point de** *partir.*
Il **ne va pas tarder à** *partir.*

■ Expression de la durée

J	F	M	A	M	J	J	A	S	O	N	D

Nous sommes en mars. La construction de notre maison a commencé en janvier.
- **Dans** *sept mois, elle sera construite.*
- **D'ici à** *octobre, les maçons auront fini.*
- *Ils travailleront* **jusqu'à** *octobre.*
- *Nous habiterons chez nos parents* **jusqu'à ce que** *la maison soit construite.*
- *La maison aura été construite* **en** *10 mois.*

> Quand je suis dans un cocktail, **au bout** d'une heure, j'étouffe. Je pars **aussitôt que (dès que)** je peux.

Découvrez le document

1 Remettez dans l'ordre les étapes de la réalisation du projet « Village aéroport ». Imaginez des étapes intermédiaires.

(1) En juillet 20... Béatrice Laroque remarque... a l'idée de...
(2) Elle contacte...
(3) Aujourd'hui, elle a invité...

2 Notez les formes grammaticales qui expriment :
– la durée
– l'antériorité.

Exercez-vous

1 Mettez les verbes entre parenthèses à la forme qui convient.

- Ce soir, c'est l'anniversaire de mon amie Christine, je veux lui faire une surprise. Quand elle arrivera, à 19 h, j'*(préparer)* un bon dîner. Des amis *(venir)* m'aider. Nous *(décorer)* le salon.
- À partir de demain, nous sommes en vacances. Charles dormira jusqu'à 11 heures. Moi, je suis matinale. Quand il *(se réveiller)*, je *(se laver)*, je *(prendre)* mon petit déjeuner avec mon amie Sylvie. Nous *(aller)* faire un jogging sur la plage.

2 Complétez avec les mots du tableau (expression de la durée).

Un producteur de cinéma présente un projet de film.
« ... quelques jours, le scénario sera fini. ... la fin du mois, j'aurai trouvé le financement.
... nous aurons de l'argent, nous commencerons le casting.
Le film sera tourné ... trois mois dans le sud de l'Espagne.
Je m'occuperai du film ... il sorte dans les salles de cinéma.

Jouez les scènes

- Ils s'aiment. Ils font des projets.

> Dans un mois construire une maison
> Dans six mois avoir un enfant
> Dans un an devenir chef de service
> ...

- Ils veulent devenir riches. Ils spéculent.

> acheter des terrains, de l'or, etc.
> attendre... revendre...

Prononciation et mécanismes

- Exercices 91, 92 page 180.

Union des comités de quartiers

Enquête : pour une meilleure qualité de vie dans votre quartier

L'Union des comités de quartier de votre ville réalise cette enquête afin de mieux connaître vos problèmes et vos souhaits. Notre association pourra ainsi mieux agir pour améliorer votre qualité de vie.

Nom (facultatif) :

Âge :

Nom du quartier :

■ **Cochez les cases qui correspondent à votre situation.**

■ **Vous habitez :**
- ☐ le centre-ville
- ☐ la périphérie
- ☐ une banlieue

■ **Vous diriez que votre quartier est :**
- ☐ populaire
- ☐ commerçant
- ☐ résidentiel
- ☐ historique

■ **Vous en êtes :**
- ☐ très satisfait
- ☐ moyennement satisfait
- ☐ pas du tout satisfait

■ **Donnez une note (de 0 à 3) à chaque élément de qualité de vie.**
   0 : n'existe pas – 1 : existe mais insatisfaisant – 2 : satisfaisant – 3 : excellent.

- ☐ moyens de transports (autobus, tramway, métro)
- ☐ pistes cyclables
- ☐ voies piétonnes
- ☐ espaces verts
- ☐ sécurité
- ☐ bruit
- ☐ qualité de l'air
- ☐ tri des déchets
- ☐ médecins
- ☐ clinique ou hôpital

- ☐ commerces
- ☐ services (postes, banques, assurances, etc.)
- ☐ écoles, collèges, lycées
- ☐ crèches
- ☐ bibliothèques
- ☐ équipements sportifs (piscines, salles de sport, stades)
- ☐ lieux de spectacles (cinémas, théâtres, concerts)
- ☐ bars et restaurants
- ☐ discothèques et dancings
- ☐ lieux de culte (églises, mosquées, temples, synagogues)

Découvrez le document

1 Identifiez le document de la p. 134 (lettre, dépliant, note, annonce, formulaire, etc.). Qui l'a écrit ? À qui s'adresse-t-il ? Pourquoi ?

2 Complétez le formulaire.

Exercez-vous

1 Dans le document, relevez les différents lieux de la ville. Recherchez quelle(s) activité(s) on peut faire dans ces lieux.

Ex. : une crèche → faire garder son enfant.

2 Recherchez, à l'aide d'un dictionnaire, les lieux de la ville où on peut faire les activités suivantes :

a. effectuer une formalité administrative (carte d'identité, passeport, etc.)
b. demander un renseignement touristique
c. porter plainte parce que vous avez été victime d'un vol
d. prendre un car pour une autre ville

3 Classez du plus grand au plus petit. Notez les différences.

Ex. : une impasse → rue qui n'a qu'une entrée.
a. une impasse – une rue – une avenue – une ruelle – un boulevard
b. un jardin public – un parc – un square – un jardinet – un bois
c. un village – une agglomération – un hameau – une ville – un bourg

Vérifiez votre compréhension

Écoutez : une habitante de Nîmes parle de son quartier. Complétez le formulaire pour elle.

Imaginez - Parlez

1 Après avoir lu et observé le document ci-contre, imaginez votre ville dans le futur.

Ex. : Tous les cinémas auront disparu. La télévision sera devenue le seul moyen de divertissement collectif.

2 Formulez cinq souhaits pour votre ville.
Ex. : Il faudrait que ...

Des bateaux de croisière accosteront au nouveau port de plaisance du Mont Saint-Michel.

Les villes du futur pour le meilleur et pour le pire

À Paris, des autoroutes passeront sous la ville.

À Lille, des panneaux solaires serviront de toits aux immeubles et permettront d'éclairer et de chauffer la ville.

À Avignon, le Rhône sera à sec. On visitera le célèbre cañon d'Avignon et l'ancien port.

À Saint-Malo, des panneaux publicitaires couvriront les monuments historiques.

La plupart des quartiers résidentiels seront interdits à toute personne n'ayant pas de laissez-passer.

À Toulouse, la place du Capitole sera plantée de tournesols qui purifieront l'air.

À Paris, les rames de métro comporteront une voiture-bar.

Source : A. Lebaube et P. Roger, Imagine la France de nos enfants, © Balland, Jacob-Duvernet, 2000.

Prononciation et mécanismes

• Exercices 93, 94 page 181.

Le village aéroport/2

Critiques

Le village aéroport est construit. Bien que ce soit un succès, il a tout de même des opposants. La réalisation de Béatrice Laroque est critiquée lors d'une réunion du conseil municipal.

Un conseiller : Personnellement, je ne pense pas que le village aéroport ait été une bonne chose pour Plaisson.

Béatrice L. : J'attends vos arguments...

Le conseiller : D'abord je constate que les avions passent au-dessus de Plaisson alors que vous nous aviez assurés du contraire.

Béatrice L. : Ça peut arriver... quand le vent vient du sud.

Le conseiller : Je crains que vous n'ayez pas remarqué que c'est presque toujours le cas... D'autre part, bien que 800 personnes se soient installées dans votre village aéroport, les commerçants de Plaisson n'en profitent pas.

Béatrice L. : Vous exagérez ! Ces nouveaux résidents paient quand même leurs impôts ! Même s'ils vont rarement chez les commerçants de Plaisson, ils ont tout de même permis de créer 60 emplois à plein temps...

Découvrez le document

1 Lisez l'introduction. Imaginez les critiques des adversaires de Mme Laroque.

2 Écoutez la scène. Notez les arguments dans le tableau. Complétez avec d'autres arguments.

3 Imaginez une suite au dialogue (utilisez les mots qui expriment la concession).

Ce que Mme Laroque avait promis	Pas de vol au-dessus du village
Les faits critiquables	...
La défense de Mme Laroque	...

le subjonctif passé

■ Il s'emploie après les mêmes verbes que le subjonctif présent (voir p. 35). Selon le sens de ces verbes, il exprime une action achevée :

• **dans le futur :**
*Quand je reviendrai, il faut que **tu aies fini** ton travail.*

• **au moment présent :**
*Je regrette qu'**il soit parti**.*

■ **Formation** → *avoir* ou *être* au subjonctif + participe passé

que j'aie fini	que je sois parti(e)
que tu aies fini	que tu sois parti(e)
qu'il/elle ait fini	qu'il/elle soit parti(e)
que nous ayons fini	que nous soyons parti(e)s
que vous ayez fini	que vous soyez parti(e)(s)
qu'ils/elles aient fini	qu'ils/elles soient parti(e)s

exprimer la concession *(voir p. 195 (14.5))*

Pour présenter un fait (une idée) qui n'est pas celui (celle) qu'on attend.

• **bien que + subjonctif**
Bien qu'elle soit malade, elle est allée travailler.

• **alors que + indicatif**
Il est sorti alors qu'il pleuvait.

• **même si + indicatif**
Je sortirai même s'il pleut.

• **quand même – tout de même**
*Elle est malade. Elle est allée travailler **quand même**. (Elle est **tout de même** allée travailler.)*

• **au lieu de**
Au lieu de se reposer, il est allé faire du sport.

Exercez-vous

1 Formulez ce qu'ils disent et imaginez une suite.

Ex. : Il faut que tu aies passé le bac à 17 ans.

Avoir passé le bac à 17 ans, être entrée dans une grande école à 19 ans…

a. Le père qui a de grandes ambitions pour sa fille.

Avant 20 h… s'être démaquillés et lavés…

b. Les enfants ont fêté Mardi gras. La mère donne des ordres.

À 10 h, avoir fait les courses. À midi, avoir préparé le gâteau…

c. Il est 8 heures du matin. Léa et son ami ont invité 20 personnes le soir.

2 Pierre et Marie ont reçu des amis pendant quinze jours. Après leur départ Marie fait ses commentaires.
Formulez ses phrases en exprimant le sentiment indiqué entre parenthèses.

*Ex. : **a.** Je suis contente qu'ils soient venus.*
a. Ils sont venus. *(être content)*
b. Nous avons beaucoup bavardé. *(être content)*
c. Ils se sont bien reposés. *(être heureux)*
d. Il n'a pas fait très beau. *(regretter)*
e. Ils n'ont pas aimé les balades à pied. *(être déçu)*

3 Combinez les deux phrases en utilisant l'expression entre parenthèses.

Ex. : Bien que j'aime le vélo, je n'en fais jamais en ville.

Extraits d'interviews à propos de la construction de pistes cyclables dans une ville.
a. J'aime le vélo. Je n'en fais jamais en ville. *(bien que)*
b. Je suis pour les pistes cyclables. On n'y est pas toujours en sécurité. *(même si)*
c. Un jour, j'ai fait une chute de vélo en ville. Je suis favorable aux pistes cyclables. *(quand même)*
d. Il n'y a pas de piste pour vélos dans notre ville. À Amsterdam, il y en a beaucoup. *(alors que)*

Prononciation et mécanismes

• Exercices 95, 96, 97, 98 page 181.

La Terre se réchauffe

Effet de serre

CAMPUS a interrogé Annette Richard, climatologue.

Campus : La Terre s'est réchauffée de 1 °C en un siècle. Certains scientifiques pensent qu'il s'agit d'une évolution naturelle. Vous êtes de ceux qui croient qu'elle est due aux activités humaines (transports, industries, consommation d'énergie) et qu'elle annonce un bouleversement des équilibres de la planète.

A. Richard : Absolument. Avec le développement des pays du Sud, on rejettera dans l'atmosphère de plus en plus de gaz à effet de serre (gaz carbonique, etc.). Or, plus cette couche de gaz sera épaisse, plus la température de la Terre s'élèvera.

Campus : Comment s'explique ce phénomène ?

À cause des bouleversements du climat, le lit de la Seine s'élargira. Paris deviendra la « Venise française ». On prendra les bateaux-mouches à Montmartre.

Lisez et complétez le document

1 Lisez le titre et observez l'illustration. Mettez en commun vos connaissances pour faire des suppositions sur le contenu du texte.

Ex. : Annette Richard parle de ...

2 Lisez l'article.

a. Faites la liste des éléments qui permettent d'expliquer le phénomène.

– la Terre
– les activités humaines
– etc.

b. Illustrez le phénomène décrit en faisant un schéma.

couche de gaz

c. Relevez les mots qui expriment une évolution.

se réchauffer ...

3 Continuez l'explication d'Annette Richard. En utilisant les informations de la carte et le vocabulaire du tableau, présentez les conséquences de l'effet de serre.

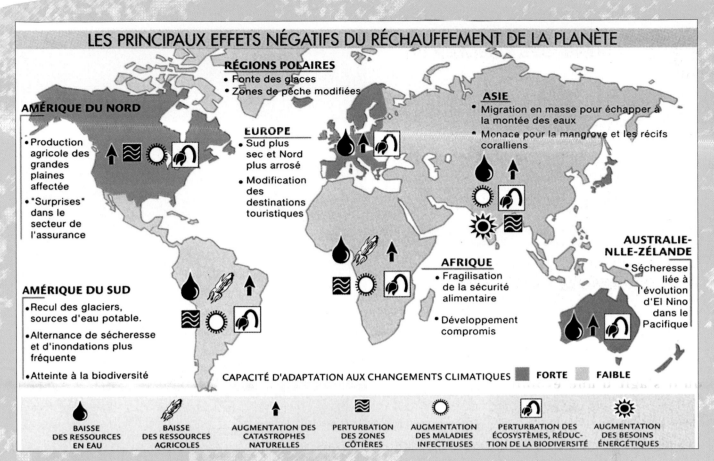

LES PRINCIPAUX EFFETS NÉGATIFS DU RÉCHAUFFEMENT DE LA PLANÈTE

RÉGIONS POLAIRES
• Fonte des glaces
• Zones de pêche modifiées

AMÉRIQUE DU NORD
• Production agricole des grandes plaines affectée
• "Surprises" dans le secteur de l'assurance

EUROPE
• Sud plus sec et Nord plus arrosé
• Modification des destinations touristiques

ASIE
• Migration en masse pour échapper à la montée des eaux
• Menace pour la mangrove et les récifs coralliens

AMÉRIQUE DU SUD
• Recul des glaciers, sources d'eau potable.
• Alternance de sécheresse et d'inondations plus fréquente
• Atteinte à la biodiversité

AFRIQUE
• Fragilisation de la sécurité alimentaire
• Développement compromis

AUSTRALIE-NLLE-ZÉLANDE
• Sécheresse liée à l'évolution d'El Nino dans le Pacifique

CAPACITÉ D'ADAPTATION AUX CHANGEMENTS CLIMATIQUES   FORTE   FAIBLE

BAISSE DES RESSOURCES EN EAU — BAISSE DES RESSOURCES AGRICOLES — AUGMENTATION DES CATASTROPHES NATURELLES — PERTURBATION DES ZONES CÔTIÈRES — AUGMENTATION DES MALADIES INFECTIEUSES — PERTURBATION DES ÉCOSYSTÈMES, RÉDUCTION DE LA BIODIVERSITÉ — AUGMENTATION DES BESOINS ÉNERGÉTIQUES

A. Richard : Comme chacun sait, le Soleil envoie de l'énergie vers la Terre. La couche de gaz de l'atmosphère empêche une partie de cette énergie de repartir vers le ciel. C'est ce qu'on appelle l'effet de serre. Sans lui, la température de notre planète serait de – 18 °C. Mais plus cette couche est épaisse plus elle retient la chaleur.

Campus : Ce qui va modifier le climat...

A. Richard : Totalement. Le climat, mais aussi les ressources, les activités humaines et les paysages se transformeront au fur et à mesure que la température s'élèvera. Par exemple...

évolution et progression

■ **Évolution et changement**
• une évolution (évoluer) –
un développement ((se) développer)
• un changement (changer) –
une modification ((se) modifier) –
une transformation ((se) transformer) –
une variation (varier)
• un bouleversement (bouleverser)

■ **Progression**
La Terre se réchauffe **de plus en plus**.
Il y a **de moins en moins de** glace au pôle Nord.
Plus il fait chaud, **moins** il y a de glace.
Au fur et à mesure que la température s'élève, la glace fond.

Exercez-vous

Continuez en décrivant les évolutions.

a. Une nouvelle directrice change complètement l'entreprise.
Ex. : Elle a transformé les bureaux ...
b. Il était riche. Il s'est mis à jouer au casino. Il a tout perdu.
Ex. : Il a fait de moins en moins de voyages...

Prononciation et mécanismes

• Exercices 99, 100 page 181.

Dans cette leçon, vous imaginerez et rédigerez seul(e) ou en petit groupe
UN SCÉNARIO DE FILM
DE SCIENCE-FICTION

Mettez en commun vos connaissances

Faites en commun une liste d'œuvres de science-fiction (films, BD, romans). Notez brièvement le thème de chacune.

Ex. : 2001, l'Odyssée de l'espace → *La conquête de l'espace – La puissance infinie de l'ordinateur.*

Choisissez votre thème

a. Lisez le tableau ci-dessous. Commentez chacun des thèmes clés du progrès.

Imaginez des applications ou des conséquences.

Ex. : clonage humain → posséder un clone de soi-même pour faire le ménage.

b. Choisissez le thème principal de votre scénario.

Les auteurs de science-fiction se sont toujours inspirés des découvertes scientifiques de leur époque.
Pour créer son Nautilus *dans* 20 000 Lieues sous les mers, *Jules Verne copie un engin sous-marin offert à Napoléon Ier par Robert Fulton et appelé* Le Nautilus. *Dans* De la Terre à la Lune, *il s'inspire de la technique militaire et envoie ses passagers vers la Lune grâce à un canon.*

les mots clés du progrès

■ **Clonage humain**
À partir d'une cellule, on peut déjà créer certains tissus du corps humain. Bientôt on fabriquera des organes complets et, pourquoi pas, des copies des personnes.

■ **Démographie**
La population de la Terre a mis des milliers d'années pour atteindre 1 milliard d'êtres humains, un siècle pour atteindre 2 milliards et 10 ans pour compter 6 milliards d'individus.

■ **Mondialisation**
L'économie est mondiale. Elle est libre. Les entreprises font fabriquer leurs produits là où la production est la moins chère. Ceux qui sont trop chers se retrouvent alors au chômage ou doivent innover.

■ **Miniaturisation**
Les Japonais ont fabriqué une voiture de la taille d'un grain de riz et comportant toutes les pièces d'une voiture normale. Demain, dans notre cerveau, des ordinateurs...

■ **Manipulations génétiques**
En modifiant l'équipement génétique d'un être vivant on peut :
– modifier la forme, la couleur, le goût d'un fruit ; adapter une plante à un autre climat ;
– guérir des maladies ;
– programmer un embryon selon ses préférences.

■ **Virtuel**
La technologie permet chaque jour une simulation plus parfaite de la réalité. Demain, des voyages virtuels, des concerts virtuels, etc.

Imaginez votre décor

Décrivez brièvement les lieux où va se dérouler votre histoire (ville, paysage, etc.). Utilisez le vocabulaire des leçons p. 134 et 138.

Ex. : L'histoire se passe dans un village fortifié construit au sommet du mont Blanc. Les glaciers ont fondu depuis longtemps...

Peut-être, film de Cédric Klapisch (1999), est l'histoire d'un jeune homme amoureux d'une jeune fille et qui ne veut pas d'enfant. Il est alors projeté dans le futur. Paris est envahi par les sables. Seuls quelques immeubles et la tour Eiffel émergent. Des chevaux et des chameaux tirent des véhicules fabriqués avec les voitures de l'an 2000... Les gens ont retrouvé les habitudes du Moyen Âge. Le jeune homme rencontre alors son fils vieillissant qui le supplie de vite retourner en l'an 2000 pour le concevoir, sans quoi il n'existera jamais.

Sept idées de scénario

1 Face aux envahisseurs
Dans le film *Independence Day* (R. Emmerich), les hommes doivent affronter un mystérieux vaisseau spatial qui détruit les capitales de la planète.

2 Les monstres attaquent
Il peut s'agir de créatures venues du passé (*Jurassic Park*) ou d'une espèce qui a évolué.

3 Une organisation a pris le pouvoir. Il faut résister
Dans *Matrix* (film de A. et L. Wackowski), ce sont les machines électroniques qui dominent le monde.

4 Quelqu'un vient du futur pour modifier le présent
Les robots de *Terminator* essaient d'empêcher de naître celui qui les détruira.

5 Le Bien devient le Mal
Dans *Les Lutteurs immobiles* (roman de S. Brussolo), une organisation écologiste contrôle par la terreur la durée d'utilisation des objets.

6 Quelque chose d'essentiel manque. Il faut le découvrir
C'est *Le 5ᵉ Élément* (film de L. Besson) qui doit sauver le monde.

7 Le monde à l'envers
Dans *La Planète des singes*, les singes sont devenus les maîtres du monde.

... et bien sûr toutes les idées des scénarios inspirés par l'ambition, l'amour, la jalousie, l'argent, etc.

Imaginez votre scénario

1 Pour chacune des idées de scénario ci-contre :
– trouvez ou imaginez d'autres films possibles;
– imaginez des scènes.

Ex. : **1** *Les envahisseurs sont venus coloniser les Terriens.*

2 Inspirez-vous de ces idées pour imaginer un scénario que vous rédigerez (une dizaine de lignes).

Dans Farenheit 451, *François Truffaut imagine une société où l'on brûle tous les livres.*

Reportage dans le restaurant

Le Bouillon Racine
À PARIS

Un chef Belge à Paris

Dans les années 1900 (qu'on a appelées « La Belle Époque »), les « Bouillons » étaient des restaurants populaires où l'on servait du bouillon, liquide dans lequel ont cuit des légumes ou de la viande. Il y en avait 150 à Paris.

Le Bouillon Racine, situé rue Racine dans le Quartier latin, est un de ces anciens établissements. Mais la nourriture a changé. La clientèle est plutôt chic et la carte est soignée.

Le chef, Olivier Simon, né en Belgique, propose des plats de son pays.

Le restaurant est toujours animé. Des groupes de réflexion s'y retrouvent. Par exemple, une association d'écologistes y organise ses réunions en dégustant un bouillon. Et c'est ici qu'a lieu tous les jours l'émission de France Culture « Pot-au-feu », animée par Jean Lebrun.

L'annexe du restaurant est réservée aux clients pressés qui, à l'heure du déjeuner, souhaitent prendre un repas léger.

Ce sont ces clients que notre reporter a interrogés avant de donner la parole à Olivier Simon.

Cette semaine, en vedette de la nouvelle carte

- WATERZOI DE POULET FERMIER FARCI SERVI ENTIER POUR 4 PERSONNES
- WATERZOI AUX 3 POISSONS SERVI EN COCOTTE DANS UN FIN VELOUTÉ DE POISSON CRÉMÉ ET PARFUMÉ À LA DUVEL
- PLAT VÉGÉTARIEN : CROUSTADE DE FINS LÉGUMES, STOEMP DE CAROTTE ET FENOUIL, SALADE CHAMPÊTRE, FROMAGE BELGE ET VINAIGRETTE À LA MOUTARDE
- TARTE TIÈDE AU CHOCOLAT MERINGUÉE
- CAFÉ LIÉGEOIS

1 Lisez le document p. 142. Dites si les phrases suivantes sont vraies ou fausses.

a. Le Bouillon Racine est un restaurant qui date du début du xxᵉ siècle.

b. Son nom vient de la spécialité qu'on y servait à l'époque.

c. On peut y déguster une excellente cuisine française traditionnelle.

d. Pour faire un bon dîner, il faut s'installer à l'annexe.

e. C'est un lieu de rencontre des intellectuels du Quartier latin.

2 Écoutez le reportage. Notez :

a. les préférences alimentaires des clientes,

b. les nouveaux goûts et les nouvelles habitudes des clients d'après Olivier Simon.

Lisez – Discutez

a. Comparez les comportements alimentaires illustrés par le reportage et les habitudes dans votre pays.

b. Lisez le texte « Éloge du hamburger ». Êtes-vous d'accord avec l'auteur ?

Trouvez des arguments pour ou contre les fast-food (restauration rapide).

c. Comment se nourrira-t-on dans 20 ans, dans 50 ans ? Imaginez. Discutez.

Donnez des recettes

1 Dans la recette ci-contre, les 8 étapes de la préparation sont dans le désordre. Remettez-les dans l'ordre.

2 Connaissez-vous des recettes simples et originales ? Présentez-les.

Éloge du hamburger

Une extraordinaire trouvaille
Les gastronomes ont tendance à voir dans le fast-food un exemple de la mode « crade »[1]. Seulement, il convient à la majeure partie d'entre nous. Sans équivoque, sans détour, il nous propose des aliments et des sensations que le genre humain recherche depuis toujours sans avoir pu les obtenir jusqu'à présent, sauf exception. En ce sens, le fast-food représente l'une des innovations culinaires[2] les plus spectaculaires de l'histoire – un type d'alimentation destiné à tous, sans considération d'âge, de sexe ou de culture.

C'est par excellence un produit du *melting-pot* et sans doute ne pouvait-il naître qu'en Amérique, terre d'accueil du plus gigantesque déferlement[3] d'immigrants jamais rassemblés en un seul endroit : une cuisine de l'abondance, conçue dans un foyer pluriethnique mais dépouillée[4] de tout particularisme culturel et élaborée jusqu'à atteindre le dénominateur commun[5] de l'humanité.

Élisabeth Rozin,
« Saveurs pour tous »,
traduit de l'anglais
par Isabelle di Natale,
Mille et Une Bouches,
© Autrement, 1995.

1. La mode du « n'importe quoi ». – 2. Dans le domaine de la cuisine. – 3. Arrivée en masse. – 4. Privé de…, sans… – 5. Ce qui est commun à l'humanité.

Une recette cévenole
L'omelette aux cèpes

pour 4 personnes

• 8 œufs	• persil
• 350 g de cèpes	• ail
• beurre	• sel
• huile	• poivre

a. Verser les œufs battus dans la poêle très chaude.

b. Mettre un peu de beurre dans une poêle. Y faire cuire les champignons jusqu'à ce qu'ils perdent leur eau.

c. Casser les œufs dans un bol.

d. Replier l'omelette en deux et la faire glisser dans un plat.

e. Battre les œufs. Saler. Poivrer.

f. Ajouter un peu d'ail et du persil.

g. Dans une autre poêle, faire chauffer une cuillerée à soupe d'huile et une noix de beurre.

h. Quand l'omelette commence à prendre, ajouter les champignons.

1. Exprimer l'antériorité

Ils font des projets. Continuez les phrases.

a. Les randonneurs sont fatigués. Ils font une pause. Ils repartiront quand ils ...

b. Nous n'avons pas assez d'économies. Nous achèterons cette maison quand nous ...

c. J'ai du travail à finir. Je ne quitterai mon bureau que quand ...

d. Tu pars pour six mois aux États-Unis. Est-ce que je pourrais m'installer chez toi quand ...

2. Situer dans le futur

Le maire d'une ville va faire construire une médiathèque. Voici le programme des travaux.

> **• De janvier à juillet 2003 :**
> Démolition des vieux immeubles et fouilles archéologiques.
>
> **• 1er juillet 2003 :**
> Début des travaux.
>
> **• 30 juin 2004 :**
> Fin des travaux.
>
> **• Juillet et août 2004 :**
> Déménagement des livres de l'ancienne bibliothèque.
>
> **• Septembre et octobre :**
> Formation du personnel.
>
> **• Du 1er au 14 octobre :**
> Installation des expositions.
>
> **• 15 octobre :**
> Inauguration de la médiathèque.

Le 1er janvier 2004, une journaliste interroge le maire de la ville. Complétez le dialogue avec la réponse ou la question.

J : Depuis quand les travaux ont-ils commencé ?
M : ...
J : ...
M : Ils dureront jusqu'au 30 juin.
J : ...
M : La démolition et les fouilles ont duré six mois.
J : Dans combien de temps le déménagement aura lieu ?
M : ...
J : En combien de temps ce sera fait ?
M : ...
J : Tout de suite après, vous pourrez faire l'inauguration ?
M : Non, ...

3. Employer le subjonctif passé

Le nouveau maire de la ville prend des décisions. Reformulez ses phrases en commençant par « Il faut que ... ».

Dans un an, il faut que...

Dans un an...
a. Nous aurons voté une loi pour la sécurité.
b. Je serai allé voir toutes les écoles.
c. Un festival d'été aura été créé.
d. Nos joueurs de l'équipe de football auront gagné la Coupe.
e. L'opposition aura reconnu ses erreurs.

4. Exprimer l'opposition et la concession

Combinez les deux phrases en employant l'expression grammaticale entre parenthèse et en faisant les transformations nécessaires.

Deux amis comparent deux restaurants.
a. J'aime bien La Taverne. – L'ambiance n'est pas terrible. *(bien que)*
b. La nourriture est bonne. – Je n'ai pas envie d'y aller. *(même si)*
c. Alors n'allons pas à La Taverne. – Allons au « Pot au feu » ! *(au lieu de)*
d. Tu as raison. Le « Pot au feu » n'est pas un restaurant extraordinaire. – On y mange très bien. *(quand même)*
e. Au « Pot au feu », ils ont d'excellents desserts. – À la Taverne, les desserts ne sont pas terribles. *(alors que)*

5. Parler de nourriture

Une cuisinière donne la recette de la tarte au thon. Notez les ingrédients et la préparation.

11

S'adapter

Exprimer l'éventualité

Exprimer le regret

Apprécier

Connaître les rythmes de l'année

Parler de la télévision, des hommes et des femmes, de quelques institutions françaises

Une année en France

Chaque moment de l'année évoque des habitudes, des célébrations ou des préoccupations. Certaines sont particulières à la France. Trouvez à quel moment de l'année correspondent les points des rubriques de cette double page.

▶ **Ce qu'il faut faire**

a. faire les soldes
b. inviter sa petite amie au restaurant
c. fêter les succès au bac
d. faire le réveillon
e. fleurir les tombes avec des chrysanthèmes
f. faire un régime
g. goûter le Beaujolais nouveau
h. mettre sa montre à l'heure d'été
i. faire le pont
j. faire la Fête de la musique

Le carnaval de Nice.

Les stars montent les marches du Palais des festivals à Cannes.

▶ **Ce qu'on dit**

a. C'est la rentrée !
b. Bonne fête, maman !
c. Joyeux Noël !
d. Vive les vacances !
e. Vive la mariée !
f. Bonne année !
g. Poisson d'avril !
h. Des bonbons ou je vous jette un sort !

JANVIER – FÉVRIER – MARS

✳ Jour de l'An   ✳ Mardi-gras
✳ 6 janvier (Épiphanie)   ✳ Printemps

AVRIL – MAI – JUIN

✳ Pâques   ✳ Fêtes des mères
✳ 1er mai   ✳ Pentecôte
✳ 8 mai   ✳ Fête des pères
✳ Ascension   ✳ Été

▶ **Ce qu'on reçoit, ce qu'on envoie ou qu'on offre**

a. un cadeau
b. du muguet
c. des cartes de vœux
d. des cartes postales
e. un billet de banque au facteur, aux pompiers, aux éboueurs, au gardien de l'immeuble, etc.
f. la déclaration de revenus
g. les avis d'impôt (sur le revenu, sur l'habitation)

Le festival des Vieilles-Charrues à Carhaix (Bretagne).

▶ Les objets
a. le sapin
b. le cartable
c. les cloches
d. les masques
e. les déguisements
f. la fève
g. les skis
h. les banderoles

▶ Ce qu'on mange
a. les crêpes
b. les huîtres
c. la galette (des rois)
d. la bûche
e. les œufs en chocolat
f. le gigot d'agneau
g. le foie gras
h. la dinde
i. la soupe de citrouille

JUILLET – AOÛT – SEPTEMBRE	
* 14 juillet	* Automne
* 15 août (Assomption)	

OCTOBRE – NOVEMBRE – DÉCEMBRE	
* Toussaint	* Hiver
* 11 novembre	* Noël

▶ Ce dont on parle
a. le Tour de France
b. les prix littéraires
c. le rallye Paris-Dakar
d. le feu d'artifice
e. le festival de Cannes
f. le tournoi de tennis de Roland-Garros
g. la Coupe de France

Le prix Fémina attribué à une femme ou à un homme, par un jury féminin (ici à Marie N'Diaye).

▶ Les proverbes
a. En mai, fais ce qui te plaît.
b. En avril, ne te découvre pas d'un fil.
c. Noël au balcon, Pâques aux tisons.
d. Une hirondelle ne fait pas le printemps.
e. À la Sainte-Catherine, tout bois prend racine.

Faites le jeu

Comparez avec les habitudes de votre pays.

Écoutez

Écoutez six courtes scènes.

Trouvez à quel moment de l'année elles se passent.

Jouez

(À faire par deux.)

Avec votre partenaire, imaginez une brève scène correspondant à un moment précis de l'année (comme celles que vous venez d'entendre).

Jouez-la devant la classe qui doit retrouver le moment de l'année.

La dictature de l'audience/2
La nouvelle émission

L'émission de télévision « Tour de table » a été supprimée. Ce soir, c'est la première d'une nouvelle émission « Je ne suis pas comme vous ».

L'animatrice : Ils travaillent autant que vous et pourtant, ils ont plus de temps libre. Ils représentent aujourd'hui 5 % des Français... Sur le plateau de « Je ne suis pas comme vous », nous accueillons ce soir ceux qui refusent la dictature de la télé et du portable.

C'est le cas de Corinne et d'Andy qui ont 21 et 22 ans. Alors, Corinne, pour vous, il y a encore six mois, c'était boulot, télé, dodo...

Corinne : Tout à fait. Ça a commencé quand j'ai rencontré Andy. On s'entendait bien mais il n'aimait pas que je fasse de la danse et j'avais horreur qu'il aille à ses matchs de foot. On a décidé d'abandonner nos activités. Du coup, on s'est mis à regarder la télé. On est devenus tellement « accro » qu'on la regardait six heures par jour en semaine et beaucoup plus pendant le week-end.

L'animatrice : Et qu'est-ce qui vous a fait changer ?

Andy : Un samedi après-midi, il y a eu un gros orage et la télé est tombée en panne. On a passé un week-end formidable. Le lundi, on était si heureux qu'on a oublié la télé. Corinne m'a dit : « J'aime mieux qu'on ne la fasse pas réparer. » Et voilà ! On s'est aperçu qu'il y avait tant de choses à faire que c'était ridicule de perdre son temps avec la télé...

Découvrez le document

1 Écoutez la scène. Puis, avec votre voisin(e), jouez la scène suivante.

Hier, vous avez vu l'émission de télévision « Je ne suis pas comme vous ». Votre voisin(e) ne l'a pas vue. Il/Elle vous pose des questions.

Exemple :
« *Vous :* Tiens, hier soir, j'ai vu une émission intéressante !
Lui/Elle : C'était sur quoi ?
Vous : Il y avait des gens qui ... »

2 Relevez les formes qui expriment l'appréciation.

Ex. : Il n'aimait pas que ...

1 Mettez le verbe entre parenthèses à la forme qui convient.

Patrick se plaint de sa compagne Anne.

« Anne n'aime pas que mes copains *(venir)* à la maison.
Elle déteste *(faire)* la cuisine pour dix personnes.
Moi, j'aimerais mieux qu'elle ne *(faire)* pas la cuisine et qu'elle me *(laisser)* inviter mes copains.
J'adorerais leur *(préparer)* des petits plats.
Mais Anne a horreur que j' *(aller)* dans sa cuisine. »

2 Mettez en valeur les mots en gras en utilisant les constructions « si... / tant... / tellement... que... ».

Ex. : a. La vie est si chère à Paris (tellement chère) que j'habite en banlieue (que je fais mes courses dans un supermarché de la périphérie, etc.).

a. La vie est **chère** à Paris.
b. L'émission « Faut pas rêver » est **passionnante**.
c. Marie **ressemble** à Hélène.
d. Pierre a **des dettes**.
e. Il y avait **du monde** au concert de Pascal Obispo.

Jouez

1 Imaginez d'autres sujets pour l'émission « Je ne suis pas comme vous » (quelqu'un qui vit sans voiture – quelqu'un qui habite une grange sans électricité – etc.).

2 Jouez l'émission. Les invités originaux se succèdent pour parler de leur différence.

Parlez

Jugez, commentez les nouvelles émissions de télévision qu'on peut voir dans votre pays.

L'émission « Loft Story » qui a divisé la France. Des jeunes vivent 24 h sur 24 en communauté sous l'œil de la caméra. Les téléspectateurs éliminent ceux qu'ils ne souhaitent plus voir.

---

exprimer ses goûts et ses préférences *(voir p. 196 (15.1))*

■ **Infinitif ou subjonctif**
• Quand les deux verbes ont le même sujet
→ **infinitif**
*J'aime **aller** chez Pierre.*
• Quand les deux verbes ont des sujets différents
→ **subjonctif**
*Je n'aime pas **que Pierre vienne** chez moi.*

■ **Verbes exprimant l'appréciation** (voir p. 13)

---

si... tant... tellement... (que)

(voir p. 188 (7.3))

■ **Avec un adjectif ou un adverbe**
*Le programme est **si (tellement)** ennuyeux...*
*il est **si peu** intéressant **que** je vais me coucher.*

■ **Avec un verbe**
*Cet animateur parle **tant (tellement)**... il laisse **si peu** la parole aux autres **que** les invités ne peuvent pas s'exprimer.*

■ **Avec un nom**
*Il y a **tellement de (tant de)** monde à la réception... il y avait **si peu de** gens sympathiques **que** je suis vite parti(e).*

N.B. Si, tant, tellement s'emploient aussi dans les formes exclamatives.
*Quelle bonne animatrice ! Elle est **tellement** amusante !*

Prononciation et mécanismes

• Exercices 103, 104, 105, 106
page 181.

Reportage :

une mère et sa fille parlent de la condition féminine

Deux femmes, deux générations

Colette a 68 ans. Elle est veuve. Son mari était médecin. Elle n'a jamais travaillé car elle a dû s'occuper de ses cinq enfants.

Sa fille, Anne, a 40 ans. Elle est professeur d'allemand. Son mari est professeur de français. Ils ont deux enfants.

Deux femmes, deux générations, deux façons de considérer :
- les enfants,
- les tâches ménagères,
- la vie professionnelle,
- l'argent,
- les relations entre conjoints,
- les vacances.

Découvrez le reportage

1 Lisez ci-dessus la présentation de Colette et d'Anne, et la liste des sujets qu'elles abordent dans le reportage.
Faites des suppositions sur ce qu'elles vont dire à propos de chaque sujet.

2 Écoutez progressivement le reportage et complétez le tableau.

Sujet abordé	Les enfants
Opinions de Colette	C'était obligatoire. On ne pouvait pas choisir quand, combien, etc.
Opinions d'Anne	

3 Décrivez l'évolution de la condition des femmes en France :
- selon Colette,
- selon Anne.

4 Comparez avec votre pays.

Comparez les comportements des femmes et des hommes

1 Lisez le texte d'Ellen Willer. Êtes-vous d'accord avec sa description du comportement des hommes et des femmes ?

2 À la manière d'Ellen Willer, comparez les comportements des femmes et des hommes dans les situations suivantes :

- le soir devant la télé,
- dans le choix d'une destination de vacances,
- en vacances (à l'étranger, à la mer, à la montagne),
- quand on achète les vêtements de madame,
- quand on achète les vêtements de monsieur,
- avec un bébé,
- avec leurs enfants,
- etc.

Partagez-vous ces différentes situations.

L'HOMME, LA FEMME ET LES COURSES À L'HYPERMARCHÉ

Avez-vous remarqué comme l'homme insiste pour une liste ? Complète. Exhaustive[1]. Avec si possible un classement préalable par rayon[2]. Pour un peu, il la tirerait sur son imprimante, en plusieurs exemplaires, à distribuer à tous les membres de son commando. Parce que pour un homme, les courses, c'est une mission à accomplir : la bouffe[3] à rapporter. On ne plaisante pas avec ça.

La liste, la femme l'a faite. Bien obligée. Mais elle l'a oubliée. Un peu exprès. Parce que ce qu'elle aime, la femme, dans l'idée de faire les courses, c'est justement de traîner[4] dans tous les rayons. Et de prendre au hasard de ses envies ce qui lui passe à portée de main[5]. Même si en rentrant, au moment de tout ranger dans les placards, elle se détestera pour tous ces trucs inutiles qu'elle ne sait pas où fourguer[6].

Ellen Willer, *Les Hommes, les femmes, etc.*, © Marabout, 2001.

1. Très complète. – 2. Les parties du supermarché. – 3. Familier : la nourriture. – 4. Faire les choses lentement. – 5. Près d'elle, facile à prendre. – 6. Mettre, ranger.

Parlez des tâches ménagères

1 Classez les 20 tâches ci-contre selon les sujets suivants. Mettez-les dans un ordre logique.

(1) Se nourrir → e, ...
(2) S'habiller → ...
(3) S'occuper du logement → ...
(4) Divers → ...

Complétez éventuellement ces listes.

2 Discutez.

Selon les statistiques, en France, les hommes consacrent 4 fois moins de temps aux tâches ménagères que les femmes.

Les hommes et les femmes se partagent-ils les tâches de la maison dans votre pays ? Quelle solution vous paraîtrait normale ?

Jouez

L'émission de télévision *Un gars, une fille* présente tous les soirs un couple dans une scène comique de la vie quotidienne. Exemple : On reçoit des amis - Dans la cuisine - Il passe le permis - etc.

Recherchez, à deux, une situation amusante de la vie quotidienne et jouez-la.

Les tâches de la maison

a. Balayer, passer l'aspirateur
b. Coudre ou recoudre un bouton
c. Débarrasser la table
d. Étendre le linge ou le mettre au sèche-linge
e. Faire les courses
f. Faire la poussière
g. Faire de petites réparations
h. Mettre le linge dans le lave-linge (faire une lessive)
i. Mettre la table
j. Mettre la vaisselle au lave-vaisselle (faire la vaisselle)
k. Nettoyer la salle de bains
l. Préparer le repas
m. Ranger, mettre de l'ordre
n. Repasser, plier, ranger le linge dans les armoires ou les placards
o. Servir le repas
p. Sortir la vaisselle du lave-vaisselle et la ranger
q. S'occuper de l'entretien de la voiture
r. S'occuper des plantes
s. S'occuper du chien
t. Vider, sortir la poubelle

Dans cette leçon, vous concevrez et rédigerez
UN PROJET DE RÉFORME
pour un domaine de votre choix (éducation,
travail, société, arts et spectacles, etc.).

Choisissez votre sujet

1 Lisez le texte ci-contre. Pourquoi ces institutions ou traditions devraient-elles être réformées ou supprimées ?

Comparez avec votre pays.

2 Faites en commun une liste d'institutions, de règles, de traditions, etc., qui devraient être réformées ou supprimées.

3 Choisissez votre projet de réforme.

Étudiez une argumentation

1 Lisez le titre de l'article de la page 155. Faites des suppositions sur le contenu de l'article.

2 Lisez l'article. Quel est le sujet du débat ?

3 Repérez les grandes parties de l'article et notez brièvement les idées ou arguments.

a. Introduction : *France à la pointe de la modernité mais beaucoup d'archaïsmes.*
b. Présentation du problème.
c. Arguments pour.
d. etc.

Argumentez et rédigez votre projet

1 Cherchez et organisez vos idées en faisant un plan.

2 Rédigez votre projet.

3 Présentez-le à la classe.

CE QUI EST DÉPASSÉ

En 2000, le magazine *Marianne* a fait la liste de ce qui, dans la société française, devrait être réformé ou supprimé.

■ **L'Académie française**. Fondée en 1634 pour fixer les règles de la langue française, cette vieille institution compte 40 membres (écrivains,

scientifiques) qui rédigent avec une grande lenteur un *Dictionnaire de la langue française*.

■ **L'ENA** (École nationale d'administration). Cette grande école, accessible à tous par concours, forme les élites du pays. Beaucoup de nos dirigeants de gauche ou de droite, du privé ou du public viennent donc de la même école.

■ **La médaille de la Légion d'honneur.** Elle récompense ceux qui ont rendu de grands services au pays, mais l'ouvrier ou le professeur qui travaillent dans des conditions difficiles ne l'auront jamais.

■ **La commune et le département.** La France compte 36 500 communes dont certaines ont moins de 100 habitants. Est-ce bien raisonnable ? À l'heure de l'Europe des régions, le département n'est-il pas une division administrative inutile ?

■ **La corrida, la chasse à courre…** ■

L'animateur de télévision Bernard Pivot fait faire la dictée des Championnats d'orthographe.

Pourquoi ne pas simplifier notre orthographe ?

Progrès technologiques, réformes sociales, libertés individuelles… la France se veut aujourd'hui à la pointe de la modernité. Pourtant, de nombreux îlots d'archaïsmes demeurent, des domaines où, bien que d'un faible coût, la réforme semble impossible.

■ C'est le cas de l'orthographe. Depuis ce jour de 1673 où l'Académie française a décidé de fixer la forme écrite des mots, des générations d'enfants ont souffert pour mémoriser « coordonner » et « coordination », « j'appelle » et « je pèle ». Et les bataillons des martyrs de l'orthographe n'ont fait qu'augmenter quand, dans l'école obligatoire et gratuite de 1880, la dictée est devenue l'activité phare de l'enseignement, celle qui allait distinguer les bons des mauvais élèves.

Car notre orthographe est compliquée. Elle est absurde dans le monde d'aujourd'hui. C'est un casse-tête pour les enfants qui n'ont pas la chance d'avoir une bonne mémoire visuelle et qui doivent y consacrer des milliers d'heures au cours de leur scolarité.

Certes, on comprend ceux qui s'opposent à toute réforme. Notre orthographe est un héritage. Si « âne » s'écrit avec un accent circonflexe, si « sept » ne s'écrit pas comme il se prononce, c'est parce qu'ils ont pour origine les mots latins *asinus* et *septem*. Mais la langue doit-elle être un musée ou un instrument facile à utiliser ?

On serait prêt à faire des concessions. Le français comporte beaucoup de mots qui ont des sens différents mais une prononciation identique. Continuons donc à écrire « le pain » et « le pin » (l'arbre) et, pourquoi pas, distinguons « l'oiseau vole » et « le cambrioleur vole » en mettant deux « l » à l'un d'eux. Mais réformons tout le reste.

Car tout plaide pour une orthographe simplifiée. Ce serait un facteur d'égalité. On sait que les enfants de milieux privilégiés sont meilleurs en orthographe parce qu'ils sont plus tôt et plus longtemps en contact avec les livres. Ce serait aussi un facteur d'intégration des communautés qui ne parlent pas notre langue. [...]

1 Faire des hypothèses dans le passé

La nuit dernière, une statuette égyptienne a été volée dans le salon de M. Dupuis. Celui-ci fait des hypothèses sur l'origine du vol.

Formulez ces hypothèses à partir des notes suivantes.

Ex. : Si le cambrioleur était passé ...

a. Le cambrioleur n'est pas passé par la porte. La serrure n'est pas cassée.
b. Le cambrioleur n'est pas monté dans les chambres. Je ne l'ai pas entendu.
c. Il n'a pas traversé le jardin. Les chiens n'ont pas aboyé.
d. Est-ce bien un cambrioleur ? L'argent qui est sur la table n'a pas été volé.
e. La disparition date-t-elle de la nuit dernière ? Il y a de la poussière sur toute l'étagère.

2 Exprimer des goûts et des préférences

Mettez les verbes à la forme qui convient.

Une femme parle des fêtes de Noël.
« Pour faire la fête, il faut *(choisir)* entre le réveillon et le jour de Noël. Moi je préfère que nous ne *(faire)* pas le réveillon. J'aime bien que toute la famille *(être réunie)* le jour de Noël. Les enfants adorent que leurs cousins *(découvrir)* avec eux les cadeaux au pied de l'arbre. En revanche, pour le jour de l'An, nous aimons bien que nos amis *(venir)* faire le réveillon chez nous.

3 Mettre en valeur

Réunissez les deux phrases en utilisant « si, tant, tellement... que », « si peu... que » pour mettre en valeur les mots en gras.

Ex. : Il faisait si chaud que ...

Pierre raconte une fête de mariage.
« **a.** Il faisait **chaud**. Tous les hommes avaient enlevé leur veste et leur cravate.
b. Il y avait **de bonnes choses** au repas. Je n'ai pas pu goûter à tout.
c. J'ai **dansé**. Je ne sens plus mes jambes.
d. J'ai **peu bavardé** avec Sonia. Nous avons décidé de nous revoir.
e. Les discours étaient **longs**. Personne ne les écoutait. »

4 Connaître les rythmes de l'année

1. Lisez ces titres de presse trouvés dans un journal de province.

2. Écoutez le document correspondant à chaque titre. Relevez les principales informations.

3. Rédigez la première ligne de l'article correspondant à chaque titre.

> **C'ÉTAIT UN POISSON D'AVRIL**

> **Le mois le plus court**

> **Une hirondelle ne fait pas le printemps**

> **ATTENTION aux faux pompiers**

5 Parler des tâches quotidiennes

Que doivent-ils faire ?
Utilisez le vocabulaire de la liste, p. 153.

Ex. : François doit débarrasser la table, ...

a. Hier soir, François a invité vingt personnes pour fêter son anniversaire. Elles sont parties à 3 heures du matin et il est allé tout de suite se coucher. Au réveil ...
b. Paul (10 ans) s'est battu dans la cour de l'école ...
c. Marie et Patrick viennent de rentrer chez eux après un mois de vacances ...

Vivre ensemble

N égocier – E xprimer des conditions et des restrictions

P romettre – E xprimer la confiance et la méfiance

A ccuser – S'excuser – P ardonner

P arler des jeunes, de l'immigration

C onnaître le patrimoine de la F rance

Le château d'Azay-le-Rideau.

Le site préhistorique de Carnac.

L'assistante/1

Un petit service

À Paris, le metteur en scène Patrick Marin a rencontré une amie.

Charlotte : Au fait Patrick, tu pourrais me rendre un petit service ?

Patrick : Ça dépend de ce que tu veux. Si c'est de l'argent, n'y compte pas. J'ai mis toutes mes économies dans mon nouveau spectacle.

Charlotte : C'est pour ma fille, Valentine. Elle adorerait faire du théâtre. Tu n'aurais pas un petit rôle pour elle ?

Patrick : Non, je regrette. Pour *L'Avare*, nous avons choisi les acteurs..

Charlotte : Tant pis. Ce sera pour une autre fois...

Patrick : À moins que... à moins qu'un petit travail d'assistante lui convienne. J'ai besoin de quelqu'un pour les accessoires... À condition qu'elle soit un peu débrouillarde...

Charlotte : Tu peux lui faire confiance...

Découvrez le document

1 Écoutez la scène phrase par phrase. À chaque phrase, imaginez la réponse de l'autre personnage.

Ex. : Réponse de Patrick à la question de Charlotte → C'est quoi, ce service ? – De quoi tu as besoin ? – Tout ce que tu voudras ! – Etc.

2 Relevez les mots qui expriment la demande d'aide, la condition, etc. Trouvez des situations dans lesquelles ces expressions peuvent être prononcées.

Vérifiez votre compréhension

Écoutez ces quatre courtes scènes. Dans chacune, quelqu'un demande de l'aide. Complétez le tableau.

	1
Lieu	Sur une route
Aide demandée (circonstances)	...
Formule utilisée pour demander de l'aide	Vous pourriez me donner un coup de main ?
Réponse (conditions posées, refus, etc.)	...

négocier

■ Exprimer des conditions

Tu réussiras à ton examen...
→ **si** tu travailles régulièrement.
→ **à condition que** nous t'aidions. *(subjonctif)*
à condition de travailler avec nous.
→ **Ça dépend du** travail que tu feras.
[dépendre ⓱]
C'est **selon (suivant... fonction de...)**
→ **à moins que** tu (ne) prennes trop de vacances. *(subjonctif)*
sauf si (excepté si) tu prends trop de vacances.
(voir p. 195 (14.5))

■ Exprimer la confiance et la méfiance

avoir confiance (en...) – se fier (à...) – compter (sur...)
J'ai confiance en lui. – Je lui fais confiance.
On ne peut pas compter sur elle (se fier à elle).

■ Promettre

Je vous promets [promettre ㉚] que...
Je vous assure que...   } je viendrai.
Je vous garantis [garantir ⑥] que...

Je vous jure. Je vous donne ma parole que je ne tricherai pas.

Tu tiendras parole ?

Jouez des négociations

Jeux de rôles en trois courtes scènes pour trois personnages (A, B, C) :

1	A demande à B de lui prêter de l'argent. Il expose les raisons. B dit qu'il va réfléchir.	B demande conseil à C qui connaît bien A...	B pose des conditions, demande des assurances, etc.
2	B (directeur de société) demande à C (cadre moyen) s'il accepterait de s'occuper d'une agence à l'étranger.	C discute avec A qui partage sa vie.	C négocie avec B. Il pose des conditions (salaire, vacances, etc.).
3	C demande à B s'il pourrait lui prêter sa voiture. B accepte mais pose ses conditions.	Voilà 10 jours que C n'a pas donné de nouvelles. B téléphone à A, un(e) ami(e) de C.	C arrive enfin. La voiture a été endommagée. B demande des comptes.

Écrivez

Vous habitez seul(e) dans votre appartement et vous recevez d'un(e) ami(e) le message suivant. Répondez-lui.

• Demandez des renseignements sur l'ami que vous ne connaissez pas.
• Posez des conditions.
• Demandez des garanties.

Cher (Chère)...
Impossible de t'avoir au téléphone. J'espère que tu es en forme... J'aurais voulu savoir si tu accepterais de prêter ton appartement à un ami qui vient passer l'été dans ta ville. Je sais que tu seras absent(e) pendant un mois et demi et j'ai pensé que tu serais peut-être content(e) d'avoir un gardien qui...

Parlez

Préparez et posez à quelqu'un de la classe une question commençant par :
À quelle(s) condition(s)... ?

Ex. : À quelle condition :
– accepteriez-vous un rôle dans un film ?
– participeriez-vous à un voyage dans l'espace ?
– prêteriez-vous toutes vos économies à un(e) ami(e) ?
– etc.

Claudie André-Deshays, astronaute.

Prononciation et mécanismes

• Exercices 107, 108 page 181.

159 — cent cinquante-neuf

La France multiethnique

L'Hexagone est devenu un melting-pot. Toutes les nationalités du monde y ont trouvé une place. Sans toujours s'intégrer mais en dynamisant notre société.

La preuve que la France, au-delà des discours électoraux, est plutôt bien disposée à leur égard ? Elle abandonne aux étrangers le cœur de ses villes, ses quartiers marchands et les alentours de ses gares. À
5 chaque fois que sa bourgeoisie, à Paris, à Marseille ou à Lyon, choisit de s'éloigner des centres urbains pour un fantasme de campagne, les moins français des résidents de France prennent sa place. Des femmes, des hommes, nés souvent au pied des minarets[1], vivent à l'ombre de
10 cathédrales gothiques. Ils dopent, réveillent, bousculent des villes aussi vieilles que la Gaule ou le Moyen Âge. Dans un pays de couche-tôt, ils tirent le jour vers la nuit, donnent de la couleur à la grisaille[2], du son au silence. Ils prennent la rue, et lui rendent la parole ; les
15 marchés, et nous rendent la notion de proximité.

Depuis l'arrivée des Italiens avant-guerre, il est devenu dérisoire de tenter de raconter l'histoire de France sans y mêler l'histoire des étrangers de France.

Cette histoire n'est pas forcément harmonieuse.
20 Souvent, les communautés s'ignorent. Les centres-villes, les zones péri-urbaines de ce pays multiethnique sont aussi des ghettos, maghrébins et asiatiques, d'où il est difficile de sortir. De ses arrivants, la France n'aime à prendre vraiment que leur musique et leur cuisine. [...]
25 Elle rencontre aujourd'hui des difficultés à faire des citoyens de ses jeunes Français issus[3] de l'immigration.

Pourtant, avec le temps, Belleville (à Paris) et Belsunce (à Marseille) sont devenus des quartiers bien de chez nous. La France a fini par intégrer – par
30 naissance, naturalisation, simplement par familiarité – les plus anciennes de ces populations. Les familles de Portugais, d'Espagnols et d'Algériens comptent désormais des fils, même des petits-fils qui peuvent, au même titre que les Bretons ou les Basques, se revendiquer...
35 comme les descendants directs de Vercingétorix.

1. La tour d'une mosquée. – 2. La couleur grise de la ville, la monotonie triste de la vie quotidienne. – 3. Qui sont des enfants d'immigrés.

Philippe Boggio, *Marianne*, octobre 1999.

Découvrez le document

1 Lisez le titre et l'introduction de l'article ci-dessus. Notez les trois idées apportées par cette introduction. Complétez le tableau ci-contre avec ces idées.

La France multiethnique		
1 La France est un melting-pot	**2**	**3**
...	...	...

2 En lisant le texte :

• repérez les mots inconnus. Cherchez leur sens à l'aide des notes ci-dessous (Pour comprendre les mots nouveaux).

Ex. : L'Hexagone → La France.

• reportez chaque idée du texte dans une colonne du tableau « La France multiethnique ».

Ex. : La France est bien disposée à l'égard des étrangers → colonne 2 (l'intégration ne rencontre pas d'obstacle).

« *Pour comprendre les mots nouveaux* » :

• *Titre et sous-titre* : la France – s'adapter, faire partie de la société – donner de l'énergie.

• *Lignes 1 à 10* : en dehors de – regarder avec sympathie – ce qui est autour, près – centre de la ville – un rêve – style du Moyen Âge – stimuler.

• *Lignes 11 à 20* : l'idée que les autres sont près de nous – inutile, qui n'a pas de sens – essayer – ajouter, intégrer – ne pas se reconnaître, ne pas dialoguer.

• *Lignes 21 à la fin* : autour de la ville – acte juridique par lequel on prend une nationalité.

Commentez

Vous êtes avec des amis français et vous entendez les remarques suivantes dans la conversation.

Commentez chaque remarque en utilisant les informations du texte. Selon le cas :

• confirmez en donnant des exemples

• nuancez

• prouvez le contraire

• comparez avec la situation dans votre pays.

a. « La France est depuis longtemps un pays d'immigration. »
b. « Les immigrés habitent les mêmes quartiers que les classes aisées. »
c. « Les étrangers s'intègrent facilement. »
d. « Les Français ont beaucoup de sympathie pour les immigrés. »
e. « Les immigrés sont une chance pour la France. »

la société

■ Les groupes sociaux

une catégorie sociale, socio-professionnelle (les cadres, les employés, les agriculteurs, les ouvriers, etc.)
une classe sociale – un milieu social –
les milieux aisés (la bourgeoisie) –
les classes moyennes –
les milieux modestes –
les milieux (les catégories) défavorisé(e)s.

■ L'immigration

émigrer (l'émigration)/immigrer (l'immigration)
demander/obtenir un visa,
une carte de séjour,
une carte de résident –
avoir un contrat de travail
un clandestin – être sans papiers –
être dans une situation irrégulière –
faire régulariser sa situation
naturaliser – se faire naturaliser français –
demander sa naturalisation –
avoir une double nationalité

Exercez-vous

Complétez et imaginez la suite de l'histoire.

La jeune Éloïse habite dans un château en Sologne.
Ses parents appartiennent à un milieu ...
Au château, travaille un jeune homme qui s'appelle Rachid. Il vient d'un pays d'Afrique et il est entré en France sans papiers. C'est donc un...
Mais Rachid parle très bien français et il est très bien ... en France.
Le père d'Éloïse, qui est maire du village essaie de ... la situation de Rachid. Pour cela Rachid doit obtenir sa ... .
Mais le père d'Éloïse n'a pas le droit d'employer un sans-papier. Il est donc ... .

Parlez ou écrivez

Les immigrés et les étrangers en général « dynamisent la société française ».

Vous allez vivre en France. Que pourriez-vous apporter à vos amis français (modes de vie, nourriture, fêtes, etc.) ?

L'assistante/2

Les maladresses de Valentine

Au théâtre, pendant la répétition générale de L'Avare de Molière, mis en scène par Patrick Marin.

Patrick : Qui a fermé le rideau avant la fin ?

Un technicien : Je n'y suis pour rien.

Valentine : Excusez-moi. C'est de ma faute !

Patrick : C'est une plaisanterie ?

Valentine : Je vous jure que je ne l'ai pas fait exprès ! J'avais cru entendre la dernière réplique.

Patrick : Non mais, tu te rends compte, si ça arrive le soir de la première !

Valentine : Je vous demande pardon. Je vous promets que je vais faire attention.

Patrick : Bon, allez, on reprend. Ça va pour cette fois. N'y pensons plus...

Quelques minutes plus tard, Harpagon (l'Avare) doit entrer en scène avec une cassette de pièces d'or.

Le comédien qui joue le rôle principal : Ça va être à moi. Valentine, tu me donnes la cassette...

Valentine : La cassette ! Je ne sais plus où je l'ai mise !

Découvrez le document

1 Écoutez la première scène. Le lendemain, Patrick rencontre Charlotte qui lui pose les questions suivantes. Répondez pour lui.

– Alors, tu es content de Valentine ?   – ...
– Qu'est-ce qui s'est passé ?   – ...
– C'était volontaire ?   – ...
– Qu'est-ce que tu lui as dit ?   – ....

2 Écoutez le début de la deuxième scène. Imaginez la suite.

3 Imaginez d'autres maladresses commises par Valentine.

accuser - s'excuser - pardonner

■ Commettre une faute

commettre ③⓪ un délit (voir p. 59), une faute, une maladresse, etc. (voir exercice ci-dessous) être responsable de... – être coupable/innocent

■ Accuser

Je vous reproche de... (+ infinitif)
Je vous accuse de... (+ infinitif)
C'est de votre faute. – Vous l'avez fait exprès. –
Vous y êtes pour quelque chose ? C'est
impardonnable !

■ S'excuser

Excusez-moi. – Je vous prie de m'excuser. –
Je vous présente mes excuses.
Pardonnez-moi. – Je vous demande pardon.

■ Excuser – Pardonner

Je vous excuse.
Ce n'est rien. – Il n'y a pas de mal. –
N'y pensons plus.

> Ce n'est pas moi ! Je n'y suis pour rien.

Rechercher des situations fautives

(À faire par petits groupes.) Partagez-vous les quatre situations suivantes.
Pour chaque situation, recherchez un exemple pour chaque type de faute.

*Ex. : **a.** : (1) crime : écraser son ennemi – (2) infraction : stationner sur un trottoir – etc.*

a. *avec une voiture*
b. *à la maison, en famille*
c. *au travail*
d. *en vacances*

⎫
⎬
⎭

(1) un délit – un crime
(2) une infraction – une faute
(3) une maladresse – une bêtise – une gaffe
(4) une méchanceté

(5) un excès
(6) une faiblesse
(7) une erreur
(8) une négligence

Jouez les scènes

a. Vous avez prêté votre appartement
à l'ami d'un(e) ami(e) (voir situation
« Écrivez », p. 159). Quand vous rentrez :

– un fauteuil est cassé
– la plante verte est morte
– les voisins se plaignent du bruit qu'il y a eu
– il manque des livres
– etc.

Vous accusez l'ami de votre ami(e).
Il (elle) se défend, s'excuse, etc.

b. Vous vous apercevez que quelqu'un
a fouillé dans votre bureau (à la maison
ou au travail). Or vous n'aimez pas ça.
Vous accusez... Ils se défendent...

Commentez - Écrivez

a. Commentez les statistiques ci-contre.

b. Faites (en petits groupes) la liste des dix
incivilités qui vous paraissent les plus
graves.

✷ IMPOLITESSES ET INCIVILITÉS

**Les pratiques jugées les plus grossières par les Français
sont, par ordre décroissant :**

cracher dans la rue **(95 %)** ; ne pas offrir une place assise dans
un bus à une personne âgée **(91 %)** ; doubler les gens dans
une file d'attente **(90 %)** ; jeter des papiers par terre **(89 %)** ;
laisser son chien faire ses besoins sur un trottoir **(88 %)** ; dire
des gros mots **(86 %)** ; allumer une cigarette sans demander
l'avis des gens **(80 %)** ; étaler sa richesse dans une conversation **(78 %)** ; ne pas tenir une porte à une dame **(76 %)** ;
téléphoner sur son portable dans un lieu public fermé **(63 %)** ;
faire remarquer à quelqu'un qu'il a grossi **(60 %)**.
En revanche, moins de la moitié des Français estiment grossier
de laisser fonctionner le moteur de sa voiture à l'arrêt **(48 %**
contre **48 %)**, de laisser une femme payer son repas au
restaurant **(43 %** contre **53 %)**, de passer chez quelqu'un sans
prévenir **(42 %** contre **54 %)** ou de parler de ses problèmes de
santé **(17 %** contre **80 %)**.

Gérard Mermet, *Francoscopie 1999*, © Larousse, 1998.

Prononciation et mécanismes

Exercices 109, 110 page 181.

Dans cette leçon

VOUS COMMENTEREZ des propos de jeunes Français, de parents, d'éducateurs et de sociologues.

Vous ferez des comparaisons avec les jeunes de votre pays.

Pour eux, vous rédigerez **UN CATALOGUE DE SOUHAITS**

REGARDS ET TÉMOIGNAGES

Paroles de parents et de jeunes

Lorsque Capucine, du haut de ses 15 ans, a demandé à ses parents la permission de partir avec une bande de copains dans une maison de vacances sans adultes, ceux-ci sont restés bouche bée[1]. « Pour moi, partir sans mes parents, c'était l'aventure », s'enthousiasme Capucine. « Pouvoir, le temps d'une semaine, faire ce que nous voulions quand nous le voulions : voilà ce qui me motivait. » Peu favorables au départ, les parents finissent, après beaucoup de négociations, par accepter. « Nous la trouvions bien jeune, raconte sa mère. Heureusement qu'ils étaient dans un endroit fixe et donc joignables à tout moment. »

« Quand ma fille de 14 ans et demi m'a annoncé qu'elle partait avec des amis descendre les gorges du Verdon, ma première réaction a été de penser : "Elle est encore un bébé." Puis j'ai imaginé les risques d'accidents. Après seulement a surgi la question fatidique[2] : Et les garçons ? », raconte Paul.

1. Surpris. – 2. Marqué par le destin (ici, inévitable).

Les Jeunes aujourd'hui, Institut national de la jeunesse et de l'éducation populaire, 1999.

Ceux qui ont entre 15 et 24 ans en 2000 ne se révoltent pas contre leurs parents mais ils s'en démarquent. Ils portent les cheveux courts, rasés ou décolorés. Ils préfèrent les jus de fruits au coca et au café. Ils abandonnent le jean pour des vêtements plus amples, la télé pour la vidéo et l'ordinateur, la planche à voile pour le roller.

ANALYSE

Dans *Le Choc des générations*[1], le sociologue Bernard Préel fait le portrait des jeunes de la « génération Internet » (nés dans les années 80). Extraits.

Libérés, sinon livrés à eux-mêmes, sans beaucoup de frères et sœurs, les membres de la génération Internet ont conquis dès douze-quatorze ans une large autonomie. …

Cette génération se mêle de plus en plus de ce qui ne la regardait pas. Elle a voix au chapitre[2] pour de nombreux achats familiaux. … La famille est ainsi passée au régime parlementaire. Tout est prétexte à débat.

Cette génération aime flirter[3] avec le danger. Elle a envie de mettre sa vie en jeu. Elle se moque de ses « vieux » qui ont la trouille[4] de la maladie, de la mort et de la vieillesse. …

1. © *La Découverte* et *Syros*, 2000. – 2. Elle participe aux décisions. – 3. Commencer une relation amoureuse. – 4. La peur.

La génération Internet est consciente d'avoir pris pied dans un nouveau monde, ce qui lui donne un air d'optimisme.

commenter

■ **Donner la signification des faits**

Ces faits... ⎱
Le cas de Pierre... ⎰ montrent que...
L'exemple de... signifient que...
veulent dire que...
prouvent que...

Le témoignage de Pierre pose le problème de...

■ **Donner des exemples**

Cette idée..., le fait que les jeunes ont besoin de communiquer...

... est illustré par... ⎱ le succès
... se manifeste par... ⎰ du téléphone portable.

De nombreux exemples montrent que...
On peut citer : ...
On peut donner comme exemple...

■ **Mettre en relation des faits ou des idées**

• Le goût du danger chez les jeunes...

... correspond à (au...) ⎱
(correspondre **17**) au besoin de
... se rattache à (au...) ⎰ sécurité des adultes.
... est lié à (au...)
... a un rapport avec...

• Il n'y a aucun rapport entre la violence à la télévision et le goût du risque chez les jeunes..

■ **Déduire, conclure**

Virginie a quitté ses parents à 18 ans.

J'en déduis ⎱
(déduire **34**) qu'elle avait besoin
J'en conclus ⎰ d'indépendance.
(conclure **43**)

Donnez la signification des faits

Lisez le document « Regards et témoignages » (p. 164). Commentez-le en utilisant les expressions de la rubrique « Donner la signification des faits » du tableau.

Donnez des exemples

a. Lisez le document « Analyse » (p. 164).

b. Écoutez ces témoignages. Faites-les correspondre aux idées de Bernard Préel en utilisant le vocabulaire de la rubrique « Donner des exemples ».

Comparez avec les comportements dans votre pays

Recherchez l'explication de ces comportements en utilisant les expressions de la rubrique « Mettre en relation ».

Ex. : En Pologne, on fait souvent le baisemain. Cela montre que... c'est lié à...

Formulez des souhaits

a. Lisez (ci-dessous) et commentez la proposition de Françoise Dolto.

b. Faites en commun une liste de souhaits, de propositions pour les jeunes à l'intention :

– des parents,
– des éducateurs,
– des chefs d'entreprises,
– etc.

c. Partagez-vous la rédaction de ces souhaits.

> La majorité est l'âge (18 ans) où une personne devient responsable de ses actes devant la loi, où elle peut créer une entreprise, voter, etc. La célèbre psychanalyste Françoise Dolto proposait dans *La Cause des adolescents* (Robert Laffont, 1988) d'avancer cet âge à 15 ans.
> Selon elle, certains jeunes sont capables et ont envie de se débrouiller seuls à 15 ans. Le fait que le jeune soit majeur ne changerait pas l'attitude des parents. Ceux qui seraient abandonnés par leurs parents pourraient être pris en charge par la société.

Le musée de l'église
de Saint-Pierrevilliers,
petit village de la Meuse

LA MÉMOIRE
DU LIEU

REPORTAGE
00

L'église de Saint-Pierrevilliers, classée monument historique en 1912, est un exemple remarquable d'église fortifiée particulièrement bien conservée.

Récemment, ses combles ont été aménagés en un musée consacré aux églises fortifiées de la Meuse.

Au XVe siècle, les villages situés sur la frontière entre l'empire germanique et le royaume de France étaient souvent victimes des mouvements des armées et des pillages qui s'ensuivaient. Les habitants se réfugiaient alors dans les églises dont ils renforçaient les défenses.

Le musée de Saint-Pierrevilliers présente des objets, des documents et des maquettes qui témoignent de cette époque.

Mais comment les habitants du village ont-ils réagi à la création de ce musée ?
Pour le savoir, notre reporter a promené son micro dans les rues.

Découvrez le reportage

1 Lisez la présentation ci-dessus.
Vous êtes guide au musée de l'église de Saint-Pierrevilliers. Répondez à ces questions d'un touriste.

a. Pourquoi cette église a-t-elle été classée monument historique ?
b. Pour quelles raisons a-t-elle été fortifiée ?
c. Pourquoi la région de Saint-Pierrevilliers n'était-elle pas sûre au XVe siècle ?
d. Pourquoi a-t-on créé un musée ici ?

2 Écoutez le reportage. Relevez les arguments pour et contre la création du musée.

Arguments favorables	Arguments défavorables
L'idée a fait l'unanimité. ...	...

3 Connaissez-vous des réalisations approuvées par une partie des gens et contestées par d'autres ?

Présentez-les.

Au patrimoine mondial

Liste des monuments et sites français inscrits au patrimoine mondial (par ordre alphabétique des lieux)

Amiens (la cathédrale)
Arc-et-Senans (la saline royale)
Arles (les monuments romains et romans)
Avignon (le centre historique)
Bourges (la cathédrale)
Le canal du Midi
Le cap de Girolata et de Porto (Corse)
Carcassonne (la ville fortifiée)
Chambord (le château)
Chartres (la cathédrale)
Le chemin de Saint-Jacques-de-Compostelle
Fontainebleau (le château)
Fontenay (l'abbaye)
Lyon (la vieille ville)
Le Mont-Saint-Michel et sa baie
Nancy (la place Stanislas)
Orange (le théâtre antique)
Paris (les rives de la Seine, les îles Saint-Louis et de la Cité)
Le pont du Gard
Reims (la cathédrale)
Saint-Émilion (le vignoble)
Strasbourg (la grande île)
Versailles (le château et le parc)
Vézère (les grottes ornées)
Vézelay (la basilique)

Parlez du patrimoine français

(Travail en petits groupes)

• Partagez-vous les 25 sites ci-dessus.

• Trouvez quelques informations sur chacun de ces sites en faisant des recherches dans un dictionnaire ou sur Internet.

• Présentez brièvement chaque site.

Exemple : Amiens se trouve en Picardie dans le quart nord-est de la France. Sa cathédrale date du XIIIe siècle. Elle est de style gothique. Etc.

Trouvez une idée pour un nouveau timbre poste

Les services postaux de votre pays vous demandent de trouver et de justifier une idée pour un nouveau timbre poste.

Ce timbre devra représenter un élément du patrimoine de votre pays.

1 Faites en commun une liste des types de biens qui peuvent faire partie du patrimoine.

• Bâtiments → châteaux, usines, etc.
• Sites naturels → côtes, volcans, etc.
• Objets → vêtements folkloriques, etc.

2 Choisissez un sujet et présentez-le.

1. Exprimer des conditions et des restrictions

Complétez avec un mot qui permet d'exprimer la condition ou la restriction (voir tableau p. 159).

Deux amis parlent de leurs futures vacances.
• Vous partez quand en vacances ?
– En juillet. ... le directeur me demande de rester en juillet.
• Tu penses qu'il te le demandera ?
– ... du travail qu'il y aura dans l'entreprise.
• Votre fils Kevin vient avec vous ?
– Oui, ... il n'aille quelque part avec des copains.
• Nous, nous irons en Espagne. ... Marie est d'accord.
Nous visiterons l'Andalousie en voiture. Puis nous continuerons vers le Maroc ... Marie n'ait pas changé d'avis.

2. Promettre. Exprimer la confiance ou la méfiance

Imaginez un bref dialogue sur le sujet suivant.

Charlotte a 20 ans. Elle vit depuis 6 mois avec Antoine qui est artiste. Antoine aurait besoin de 10 000 € pour réaliser un projet.
Charlotte demande à ses parents de lui prêter cette somme. Le père a confiance. La mère est méfiante.

3. Parler de la société

Complétez avec les mots du tableau de la p. 161.

Manjul est indien. Il est né à Dehli mais il ... en France quand il a trouvé un travail de chercheur à l'Institut Pasteur. Il voulait avoir la nationalité française. Il a donc demandé sa ... Manjul est un chercheur connu. Il gagne bien sa vie. Il appartient aux classes ... Manjul connaît un Asiatique qui est en situation irrégulière. Il est entré en France ... et il n'a pas de ... ni de ... Manjul l'aide pour qu'il ... sa situation.

4. Accuser. S'excuser. Pardonner

Que disent-ils dans les situations suivantes ?

a. *Le livreur au patron du magasin*
En transportant un gros paquet, le livreur a fait tomber un objet fragile.

b. *L'étudiante au professeur*
L'étudiante avait rendez-vous à 10 h dans le bureau du professeur. Elle est arrivée avec 1 h de retard.

c. *Le père à son fils de 18 ans*
Hier soir, le fils a utilisé la voiture de son père. Il ne l'a pas rentrée au garage. Dans la nuit, la voiture a été volée.

d. *Pierre à Agnès*
Agnès avait emprunté des livres à Pierre. Elle les lui rend deux mois après.

e. *Le propriétaire de la voiture au jeune...*

5. Connaître le patrimoine de la France

Écoutez ces 8 extraits de conversation. Trouvez précisément de quoi ils parlent.

a. une ville : ...
b. une région : ...
c. un monument : ...
d. un quartier : ...
e. une coutume : ...
f. une fête : ...
g. une manifestation sportive : ...
h. un paysage : ...

UNITÉ 1

P. 7 → Découvrez les documents.

3. Romina Lemercier se présente. Notez les informations qui ne sont pas dans son curriculum vitae.

Bonjour à tous... Je ne vais pas être très longue... D'abord, je veux vous dire que je suis très contente de venir travailler avec vous... Donc je m'appelle Romina Lemercier. Romina, c'est un prénom espagnol parce que je suis née en Espagne... mais je suis venue en France à l'âge de dix ans et c'est à Paris que j'ai fait toutes mes études... sauf pour le master de l'Institut de communication et de publicité que j'ai fait à Lille. Après un stage au magazine *L'International*, je suis partie aux États-Unis et j'ai travaillé deux ans pour Lederer Communication. Là, j'ai fait des films pour les entreprises : des films pour la formation du personnel.

Puis je me suis arrêtée de travailler parce que j'ai eu une petite fille. Je suis rentrée en France... et il y a deux ans j'ai repris des petits contrats de conseil en communication... pour des chefs d'entreprise.

P. 11 → Écoutez les quatre scènes et comparez avec vos productions.
Dix heures.
Marlène : Marco, je dois te parler de Charlotte. On déjeune ensemble demain ?
Marco : Demain à midi, je serai à la campagne.
Marlène : Dans ta maison de Normandie ?
Marco : Oui, je prends une semaine de congés. Qu'est-ce qu'elle a Charlotte ?
Marlène : Ben, elle voudrait voir son papa plus souvent...
Marco : Quand je reviens, je la prends le premier week-end. Dis-lui ! C'est promis !
Onze heures.
Justine : Tu t'es inscrit au séminaire de Porquerolles ?
Didier : Non, j'hésite...
Justine : Tu sais qu'il va faire beau et qu'on pourra peut-être se baigner.
Didier : Qui y va ?
Justine : Ben, il y a moi – si tu y vas –, et puis Marlène et Frédéric...
Midi.
Justine : Qu'est-ce que tu cherches ?
Frédéric : Le projet pour les pâtes Magda. Le directeur veut le voir.
Justine : Tu l'as donné à lire à Marco.
Frédéric : Il me l'a rendu hier soir.
Justine : Calme-toi ! Tu vas le retrouver...
Treize heures.
Marlène : Au fait, Romina m'a parlé de toi.
Frédéric : Romina ?
Marlène : La nouvelle rédactrice.
Frédéric : Pourquoi ? Elle me connaît ?
Marlène : Ben oui. Vous avez travaillé ensemble sur le tournage d'un film publicitaire.
Frédéric : Je ne m'en souviens pas.
Marlène : Elle, elle s'en souvient.
Frédéric : Ah bon. Qu'est-ce qu'elle t'a dit ?

P. 14 → Reportage : *Les internautes*
Commentaire – À quelques pas de la place de la République, une galerie branchée dans un quartier branché de Paris. Le lieu est agréable et lumineux. Il y a vingt ans, ici, on fabriquait des bijoux. Aujourd'hui, on y expose des photos d'art. Celles-ci sont signées Denis Bourges.
Jeune femme – Ce qui me plaît dans cette exposition, c'est déjà le fait que ce soient des grands formats. On expose toujours des grands formats au Web Bar. Et ce qui me plaît, c'est le noir et le blanc, les contrastes et l'émotion qu'on ressent en voyant ces personnages.
Commentaire – Denis Bourges, le photographe, a passé deux ans en Inde. Il est allé dans la vallée de Narmada pour prendre en photo ces hommes et ces femmes qui vivent le long du fleuve, retirés du monde.
L'entrée de la galerie est rue de Picardie. Quand on arrive devant l'endroit et qu'on lit l'enseigne, on pourrait croire qu'on s'est trompé d'adresse. Pas du tout, car la galerie c'est aussi un bar et un restaurant. Mais un bar et un restaurant qui proposent une programmation culturelle : projection de courts-métrages et soirées musicales avec des DJs. Des artistes qui utilisent les nouvelles technologies et le multimédia viennent au Web Bar présenter leurs œuvres. Aujourd'hui, c'est calme. Quelques habitués boivent un verre, lisent le journal ou discutent entre amis.
Au premier étage, l'atmosphère est bien différente. C'est le royaume des internautes. Un royaume sans frontières où on rencontre des Parisiens, des provinciaux et beaucoup d'étrangers comme ce jeune homme libanais.
Jeune homme libanais – Quand je viens ici, je viens sur Internet faire un peu d'e-mail. Donc, je discute avec ma famille, avec des amis, et en ce moment, je recherche du travail *via* Internet.
Jeune fille provinciale – Moi, je viens surtout pour aller sur des « chats ». C'est en fait des dialogues que je peux faire avec des personnes qui sont dans d'autres villes. Et comme moi, je ne suis pas de la région, j'ai toujours accès à mes amis comme ça. Je peux leur écrire et leur parler en direct.
Jeune fille anglaise – Ce que j'aime au Web bar, c'est que c'est peu cher. On peut manger aussi, ici. Le soir, c'est sympa parce que les jeunes viennent ici pour manger. C'est très proche des métros. Les PC marchent bien. C'est génial.

P. 18 → Bilan
6. Le directeur d'Uni-Pub et son assistante comparent deux candidates au poste de responsable des relations internationales. Notez les informations et les points de comparaison.
L'assistante : Elle a l'air bien Eugénie Petit. Elle a 40 ans. Elle a été 6 ans responsable des relations internationales chez Doucet Communication... Elle a de l'expérience. Birgit Kleiss a 10 ans de moins.
Le directeur : Oui, mais Eugénie Petit est mariée. Elle a un enfant. Pour les voyages, c'est pas l'idéal.
L'assistante : Son fils a 15 ans et son mari est médecin... Ça ne l'empêchera pas de voyager.
Le directeur : Voyons... Birgit Kleiss a fait l'école d'interprètes de Genève et Eugénie Petit ?
L'assistante : Elle a une licence d'espagnol, une d'italien, un diplôme de l'université de Cambridge. Elle a passé 5 ans en Angleterre, elle parle et elle écrit l'anglais, l'espagnol et l'italien.

Le directeur : Birgit Kleiss parle et écrit l'allemand et l'anglais. Elle parle aussi le japonais et un peu l'arabe... Bon, elle n'a pas l'expérience professionnelle de Mme Petit mais elle a beaucoup plus voyagé. Regardez : séjour au Japon... Elle a travaillé un an en Égypte...

L'assistante : En fait, toutes les deux ont un bon CV.

UNITÉ 2

P. 29 → Vérifiez votre compréhension. Écoutez les deux anecdotes et relevez les erreurs.

A – Est-ce que vous savez que – je crois que c'est aux États-Unis – dans les grandes villes polluées, il y a des distributeurs d'oxygène ?

B – Comment ça ?

A – Ben c'est comme des machines à café dans les gares, les entreprises sauf que ça donne de l'oxygène... C'est incroyable, hein !... Alors vous mettez un dollar dans la machine et vous respirez une minute d'oxygène. Et attention, vous pouvez choisir votre parfum : citron, eucalyptus...

C – Il y a vraiment des choses bizarres qui se passent. La semaine dernière, il y a eu une exposition de nains de jardin, vous voyez les nains de jardin... Eh bien figurez-vous qu'il y a une bande de fous qui sont allés casser une centaine de ces nains...

P. 29 → Écoutez la suite de la conversation des trois amis.

B – J'ai lu aussi une histoire assez étrange. C'est aux États-Unis, dans le désert du Nevada. Vous voyez ce désert immense qu'on voit toujours dans les westerns... Donc, il y a une route qui traverse le désert et au bord de cette route, loin de tout, il y a une cabine téléphonique. Et le téléphone de cette cabine est toujours en train de sonner et si vous décrochez, vous avez au bout du fil quelqu'un qui appelle d'Australie, du Japon, d'Italie... et ce qui est incroyable, c'est que si nous, maintenant, on appelle cette cabine en plein désert, il y a quelqu'un qui va décrocher... Le journal donnait le numéro. Je l'ai noté... On pourrait essayer...

P. 30 → Reportage : *Bienvenue au club*
Pourquoi viennent-ils ici ?

Femme 1 – Ce que je viens chercher ici, ben, c'est la remise en forme, la remise des formes, bon, le contact humain. Voilà, en général, c'est ça.

Homme 1 – Ce que ça m'apporte de venir ici, ça me permet d'éviter d'avoir des problèmes de dos quand je bricole le dimanche. Donc, je bouge en permanence alors qu'au bureau je bouge pas. Donc, c'est pour me tenir en forme à longueur d'année, quoi.

Femme 2 – Ben, ce que je recherche déjà, je pense que c'est le fait de se défouler, le fait de trouver autre chose après mon travail, parce que j'en ai besoin. Et puis, ben, je pense aussi qu'on vit dans une société où c'est le culte de la femme, du corps. Eh ben, il faut s'entretenir à tous âges, surtout quand on est jeune, voilà.

Quelle image ont-ils d'eux-mêmes ?

Femme 3 – Ah ! J'aimerais bien être un peu plus grande si c'est possible et un peu plus fine au niveau des cuisses et des hanches, quoi.

Homme 2 – À quoi j'aimerais ressembler ? Ben, pour moi, je suis bien comme ça. Je voudrais pas être plus petit. Je voudrais pas être plus grand. Bon, ben, 1,75 m ça me suffit.

Femme 2 – À quoi j'aimerais ressembler ? Heu ! Oui, je ne sais pas. Cinq centimètres de plus. Peut-être. Cinq kilos de moins. Et puis voilà.

Jeune homme – Ce que j'aimerais, c'est m'épaissir un peu plus parce que je trouve que je suis pas encore suffisamment développé. Donc j'y travaille beaucoup. J'espère y arriver un jour. Voilà.

Quelle image idéale ont-ils de l'autre ?

Femme 2 – Le plus important chez un homme ? La beauté du cœur, le physique, bien sûr, c'est essentiel, mais l'intérieur, l'intérieur déjà, au départ.

Jeune homme – Le plus important chez une femme, je pense que c'est la féminité, justement. Avoir de la classe, être bien présentable. Être gentille, intelligente. Voilà, c'est beaucoup de choses.

Femme 1 – Ce qui est le plus important pour moi chez un homme, c'est ses qualités physiques et ses qualités mentales. Il faut qu'il soit agréable. Il faut qu'il ait de l'humour. Il faut qu'il me plaise, qu'il me fasse rire. Mais évidemment, il faut que j'aie du plaisir à le regarder. Si je n'ai pas de plaisir à le regarder, c'est même pas la peine d'en parler.

P 32 → Bilan

5. Une journaliste demande des informations à l'office du tourisme de Chartres.

L'hôtesse : Office du tourisme de Chartres, bonjour.

La journaliste : Bonjour. Je suis journaliste et je m'occupe de la rubrique spectacle du magazine *L'International*. Est-ce que vous pourriez m'envoyer une documentation sur le festival de musique à la cathédrale ?

L'hôtesse : Le festival d'orgue de juin ?

La journaliste : Oui.

L'hôtesse : Alors sur notre site Internet vous trouverez déjà pas mal de renseignements. Mais je vais vous envoyer le dossier de presse.

La journaliste : Vous ne pouvez pas me l'envoyer par fax ?

L'hôtesse : Ben non. Il fait plus de cent pages. Mais je vous l'envoie aujourd'hui par courrier. Vous le recevrez après-demain au plus tard.

UNITÉ 3

P. 40 → Une jeune femme de Marseille parle du site des Calanques.

Les Calanques, c'est un paysage de bord de mer qui est magnifique... avec des falaises, des petites criques bien abritées du vent... une eau transparente. C'est... enfin c'était un endroit sauvage. Quand on allait s'y promener on rencontrait deux ou trois personnes et des fois on avait une crique pour nous tout seuls.

Le problème aujourd'hui, c'est qu'il y a trop de monde. Les gens marchent partout, font des feux, alors il y a des plantes qui disparaissent. Et puis, évidemment, il y a des vendeurs de sandwichs et de Coca-Cola. Ça, il faudrait l'interdire. Si on veut que les gens respectent le site il faut des parkings obligatoires, des chemins bien tracés et puis il faut surveiller...

Et c'est pareil pour la mer. Dans les criques, il y a trop de bateaux, trop de pêcheurs, trop de baigneurs. Il faut limiter les bateaux comme ils ont fait à l'île de Porquerolles. Et puis, il y a aussi dans la mer une algue qui envahit tout et qui fait disparaître les autres algues, les poissons, les coquillages. Et là, il faut que les scientifiques trouvent une solution pour détruire cette algue.

P. 44 → Reportage : *Après la tempête*

Catherine Bernardin – Après la tempête, l'association s'est demandé, en fait, comment tirer parti des énormes dégâts qui avaient été provoqués par le vent, pour essayer d'améliorer la qualité du milieu en forêt, de façon à ce que la faune et en particulier les oiseaux puissent bénéficier, en fait, de ce qui était un malheur au départ, pour pouvoir le transformer.
Alors, nous avons réfléchi à ce qu'on pouvait faire concrètement et nous avons pensé que ce serait bien de laisser en l'état certaines clairières parce qu'on sait que ce sont les zones ouvertes, où arrive beaucoup de lumière, qui sont les plus riches sur le plan de la flore et de la faune. Donc, ici, nous allons volontairement maintenir certaines clairières et aussi introduire des arbustes et des arbres à fruits qui sont consommés par les oiseaux en particulier.

P. 46 → Bilan

5. Extraits d'un bulletin d'informations à la radio.
• Dimanche vers 5 h du matin, un incendie s'est produit à la discothèque « La Riviera » de Poitiers. Trois personnes qui essayaient d'éteindre le feu avant l'arrivée des pompiers ont été légèrement brûlées. La discothèque est totalement détruite.
• De violentes pluies sont tombées pendant trois jours sur la Camargue. Les fermes et les terres sont inondées. Il n'y a pas eu de victimes humaines mais beaucoup d'animaux sont morts noyés.
• Avalanches à Chamonix. À cause des températures en hausse les skieurs doivent être très prudents. Hier on a signalé à Chamonix dix départs d'avalanches.
• Une violente tempête a eu lieu dans la région de Biarritz. Les vents qui soufflaient à plus de 220 km/h ont détruit des toitures et des cheminées. Une personne a été tuée par la chute d'un arbre.

UNITÉ 4

P. 52 → Reportage : *La légende de saint Élophe*

Guide – On est en 362. Julien l'Apostat succède à l'empereur Constantin. Julien l'Apostat fait rouvrir les temples. Il autorise les fêtes païennes.
Dans le village de Soulosse, on organise une de ces fêtes. Élophe qui, lui, est un fervent chrétien du village est furieux de voir une fête païenne dans son village. Il s'y rend et à cette occasion il détruit les statuettes qui représentent les idoles. Alors, vous imaginez la profanation pour l'époque. Il est capturé, jeté en prison, libéré par ses parents qui étaient de riches marchands de la région. Mais à sa libération, on lui demande de se convertir au paganisme. Malgré maintes tentatives de corruption, il refuse. On le condamne donc à la décapitation à l'endroit de son délit, à l'endroit où nous sommes, où a eu lieu, donc, cette grande fête païenne.

Après son exécution, Élophe gravit la colline, la tête entre ses mains. Élophe atteint le sommet de la colline, s'assied sur un rocher qui à son contact s'amollit et prend la forme de son corps. Ce qui donne une sorte de gros siège en pierre qu'on a dans le cimetière sous ce petit monument. Et on dit que si on s'assied sur le siège de saint Élophe et qu'on fait un vœu, il sera exaucé.
Le jour de son exécution, Élophe demande à son bourreau de choisir son lieu de sépulture. Il regarde vers la colline et il demande à être inhumé au sommet, à l'endroit où se trouve l'église. Le bourreau accepte et lui tranche la tête. Et c'est à ce moment-là qu'on dit que la légende commence, que le corps s'est relevé, qu'il a pris sa tête entre ses mains et qu'il s'est élancé vers la colline pour rejoindre par lui-même son lieu de sépulture. Sur son passage, on dit qu'il a frappé un rocher d'où une source a jailli et qu'il s'y est lavé la tête. C'est ce qu'on appelle aujourd'hui « la fontaine » qui se trouve sous ce petit monument du XIᵉ siècle. À l'intérieur, on descend quelques marches et on arrive à deux bassins qui recueillent cette eau dite curative. On dit qu'elle guérirait les yeux et les rhumatismes.

P. 58 → Imaginez votre fiction.

1. Deux amis font un projet de scénario de film.
F : Tiens, toi qui cherches des idées de scénarios de films, tu as lu dans le journal ? On a incendié une coopérative laitière en Alsace. Il y a cent personnes au chômage technique.
H : C'est vrai que j'ai toujours rêvé de commencer un de mes films par un incendie... Ils disent qui a fait le coup ?
F : Non, justement, c'est là l'intérêt... Ça peut être un employé qui se venge parce qu'il a un problème avec le patron...
H : En fait, pour que ça fasse un bon scénario, il faudrait que la laiterie soit une entreprise privée et même une entreprise familiale...
F : Moi, je vois un père avec une forte personnalité. C'est lui qui a créé l'entreprise. C'est lui qui l'a développée. Et il a deux fils. Disons Pierre et Jérôme. Et c'est Jérôme qui est le préféré... parce qu'il a les idées du père et c'est lui qui va hériter de la laiterie...
H : Il faut aussi une femme... toujours... Les deux frères sont amoureux de la même femme. On va l'appeler Camille. Au début, Camille est plutôt amoureuse de Pierre, mais quand elle sait que Jérôme va devenir directeur de l'entreprise, c'est vers lui qu'elle se tourne...
F : Et pour se venger Pierre met le feu à l'entreprise...
H : Et le personnel au chômage décide de prendre possession de la laiterie...
F : Là ça devient politique...
H : Oui, mais il faut de tout pour faire un bon scénario.

P. 60 → Bilan

6. Documents qui parlent de faits divers.
• Voici maintenant trois jours qu'un bateau de pêche n'est pas rentré au port de Concarneau en Bretagne. On pense qu'il a fait naufrage pour une cause qui restera sans doute inconnue. La famille et les amis des deux marins qui étaient à bord ont perdu tout espoir de les voir revenir.
• Vous savez que les Dupin ont été cambriolés ? Ça s'est passé pendant qu'ils étaient en vacances. Les cambrioleurs sont venus avec un camion. Ils ont complètement vidé la maison.

• – Qu'est-ce qui est arrivé à ta voiture ?
– Ben tu vois, j'ai eu un accident.
– Comment ça ?
– La nuit dernière, sur la route de Nice... Une 306 Peugeot qui a traversé la route. Moi, je n'ai rien eu. Il m'a juste touché là. Mais lui c'est plus grave. Il est à l'hôpital.

UNITÉ 5

P. 65 → Un homme parle de sa passion.
F – Je vois plein de livres sur le climat dans ta bibliothèque. Tu t'intéresses à ça ?
H – Ah moi, la météo, c'est ma passion. Tu vois, là, sur la fenêtre, j'ai ma petite station météo. Je fais mes relevés le matin et le soir. Et puis je passe au moins une heure tous les soirs sur Internet à voir le temps qu'il fait au Japon ou aux îles Kerguelen.
F – C'est curieux comme passion.
H – En fait, ça me vient de mon arrière-grand-père. Quand j'avais dix ans, il en avait quatre-vingts. Il me faisait regarder le ciel. Il m'apprenait des proverbes sur le temps. Il écoutait le chant des oiseaux et il pouvait dire s'il allait pleuvoir... Alors pourquoi ça m'est resté ? Peut-être parce que comme ça je garde un contact avec la nature. Je ne sais pas.
F – En tout cas, c'est pas une passion qui revient cher.
H – Non, sauf quand je vais passer trois semaines aux États-Unis pour essayer de voir des tornades. Là, c'est le budget vacances qui est dépensé...

P. 71 → Reportage : *Tendances*
Delphine MURAT – En fait, je trouve qu'il est relativement difficile de parler de tendances, actuellement, parce qu'il y a différents courants de mode qui coexistent et se juxtaposent. Et en fait, il y a une ambiance de relative tolérance. Donc, il va y avoir des familles de mode mais pas vraiment une mode ou un air du temps comme on pouvait l'imaginer ou comme ça existait par exemple dans les années cinquante, soixante ou soixante-dix. Là, au contraire, on peut très bien porter des robes vintage, on peut porter des robes super-neuves, tout est justifiable, et le vêtement est considéré non plus comme un objet de protection ou d'enjolivement mais vraiment comme un objet d'affection. Et les gens sont très attachés à leurs vêtements et le vêtement est de plus en plus une expression de ce qu'ils sont.
Ben, mon parcours, il est assez simple. J'ai d'abord fait des études assez académiques. Et puis, à un certain moment, j'ai décidé de m'adonner entièrement à cette passion et j'ai suivi le cours Berçot qui dure deux ans. Pendant le cours Berçot, j'ai fait différents stages dans des maisons assez renommées. Après cela, je suis partie suivre, en fait, un projet d'architecture intérieure avec création d'objets uniques pour une société financière sur Lisbonne. Et au retour de Lisbonne, j'ai entamé le processus de création personnelle, c'est-à-dire que j'en suis déjà à ma quatrième collection.

P. 74 → Bilan

6. Une femme raconte ses tentatives pour monter au sommet du Mont-Blanc.
Il faut savoir que le Mont-Blanc, ça se fait en deux jours. Le premier jour on va jusqu'à 2 300 m avec le tramway du Mont-Blanc et c'est de cet endroit, qu'on appelle le « Nid d'Aigle », qu'on commence à monter à pied... et donc le premier jour on monte jusqu'à 3 800 m au « refuge du Goûter ». On dort au refuge et le lendemain matin, on part à 3 heures et on arrive vers sept heures, sept heures et demie au sommet du Mont-Blanc pour le lever du soleil, parce que c'est le spectacle qu'il ne faut pas rater.
Alors normalement, le Mont-Blanc c'est assez facile à faire. Mais moi, deux fois, j'ai eu des problèmes.
La première fois, c'était le premier jour en début d'après-midi. Il y a un passage qu'on appelle « le couloir de la mort » parce qu'il y a tout le temps des chutes de pierres. Et moi, pas de chance, j'ai pris une pierre sur le coin de l'œil. Ça me faisait très très mal, je suis redescendue.
La deuxième fois, je suis arrivée au « refuge du Goûter ». J'y ai passé la nuit et à 3 heures du matin, au moment de partir, il faisait un temps épouvantable. On a attendu toute la journée. Mais le lendemain on est redescendu.
Mais la troisième fois a été la bonne. Et vraiment, je ne regrette pas parce que c'est une expérience unique.

UNITÉ 6

P. 81 → Parlez des superstitions
1. Extraits d'un reportage sur les superstitions.
F – Le chiffre 13 pour moi, c'est un porte-bonheur. Je ne joue jamais à la loterie sauf le vendredi 13.
H – Il ne faut pas être 13 personnes à table. On dit qu'il y en a un qui a un malheur dans l'année. Ça, j'y fais attention.
F – Je connais quelqu'un qui n'aime pas avoir le dos tourné à la fenêtre quand il est à table.
H – Moi, je ne suis pas superstitieux mais si quelqu'un me serre la main gauche quand il me salue, je trouve ça bizarre.
F – Je suis superstitieuse avec des objets personnels. Par exemple, j'ai passé tous mes examens avec le même stylo.
H – J'ai mon chiffre porte-bonheur. C'est le 8. Si je dois passer un examen, un entretien un 8, ça me donne confiance.

P. 84 → Reportage : *La Cité des enfants*
14 h 30. Samedi. Parents et enfants prennent d'assaut la Cité. Les enfants ont déjà une petite idée en tête. Beaucoup ont choisi de communiquer.
Petite fille (devant une carte de France) – À Ajaccio, il fera très soleil. À Bordeaux, il y aura de la neige. À Lyon, on aura des orages.
Commentaire – Pour l'édition du journal télévisé, tout le monde est à sa place : Mlle Météo, le caméraman et les présentateurs qui commentent l'actualité en vrais pros de l'information.
À côté du studio, on tourne un film. Le scénario n'est pas encore bien défini. On sait pourtant que l'histoire commence avec un travelling. C'est déjà ça.
Ici, les enfants ont un autre terrain de jeu, grand comme notre planète. Aurélie a choisi l'Europe. Elle la parcourt avec la main. Le jeu fini, elle raconte son voyage.
Aurélie – J'avais un téléphone et y avait un tuyau qui était relié et je le mettais dans un trou. Par exemple, dans le pays de l'Allemagne, eh bien, j'entendais une voix qui disait *Guten Tag*. Et puis, après il disait *Ich bin*... Il disait quelque chose comme ça. Ben, c'était marrant et c'était pareil pour tous les pays.

Ce jeu, ça sert à communiquer pour savoir la langue des autres personnes dans d'autres pays. Et puis, c'est marrant de connaître la langue des autres. Ça nous avance un peu dans la vie.

Commentaire – Patientez un peu, ce n'est pas fini. Voici, pour terminer, le clou du spectacle. La règle du jeu est simple : on pompe, on pompe, on pompe, on tourne, on tourne, on tourne la manivelle. Les enfants sont infatigables. Plus ils pompent vite, plus vite ils remplissent la boule, et plus vite la boule... Voici ce qu'ils attendaient !

P. 88 → Bilan

4. Un Parisien vous présente le musée d'Orsay.
Voilà le musée d'Orsay. Vous voyez, à l'origine, c'est une gare qui date de 1900 et qui a été aménagée en musée. L'intérêt de cette architecture, c'est que le toit est une grande verrière qui laisse entrer la lumière...
Ici, c'est l'entrée et vous avez trois niveaux : le rez-de-chaussée, le niveau médian et en haut, le niveau supérieur. Et tout ce que vous trouverez dans ce musée appartient à l'art français du XIXe siècle et du début du XXe.
Alors, quand vous entrez au rez-de-chaussée, vous avez une grande allée centrale avec de grandes sculptures. Vous trouverez les sculptures de Rodin, au fond... Et tout autour de cette allée, vous pourrez voir la peinture de la première moitié du XIXe siècle, par exemple, le célèbre *Angelus* de Millet.
Au niveau médian, vous verrez des œuvres de la deuxième moitié du XIXe (sauf les Impressionnistes) : des peintures, des meubles, des objets et des petites sculptures.
Et enfin, au niveau supérieur, il y a toute l'histoire de l'impressionnisme avec les célèbres peintures de Renoir, de Monet, etc.
Je vous donne quelques précisions pratiques :
Quand vous entrez à droite vous avez l'auditorium. Regardez le programme. Il y a peut-être une conférence, un film ou un concert. Après l'auditorium, toujours du côté droit, il y a le restaurant.
Et à gauche de l'entrée, vous trouverez une boutique avec des reproductions d'œuvres d'art et un peu plus loin, toujours à gauche, une librairie.

UNITÉ **7**

P. 93 → Scène 1 – Réclamations. Dans un restaurant, à la fin du repas.

Le client : Vous pouvez nous apporter l'addition, s'il vous plaît.
La serveuse : La voilà.
Le client : Ah merci... Ça c'est de l'efficacité... Attendez madame, c'est quoi ça... ?
La serveuse : Les apéritifs.
Le client : On n'en a pas pris. Demandez à votre collègue, c'est lui qui nous a servis.
La serveuse : Ah ben, c'est une erreur. Je suis désolée. Vous savez on est un peu bousculés en ce moment.
Le client : Et attendez... bordeaux 21 €. On n'a pas bu du bordeaux. Vous êtes sûre que c'est notre addition ça ?

Scène 2 – Négociation. Sur un marché public de voitures d'occasion.

L'acheteur : Moi, elle m'intéresse votre voiture. Mais à 10 000 €, non !

Le vendeur : À mon avis, elle est à son prix. Les pneus sont neufs. La peinture a été refaite... Mais bon, on peut discuter un peu. Moi je veux bien vous la faire à 9 500.
L'acheteur : Non... Elle a 80 000 km. Je vous en donne 8 000 €...
Le vendeur : À ce prix-là, j'ai 50 acheteurs !
L'acheteur : Peut-être pas 50. Mais vous en avez un. Profitez-en.
Le vendeur : 9 000.
L'acheteur : 8 500, mais c'est mon dernier mot !
Le vendeur : Allez, c'est d'accord.

P. 95 → Scène A – Dans une entreprise. La directrice entre dans le bureau de M. Robert.

La directrice : Bonjour, monsieur Robert. Je peux vous déranger un moment ?... Mais qu'est-ce que c'est ? !...
M. Robert : Mon chien. Je suis désolé. Il n'y a personne qui peut le garder aujourd'hui.
La directrice : Ah non, les animaux, c'est interdit ici. Si le personnel vient avec ses chiens et ses chats, où on va ?
M. Robert : S'il vous plaît. Il ne bougera pas. Vous ne l'entendrez pas. Vous pouvez bien le tolérer juste un jour.
La directrice : Quand vous allez le sortir, tout le monde va le voir.
M. Robert : Mais non. Il tiendra jusqu'à ce soir...

Scène B – Une Brésilienne s'inscrit à un cours de langue française dans une université française. Le secrétaire de l'université lui présente les cours.

Le secrétaire : Alors vous avez cours tous les matins du lundi au samedi inclus, de 9 h à 11 h. Et ces cours sont obligatoires. Et l'après-midi de 17 h 30 à 19 h, vous avez un cours option : options littérature, histoire, théâtre ou conversation.
L'étudiante : Et ces cours sont obligatoires ?
Le secrétaire : Non, facultatifs. Mais ils sont conseillés. Et si vous vous inscrivez, il faut venir, bien sûr.

Scène C – Dans un bureau de poste. Au guichet numéro 4.

L'employée : Bonjour !
Une femme : Je voudrais envoyer ce paquet.
Un homme : Excusez-moi, j'ai le numéro 110. C'est celui que vous avez appelé. C'est bien le guichet 4, ici ?
L'employée : Vous avez quel numéro madame ?... Vous n'avez pas pris de ticket d'appel ? Il faut prendre un ticket d'appel à l'entrée, s'il vous plaît.
La femme : Mais j'ai juste ce paquet à envoyer.
L'employée : Mais madame, un paquet ou dix paquets, c'est pareil. Il faut respecter le règlement. Alors si vous voulez envoyer votre paquet, allez prendre un ticket et attendez votre tour.

P. 101 → Reportage : *Profession céramiste*

Claire de Lavallée – Je n'ai pas toujours fait ce métier. J'ai beaucoup chanté et je fais ce métier depuis une quinzaine d'années, encore que j'aie toujours sculpté et travaillé la terre depuis l'enfance. J'ai repris cette activité un peu par hasard et puis elle s'est rapidement développée et a pris le pas sur tout le reste. C'est comme ça. Mais je n'ai aucune formation artistique, aucune formation technique. Je suis entièrement autodidacte pour ce qui concerne la céramique.
Mon inspiration vient des éléments de la nature. D'abord les fruits, les légumes, les rivages. Je fais aussi des empreintes de

bords de ruisseaux, avec de grandes plaques, avec des petits cailloux, des brindilles, l'eau pour les couleurs. Et puis les étoiles à présent. On est parti vers le ciel, récemment.

P. 102 → Bilan

5. Thomas a commandé l'appareil photo Lentex. Il a reçu sa commande mais il n'est pas satisfait. Il en parle à une amie.

L'amie : Il est nouveau cet appareil photo !

Thomas : Oui, je l'ai reçu ce matin. Mais je vais le renvoyer.

L'amie : Ils t'ont pas envoyé ce que tu as commandé ?

Thomas : Pas tout à fait. C'est la bonne référence. Mais pas la bonne couleur. Je voulais un bleu. Ils m'ont envoyé un noir... D'autre part, ils disent qu'on a un étui en cadeau. Et je n'ai pas reçu d'étui... Et puis, il y a encore autre chose. Sur leur catalogue, le prix est de 500 € et ils ont débité mon compte de 520 €... Alors tu vois je suis pas d'accord. D'ailleurs je vais leur envoyer un message...

UNITÉ 8

P. 112 → Reportage : *École, écoles*

Institutrice – Alors, avec les petits, dans la journée, d'abord nous chantons, nous faisons de la peinture, nous faisons des activités, dites mathématiques, des activités de lecture, de pré-lecture exactement. Nous faisons aussi de la motricité. Nous faisons de la danse, du rythme et nous racontons des histoires. Voilà, dans la journée, c'est tout ce que nous faisons.

Instituteur (lisant l'histoire de « Pétronille et ses 120 petits ») – « Pétronille n'aime voir pleurer personne. Encore moins les Pierres. Elle sort de sa poche le jeu de Mistigri et leur apprend à jouer » *(aux enfants).* Ils sont drôlement beaux ces Pierres. *(Rire des enfants).* Il y a encore quelqu'un qui pleure. Qu'est-ce que c'est ?

Enfants – Une madeleine !

Instituteur – Oh ! Une madeleine qui pleure !

(Rire des enfants)

Instituteur – Elle pleure comme une madeleine.

Directrice de l'école maternelle – Alors, à l'école maternelle, les enfants entrent à partir de deux ans et puis ils sortent à l'âge de 5, 6 ans pour rentrer en CP. Alors c'est vrai que le rôle de l'école maternelle, c'est avant tout la socialisation. On travaille beaucoup sur la socialisation. Apprendre à être ensemble. À jouer. Et puis, bon, les premiers, au niveau graphique, les premiers gestes graphiques pour pouvoir après apprendre à écrire.

Commentaire – Après l'école maternelle, les enfants entrent à l'école primaire, en CP, à l'âge de 5 ou 6 ans. Cette classe est la classe des grands. Les élèves ont 10 ans en moyenne. Ils sont en CM2, dernière année de l'école primaire. Du CP au CM2, il y a cinq années d'études : CP – CE1 – CE2 – CM1 – CM2.

Institutrice – Les apprentissages de base à l'école élémentaire, sont lire, compter, écrire, compétences minimales. Et, en même temps, il y a toute l'ouverture au monde. Il y a toute la socialisation. Donc, essayer d'amener l'enfant à s'ouvrir à son environnement et à être autonome, avoir une certaine autonomie par rapport aux apprentissages.

Commentaire – Après l'enseignement primaire, l'enseignement secondaire. C'est le début de l'orientation,

c'est aussi l'initiation au travail personnel. Les élèves passent 4 ans au collège, de la 6e à la 3e, puis ils entrent au lycée, 2de, 1re et terminale, année du baccalauréat. Il y a trois types de lycées : les lycées d'enseignement général, les lycées techniques et les lycées professionnels. Ce lycée est un lycée professionnel. Il prépare à la vie active.

P. 116 → Bilan

4. Clémence et Adrien parlent du professeur Meynadier.

Clémence : Il y a un mystère Meynadier. On ne sait pas tout sur sa carrière.

Adrien : C'est-à-dire ?

Clémence : Ben, il a passé une partie de sa vie à l'étranger. Quand je l'ai rencontré pour la première fois en 1980, il était médecin à Abidjan, en Afrique, à l'hôpital.

Adrien : Ça faisait longtemps qu'il y travaillait ?

Clémence : Ça faisait un an. Il avait commencé ses études de médecine à Marseille en 1970. Sept ans plus tard, il avait passé son doctorat de médecine et deux ans après un diplôme de biologie. C'est cette année-là qu'il est parti en Afrique.

Adrien : Et il y est resté longtemps ?

Clémence : Ce qui est sûr, c'est qu'en 1985, il n'est plus à l'hôpital d'Abidjan et que 5 ans plus tard il est nommé adjoint du directeur du Centre de recherche en génétique des végétaux.

Adrien : Et l'année suivante, il passe directeur. Quand je suis entré au Centre en 1992, il venait d'être nommé.

Clémence : C'est ça. Donc entre 1985 et 1990, il abandonne sa carrière médicale et devient généticien. Est-ce qu'il a fait des études ? Où ? Quelles ont été ses activités ? Tout ça n'est pas clair.

UNITÉ 9

P. 119 → Règles du jeu des allumettes.

Le jeu des allumettes est un jeu tout simple qu'on appelle aussi le jeu de Marienbad parce qu'on le voit plusieurs fois dans le film *L'Année dernière à Marienbad.* Il se joue à deux et il faut 16 allumettes mais on peut remplacer les allumettes par des dominos ou des cartes...

Alors, il faut faire quatre rangées d'allumettes sur la table : une rangée de 7, puis au-dessous une rangée de 5, puis une rangée de 3 et enfin, la dernière allumette.

Chaque joueur, à tour de rôle, peut prendre autant d'allumettes qu'il veut mais dans une seule rangée. Celui qui prend la dernière allumette a perdu...

Il y a deux façons de gagner qu'on peut d'ailleurs combiner. La première c'est d'arriver à deux rangées d'allumettes égales. Vous êtes sûr de gagner.

La deuxième façon c'est de prendre les allumettes en comptant celles qui restent. Si vous laissez 4 allumettes à votre adversaire, vous êtes sûr de gagner. C'est mieux encore si dans le coup précédent, vous en avez laissé 8...

P. 129 → Reportage : *Citoyen du monde*

Christopher Warner – Je m'appelle Christopher Warner. Mon nom d'artiste est Cristobal, auteur-compositeur. Je suis de père anglais, de mère corse et j'ai grandi à Bordeaux où j'ai fait presque toutes mes études. Ensuite, nous sommes venus à Paris et puis j'ai commencé à voyager dans beaucoup de pays du monde et jusqu'à ce que je revienne ici, l'année dernière, pour faire connaître mes chansons, les interpréter dans les cabarets et faire la publicité nécessaire pour vendre mes albums.

J'ai beaucoup voyagé. J'ai vécu en Espagne, au Portugal, au Mexique. J'ai été cuisinier, serveur, professeur de français, d'anglais. J'ai fait un peu tous les petits métiers. J'ai appris l'espagnol et le portugais comme ça. Je travaillais sur des bateaux, j'étais donc équipier au long cours. J'ai vécu plusieurs fois à Paris. J'en suis reparti, revenu. Je suis un citoyen du monde, je suis international.

Disons que je suis différent des autres parce que je vis plus par les émotions et par le cœur, disons par tout ce qui me rapproche de l'humanité. Je refuse les contacts formels ou les fonctions sociales parce que ce sont des façons déguisées d'être en vie. Je préfère être le plus proche du côté humain des gens plutôt que du côté formel.

Moi, je voudrais une vie riche, riche de gens, riche de voyages, riche de découvertes. Je suis très curieux. J'ai besoin de me déplacer, de changer de ville, de changer de pays, pour m'enrichir, pour connaître mieux le monde, le comprendre.

Ce que j'aimerais, c'est seulement que les gens se comprennent mieux, hein ? Je crois que c'est comme ça qu'on peut s'aimer d'une belle manière.

P. 130 → Bilan

Mme Dumas qui habite à Bordeaux raconte son voyage en Alsace.

– Alors madame Dumas, ce voyage en Alsace, ça s'est bien passé ?

– Très bien. C'est une région magnifique vous savez.

– Vous avez eu du beau temps ?

– Oui, sauf le premier jour pour la visite de Strasbourg. On a fait ça sous la pluie. Mais après dans les Vosges, il a fait un temps superbe.

– Et le voyage n'a pas été trop long ?

– C'est long, mais vraiment ces autocars sont très confortables et puis on avait une accompagnatrice adorable, gentille, charmante, cultivée, tout quoi. Elle n'a pas attendu qu'on soit arrivés à Strasbourg pour nous commenter ce qu'on voyait sur la route... Mais tout de même, ce que je reproche à l'agence de voyage, c'est qu'ils vous annoncent un voyage en Alsace du 4 au 9 juin, mais en fait, il y a un jour pour l'aller, un jour pour le retour, et il ne reste que 4 jours pour l'Alsace.

– C'est toujours comme ça, vous savez.

– Quand même, ils se moquent un peu de nous, là. C'est comme les hôtels. Ah, on était dans des hôtels très bien, je peux pas dire le contraire, mais pas une seule fois on a mangé de la cuisine alsacienne. C'est dommage quand même... Enfin, on n'allait pas là-bas pour manger, hein... Autrement, c'était très bien. Et puis on prenait son temps. Au Haut-Kœnigsbourg par exemple, on a fait la visite, puis une promenade en forêt et le soir il y a eu un spectacle.

– Et Colmar, ça vous a plu ?

– Ah oui, je m'attendais pas à ça, les vieilles maisons, les rues, le musée, la promenade en barque sur les canaux. Inoubliable !

UNITÉ 10

P. 135 → Une habitante de Nîmes parle de son quartier.

H – Alors, vous habitez où maintenant ?

F – À Nîmes. On a trouvé une petite maison dans un quartier de la périphérie... C'est un quartier plutôt résidentiel, calme...

H – Et vous êtes satisfaite du quartier ?

F – Moyennement. Il y a de bons côtés. C'est très calme. On est à deux pas de la campagne. C'est sur les hauteurs donc on respire le bon air mais c'est pas vraiment la ville.

H – Pour les enfants, c'est pratique ?

F – Il y a une crèche et une école primaire à cent mètres de la maison. Mais après pour le collège et le lycée, il faut les accompagner en voiture ou ils doivent prendre le bus.

H – Et c'est bien desservi ?

F – Les jours d'école oui, on n'a pas à se plaindre. Mais les week-ends et pendant les vacances, on ne peut pas se passer de la voiture. Ce qui est dommage, c'est qu'il n'y ait aucune piste cyclable... J'aimerais bien aller faire les courses à vélo. Parce que bon, dans le quartier, il y a bien deux ou trois commerces d'alimentation et un marchand de journaux, mais pour tout le reste il faut aller au centre-ville ou dans les hypermarchés. Et j'aimerais bien pouvoir aller au centre-ville à vélo... Ou alors, il faudrait un service de bus ou un tramway régulier... et qu'on y soit en sécurité parce que ce n'est pas toujours le cas.

H – Donc, vous êtes un peu isolés en fait ?

F – Oui, si on veut aller au cinéma, au théâtre ou même prendre un verre dans un café, c'est une petite expédition. Mais c'est un choix qu'on a fait.

P. 142 → Reportage : *Un chef belge à Paris*

Que commandez-vous pour le déjeuner ?

Femme 1 – Au déjeuner, je commence toujours par prendre une salade, toujours. Et puis, si j'ai un petit peu de temps, un café et un dessert rapides. Mais une salade verte et un potage pour l'hiver.

Femme 2 – J'essaie de manger des choses saines, en dehors des sandwichs bio que je trouve un peu par là-bas, chez les Japonais. Je découvre ici. C'est la première fois que je viens et je reviendrai.

Est-ce que les clients ont changé ?

Olivier Simon – Je pense qu'aujourd'hui, effectivement, les clients demandent un excellent rapport qualité-prix, mais, en priorité, je pense qu'ils exigent une rapidité. Rapidité de service. Les gens de la ville sont stressés, ont du travail et ils ont assez peu de temps à consacrer au restaurant et, par là même, les budgets destinés à la restauration de la population semblent s'amenuiser au profit des budgets loisirs.

Et les habitudes alimentaires, est-ce qu'elles changent ?

Olivier Simon – On perd beaucoup de choses, je pense, en termes de variété de goûts. Pourquoi ? Parce que je pense que les mamans qui travaillent n'ont pas beaucoup le temps de mijoter des petits plats. Donc, maintenant, la facilité c'est d'aller dans des magasins où on achète du surgelé. On fait des plats extrêmement rapidement. On passe au micro-ondes. Et, en plus, la plupart des enfants, d'ailleurs comme les miens, ont l'habitude de regarder la télé en mangeant. Donc, ça veut dire que l'aspect nourriture perd énormément de convivialité et puis d'attrait, et de variété notamment.

P. 144 → Bilan

5. Une cuisinière donne la recette de la tarte au thon.
La tarte au thon, c'est très facile à faire – il vous faut un quart d'heure de préparation et 30 minutes au four. C'est léger, vous servez ça avec une salade. C'est un plat idéal pour un déjeuner ou un dîner léger.
D'abord, vous préparez la pâte. Pour 4 personnes, vous mélangez 250 grammes de farine, 125 grammes de beurre, une cuillère à café d'huile et un peu de sel. Vous pétrissez en ajoutant un demi-verre d'eau.
Quand la pâte est bien pétrie, vous l'étalez dans un moule à tarte.
Puis, à côté, vous mélangez une boîte de thon au naturel (pas du thon à l'huile), de la crème fraîche allégée, un œuf entier, du gruyère râpé. Vous poivrez. Vous mélangez bien et vous étalez sur la pâte dans le moule.
Vous mettez ça au four, thermostat 7, pendant une demi-heure.

UNITÉ 11

P. 147 → Écoutez six courtes scènes qui se déroulent à différents moments de l'année.
Scène 1
F : Alors, voyons cette liste de fournitures : un cartable, trois classeurs, des feutres de couleurs, un fichier de mathématiques...
Scène 2
H : C'est tout ce que vous avez comme cartes de vœux ?
F : Non, il y en a d'autres au fond du magasin.
Scène 3
H : Ah ce soir, je vais me regarder le match France-Italie à la télé.
F : Ça m'étonnerait parce que la télé est en panne.
H : Ah non, pas ce soir ! Pour une fois que je suis rentré avant 8 heures ! Pourquoi tu me regardes comme ça ! Il n'y a pas de quoi rire !
F : Poisson d'avril !
Scène 4
F : Pfff ! Ça fait trois heures qu'on se traîne sur cette autoroute. On n'a pas fait 150 km !
H : Qu'est-ce que tu veux ! C'est tous les ans pareils. On dit toujours qu'on partira la veille ou le lendemain et on ne le fait jamais.
Scène 5
F : 5 € le brin de muguet ! Allez monsieur. C'est du bonheur pour l'année !
Scène 6
F : Ah, c'est moi qui l'ai eue !
Tous : Vive la reine !
H : Maintenant, il faut choisir ton roi !

P. 152 → Reportage : *Deux femmes, deux générations*
Colette – Une femme, à mon époque, si elle était célibataire, elle vivait à peu près comme vivent les femmes maintenant. Si elle était mariée, elle allait probablement avoir des enfants et les élever. Je pense que, maintenant, c'est à peu près la même chose ; sauf qu'une femme mariée, maintenant, ou pas mariée, elle choisit d'avoir des enfants quand elle veut. Et je pense que c'est essentiel dans la vie des femmes de choisir le

moment où on aura ses enfants, le nombre d'enfants qu'on veut. Je pense que c'est ce qui a le plus changé par rapport à ma génération et celle de ma fille.
Anne – Oui, la condition des femmes a naturellement progressé puisqu'on en est là, avec effectivement beaucoup de liberté, beaucoup de partage, de tout, à tous niveaux, de tâches. Moi je sais que dans ma vie professionnelle et ma vie personnelle, toutes les tâches sont partagées. Je travaille, j'ai un salaire. Mon mari travaille, il a le même salaire que moi. Bon, c'est quand même quelque chose d'appréciable. Il y a pas de compétition, il y a pas de jalousie.
Colette – Par rapport à la société dans laquelle je vivais, il y avait pas de problèmes. C'était plutôt par rapport à la liberté que mon mari avait de vivre. Il était médecin. Il sortait. Il avait... Moi, je me suis retrouvée pratiquement esclave, enfin esclave de mes enfants. Parce qu'on ne pouvait pas partir en vacances loin. On pouvait pas... Mais autrement, non, c'était bien. Non, faut pas pleurer. Non, c'était bien, faut pas regretter du tout. Non, mais maintenant, je pense que si je vivais maintenant, j'aurais pas eu 5 enfants, ça, j'en suis sûre.
Anne – Je n'aurais pas aimé vivre à l'époque de ma mère parce qu'elle n'a pas bénéficié de tout ce dont j'ai bénéficié, c'est-à-dire de toutes les libertés dont je peux jouir aujourd'hui. Liberté de choisir d'avoir des enfants ou pas avoir d'enfants, d'occuper tel ou tel emploi ; qu'on ne m'impose pas effectivement une carrière, qu'on ne m'impose pas des choix, arbitrairement comme ça. Non, je n'aurais pas aimé vivre à l'époque de ma mère, ni être à la place de ma mère. Je n'aurais pas aimé avoir 5 enfants, je n'aurais pas aimé rester au foyer. Je... Voilà.
Colette – Je crois que je préférerais être une femme de la génération de ma fille mais pas une femme de la génération de mes petits-enfants, parce qu'elles ont vécu une période de progrès, de conquête de tout de qu'elles pouvaient conquérir. Alors que celles qui sont maintenant, elles ont tout et je ne sais pas ce qu'elles vont pouvoir demander. Peut-être qu'elles n'apprécient pas ce qu'elles ont. Les filles de la génération de mes enfants ont tout acquis par rapport à ce qui était ma jeunesse et mon adolescence.

P. 156 → Bilan

4. Extraits de bulletin d'informations radio.
1 – Hier le quotidien *Paris-Presse* a annoncé que la tour Eiffel allait être démontée pour disparaître définitivement du paysage parisien. Des études scientifiques ont en effet montré que le célèbre monument émettait des rayonnements qui pouvaient être dangereux pour les habitants de la capitale. La nouvelle provoqua aussitôt une grande émotion en France et dans le monde entier.
Ce matin, *Paris-Presse* révélait que son information n'était qu'une plaisanterie faite à l'occasion du 1er avril.
2 – Le mois de mai est celui de la Fête du travail mais cette année ce sont les congés qui seront à la fête. En effet, le 1er mai – Fête du travail – tombant un jeudi, les entreprises et les services publics feront le pont du 1er au 4. Autre pont de 4 jours pour le 8 mai, célébration de la fin de la guerre de 1939-1945. Et enfin, le traditionnel pont du jeudi de l'Ascension. Ce qui ne fera que 16 journées de travail pour ce mois de mai.
3 – Des malfaiteurs déguisés en pompiers se présentent chez les gens pour leur remettre le traditionnel calendrier

de la nouvelle année. Ils profitent de leur visite pour voler argent et objets précieux.

4 – Nouvelle augmentation du chômage ce mois-ci. Les entreprises continuent à licencier du personnel. Pourtant, le mois dernier, l'annonce de 2 000 créations d'emplois chez Peugeot avait laissé espérer la reprise.

UNITÉ 12

P. 158 → Vérifiez votre compréhension. Écoutez ces quatre scènes. Complétez le tableau.

Scène 1
F1 : Vous avez un problème ?
F2 : Oui, je suis en panne. Vous pourriez me donner un coup de main pour la pousser sur le côté ?
F1 : Bien sûr. Mettez-vous au volant.

Scène 2
F : Allô Pascal ?
H : Oui...
F : Excuse-moi de te déranger. Je voulais juste te demander si tu pouvais me rendre un service. Je dois prendre un train à 14 h gare de l'Est et tu sais que tout est en grève aujourd'hui.
H : Tu veux que je t'accompagne en voiture ?
F : Ben si tu pouvais, ce serait formidable.

Scène 3
H : Je peux faire quelque chose ? Je vois que vous êtes très occupés.
F : Est-ce que tu peux te charger de couper le pain et de l'apporter sur la table ?
H : Tout à fait. C'est dans mes cordes.

Scène 4
F [*voix au loin*] : Au secours !
F : Tu n'as pas entendu ? Quelqu'un appelle « au secours ».
H : Ça vient de ce côté. On y va.

P. 165 → Témoignages.
Un jeune homme : Ah le mois dernier c'était super ! On a fait du rafting dans les gorges du Verdon... C'est le moment de l'année où il y a le plus d'eau. C'est un véritable torrent, le Verdon, en cette saison... Ah les passages de cascades... On s'est éclatés !
Une mère : En ce moment, on a des problèmes avec notre fils de 16 ans. Il dit tout le temps qu'il s'ennuie... Il est toujours en train de râler... Mon mari et moi, on ne rentre pas le soir avant 19 h - 19 h 30. Quelquefois, quand on rentre, il a déjà mangé. Il s'est fait sa petite cuisine. Il est dans sa chambre devant la télé ou son ordinateur. C'est tout juste s'il nous dit bonsoir...
Un père : Corinne et moi, on aurait bien aimé déménager parce que c'est trop petit ici. Mais les enfants ne veulent pas.

Déménager, ça voudrait dire changer d'école, ne plus avoir les mêmes copains. Pour eux, il n'en est pas question. Ils sont très attachés à l'appartement, au quartier.

P. 166 → Reportage : *La mémoire du lieu*
Le maire du village – Cette idée de mise en place de l'espace muséographique dans notre commune a fait l'unanimité. Je n'ai eu aucun avis contraire, dans la commune mais également dans tout le canton et on va dire même dans le département de la Meuse.
Un homme – Eh ben, c'est une excellente idée parce que l'église de Saint-Pierrevilliers est donnée comme le meilleur exemple des églises fortifiées de la Meuse. Il s'imposait presque de faire le musée des églises fortifiées dans le village.
Une femme – Ils auraient mieux fait d'investir dans les logements ou dans la formation, ou la justice ou quelque chose comme ça.
Un homme – Jusqu'à présent il n'y a pas beaucoup de gens qui viennent. Parce qu'il n'y a que ça à voir dans le village. Les gens ne se déplacent pas pour une chose.
Une femme – Ben justement, c'est bien, au moins ça fait connaître le village. Parce que c'est vrai qu'on est un tout petit village et qu'on est pas trop connu. Parce que, un peu... Quand on va n'importe où, quand on dit Saint-Pierrevilliers, y a beaucoup de gens qui ne savent pas où ça se trouve, en fait. Et là, bon, c'est vrai que ça fait connaître quand même le village. Et puis ça donne un peu plus d'importance au petit village, je pense.

P. 168 → Bilan

5. Trouvez précisément de quoi parlent ces personnes.
A – On a déjeuné à la terrasse d'un petit restaurant. Puis on est allé en bateau jusqu'au château d'If.
B – J'ai fait une randonnée de quinze jours sur un sentier de randonnée magnifique. Tantôt on était du côté français, tantôt du côté espagnol.
C – C'est le château où le roi Louis XIV s'est installé en 1661.
D – J'habite au 5e étage dans un petit studio. De ma fenêtre, je vois la Sorbonne.
E – Alors bien sûr, on a fait sauter les crêpes avec une pièce d'or dans la main. Et évidemment François en a collé une au plafond !
F – On a tout vu : le défilé militaire le matin, le feu d'artifice le soir... Puis on a fait le tour des bals de quartier.
G – Avant le match un orchestre a joué l'hymne national français.
H – C'est un coin très sauvage, dans le sud de la France. On y élève des taureaux et des chevaux.

On trouvera ci-dessous les consignes des exercices oraux de prononciation, de grammaire et de vocabulaire enregistrés sur cassette. Dans les leçons, ces exercices sont signalés par la rubrique « Prononciation et mécanismes ».

1 • Vous n'avez pas changé vos habitudes. Faites-le remarquer à votre amie.
• Aujourd'hui, tu te lèves tard !
– Hier aussi, je me suis levé tard.

2 • L'an dernier, Marie et son ami Pierre habitaient à Paris. Cette année, ils habitent à la campagne. Répondez pour Marie comme dans l'exemple.
• Cette année, tu ne vas plus au théâtre !
– Non, mais l'an dernier j'allais souvent au théâtre.

3 • Prononciation et rythme des phrases avec pronom avant le verbe. Répétez.
1. Achat.
Je les ai vues / ...

4 • On interroge le directeur de l'agence Uni-Pub. Répondez pour lui.
• Vous avez fini le projet pour Punchy ?
– Oui, nous l'avons fini.

5 • Marie, qui n'est jamais allée en Italie, part pour un séminaire à Venise. Répondez pour elle.
• Tu connais la ville de Venise ? Non ?
– Non, je ne la connais pas.

6 • Répétez.
• Sons [e] – [ɛ] – [i]
Je m'appelle Freddy / ...
• Sons [u] – [y] – [o] – [i]
Je voudrais vivre / ...

7 • Pierre aime toutes les sortes de musiques. Répondez pour lui.
• Tu aimes les chansons de Serge Gainsbourg ?
– Oui, ce sont des chansons que j'aime.

8 • Juliette et Patrick sont installés depuis deux jours dans leur appartement de Paris. Répondez « non » pour eux.
• Juliette ! Est-ce que tu as rencontré tes voisins ?
– Non, je ne les ai pas rencontrés.

9 • Deux copains parlent de leurs amies. Confirmez comme dans l'exemple.
• Justine danse mieux que Charlotte.
– C'est Justine qui danse le mieux.

10 • Deux copines sont allées à une soirée. Elles parlent de leurs amis. Confirmez comme dans l'exemple.
• Qui a le plus dansé ? Pierre ou Paul ?
– Pierre.
– Oui, Pierre a plus dansé que Paul.

11 • Il se vante de faire des choses extraordinaires. Vous vous étonnez.
• Moi, quand j'ai de l'argent, je m'arrête de travailler !
– Si tu avais de l'argent, tu t'arrêterais de travailler ?

12 • Prononciation et rythme des groupes avec [ə]. Répétez.
Si le téléphone sonnait...

13 • Donnez-lui des conseils.
• Je suis un peu fatigué(e).
– Si j'étais à ta place, je me reposerais.

14 • Marie fait des projets pour l'année prochaine. Pierre voudrait qu'ils se réalisent cette année.
• L'année prochaine, j'ai envie d'apprendre l'italien.
– Et si tu l'apprenais cette année ?

15 • Trouvez le féminin ou le masculin.
• Finale du masculin « -if »
Il est expansif / ...   Elle est expansive.
• Finale du masculin « -eux »
Il est généreux / ...
• Finale du masculin « -eur »
Il est menteur / ...
• Finale du masculin « -teur »
Il est dessinateur / ...
• Finale du masculin « -ant/-ent »
Il est indépendant / ...

16 • Trouvez la qualité ou le défaut.
• Pierre est timide / ...
C'est de la timidité.

17 • Écoutez. Placez chaque mot dans la colonne du son que vous entendez.

[a]	[ã]	[ɔ]	[ɔ̃]	[ɛ]	[ɛ̃]
				La paix	

1. la paix
2. le bas
3. le bord
4. la main
5. le tas
6. le pain
7. le banc
8. c'est bon
9. mais
10. le temps

18 • Distinguez les voyelles des voyelles nasales. Répétez.
1. [a] + n / [ã]
2. [ɛ] + n / [ɛ̃]
3. [ɔ] + n / [ɔ̃]

19 • Didier parle du séminaire d'entreprise qu'il a suivi à Porquerolles. Vous ne comprenez pas très bien ce qu'il dit. Demandez des précisions.
• Nous avons suivi un séminaire d'entreprise.
– Qu'est-ce que vous avez fait ?

20 • Marie surveille sa forme. Pierre se laisse aller. Répondez pour eux.
• Marie, tu fréquentes les salles de gym ?
– J'ai toujours fréquenté les salles de gym.

21 • L'assistant demande des instructions à la directrice. Répondez pour la directrice.
• Je dois taper cette lettre ?
– Oui, je voudrais que vous tapiez cette lettre.

22 • C'est mercredi matin. Avant d'aller travailler, une mère de famille donne ses instructions à ses enfants. Répétez pour elle.
• Kévin, tu dois faire ton lit / ... Kévin, il faut que tu fasses ton lit.

23 • Distinguez la prononciation de l'impératif et du subjonctif. Continuez comme dans l'exemple.
Levons-nous ! / ... Il faut que nous nous levions.

24 • Elle voyage beaucoup. Répondez pour elle.
• Vous êtes allée en Grèce ?
– Oui, j'y suis allée.

25 • Un inspecteur de l'éducation interroge le directeur d'un lycée de banlieue. Répondez pour lui.
• Les élèves font beaucoup de sport ?
– Oui, ils en font beaucoup.

26 • L'appartement des jeunes est en désordre parce qu'ils ont fait la fête. Répondez « non » pour eux.
– Est-ce que tu as vu mes lunettes ?
– Non, je ne les ai pas vues.

27 • Transformez les phrases comme dans l'exemple.
• La qualité de l'air se dégrade / ...
Dégradation de la qualité de l'air.

28 ● **Mots avec en finale [sjɛ̃],**
[sjɑ̃], [sjɔ̃]. Répétez.
• Un musicien / ... - un Égyptien / ... -
un électricien / ...

29 ● **Elle lit les titres du journal.**
Étonnez-vous comme
dans l'exemple.
• Tremblement de terre en Sicile.
– La terre a tremblé en Sicile !

30 ● **Un habitant d'une zone rurale**
parle de sa région. Exprimez
des souhaits.
• Il n'y a pas beaucoup d'habitants dans
cette région.
– Je souhaite qu'il y ait plus d'habitants.

31 ● **Marie retrouve un ami**
d'enfance qui lui parle du village
où ils ont passé leur jeunesse.
Étonnez-vous comme elle.
• Tu sais, on a construit un collège.
– Un collège a été construit !

32 ● **Le maire d'une grande ville**
parle à son assistante. Confirmez
pour elle.
• Vous prévoyez une réunion
pour le 8 février ?
– Oui, une réunion est prévue
pour le 8 février.

33 ● **Pierre et Marie sont dans**
une soirée. Ils observent leurs amis.
• Regarde là-bas. C'est la fiancée
de Paul. On le dirait.
– Oui, on dirait que c'est la fiancée
de Paul.

34 ● **Pierre et Marie vont sortir.**
Marie confirme ce que dit Pierre.
• Est-ce qu'il fera beau ? C'est peu
probable.
– Il est peu probable qu'il fasse beau.

35 ● **Sons [y] et [ɥi]. Finales**
des participes passés. Répétez.
1. Philosophie
J'ai tout lu / ...   J'ai tout vu / ...

36 ● **Sons [ʒ] et [ʃ]. Répétez.**
Écoutez cher étranger.

37 ● **Intonation de la question.**
Répétez.
Interrogatoire.
• Qui êtes-vous ?

38 ● **Vous ne comprenez pas très**
bien ce qu'elle dit. Posez
des questions.
• Sandrine est sortie.
– Qui est sorti ?

39 ● **On interroge Marie sur**
ses goûts en matière de cinéma.
Répondez pour elle.
• Tu regardes les films policiers
à la télé ? ... Tous ?
– Je les regarde tous.

40 ● **On interroge Pierre sur**
ses amis. Répondez pour lui.
• Tes amis sont artistes ? ... Tous ?
– Tous sont artistes.

41 ● **Distinguez [s] et [z]. Répétez.**
Retrouvez le sens des mots.
• Un poisson / ... un poison / ...

42 ● **Pierre et Marie se préparent**
pour aller à une soirée. Proposez
un choix comme Pierre.
• Tu mets quelle cravate ?
– Laquelle tu préfères ? Celle-ci ?

43 ● **Deux amis visitent**
une galerie d'art. Le premier fait
des commentaires. Le second
approuve ou s'étonne.
• Le tableau a été peint par Picasso.
– C'est celui qui a été peint par Picasso.

44 ● **Prononciation et rythme**
des phrases avec deux pronoms.
Répétez.
• Pierre te le conseille / ...
Marie te l'a dit / ...

45 ● **Dylan a 18 ans. Ses parents**
sont généreux. Répondez pour lui.
• Dylan, tes parents te prêtent leur
voiture ?
– Oui, ils me la prêtent.

46 ● **Au contraire, les parents**
de Lise ne sont pas généreux.
Répondez pour elle.
• Lise, tes parents te laissent leur
appartement ?
– Non, ils ne me le laissent pas.

47 ● **Une nouvelle employée a été**
engagée à la Compagnie
des Assurances européennes.
La directrice interroge son assistant.
• Vous avez montré son bureau
à Mlle Bourgier ?
– Oui, je le lui ai montré.

48 ● **C'est le jour du mariage**
de Lucie. Son père lui pose
des questions. Répondez pour elle.
• Il fait beau. Tu es contente ?
– Je suis contente qu'il fasse beau.

49 ● **Dites le sentiment qu'ils**
éprouvent.
• Il est triste / ...   Il éprouve
de la tristesse.

50 ● **Exprimez les sentiments**
par l'intonation.

51 ● **Dans une soirée. Pierre fait**
toujours comme Marie. Parlez
pour lui.
Marie : Je vais au bar.
Pierre : Puisque tu y vas, j'y vais.

52 ● **Isabelle a de bons conseillers.**
Confirmez comme dans l'exemple.
• Hugo a aidé Isabelle à décorer son
appartement.
– Grâce à Hugo, elle a décoré son
appartement.

53 ● **Histoire d'une promenade.**
Confirmez comme dans l'exemple.
• C'était dimanche de sorte que nous
sommes allés faire une promenade
en montagne.
– C'était dimanche. Nous sommes donc
allés faire une promenade
en montagne.

54 ● **Transformez les phrases**
comme dans l'exemple
en utilisant le verbe indiqué.
• Pierre a fait des plaisanteries.
Le directeur s'est mis en colère.
[provoquer]
→ Les plaisanteries de Pierre ont
provoqué la colère du directeur.

55 ● **Distinguez [g] et [k]. Répétez.**
À la gare de Cannes / ...

56 ● **Pauline et ses amis partent**
en vacances en bateau. Elle hésite
à prendre Antoine. Donnez votre
avis comme dans l'exemple.
• Est-ce qu'Antoine sera gentil
avec nous ?
– J'ai peur qu'il ne soit pas gentil.

57 ● **Prononcez le [R]. Répétez.**
Un bar – un bal / ...

58 ● **Pierre ne se laisse pas**
décourager. Réagissez comme lui.
• Tu es fatigué. Tu vas au cinéma ?
– Je suis fatigué. Pourtant, j'irai au
cinéma.

59 ● **Aujourd'hui, rien ne s'est**
passé comme hier. Continuez
comme dans l'exemple.
• Hier, j'ai reçu du courrier.
– En revanche, aujourd'hui, je n'en ai
pas reçu.

60 ● **Distinguez [ɔR] et [œR].**
Répétez.
Nestor était chômeur / ...

61 ● Distinguez [ɛ̃] et [jɛ̃].
La main / ...   le mien / ...

62 ● Les jeunes gens font du camping. Leurs affaires se sont mélangées. Répondez oui ou non selon l'indication.
• C'est ton sac ? Oui ?
– Oui, c'est le mien.

63 ● Pierre et Marie font leurs comptes. Marie est d'accord. Répondez pour elle.
Pierre : La semaine dernière, j'ai bien prêté 500 € à Philippe ?
Marie : Oui, tu lui as prêté 500 €.

64 ● Distinguez [t] et [d].
C'est tout / ...   C'est doux / ...

65 ● La responsable municipale parle du règlement des jardins publics. Le gardien approuve.
• On ne doit pas faire du vélo. C'est interdit.
– Il est interdit de faire du vélo.

66 ● Un vendeur de voitures pose des questions à son directeur. Répondez « oui ».
• Est-ce qu'il est permis de faire 10 % de réduction ?
– Oui, je vous le permets.

67 ● Un professeur de littérature montre sa bibliothèque à une collègue. Étonnez-vous comme elle.
• Je t'ai parlé d'un roman policier. Le voici.
– C'est le roman policier dont tu m'as parlé.

68 ● Une passionnée d'aventures montre sa maison à un ami.
• Regarde ce phare de voiture. Avec cette voiture, j'ai fait le rallye Paris-Dakar.
– C'est la voiture avec laquelle tu as fait le rallye Paris-Dakar.

69 ● Des employés discutent des conditions de travail dans leur entreprise. Vous êtes d'accord.
• Est-ce que le travail est pénible ? Je ne le pense pas.
– Moi non plus. Je ne pense pas que le travail soit pénible.

70 ● Marie a un nouvel emploi dans le secteur de l'environnement. Répondez « oui » pour elle.
• Vous avez beaucoup de satisfaction avec ce nouvel emploi ?

– Oui, c'est un emploi avec lequel j'ai beaucoup de satisfaction.

71 ● Prononcez [a] et [ɑ̃]. Répétez.
1. Distinguez.
Un bas / ...   un banc / ...

72 ● Pouvez-vous faire deux choses à la fois ? Répondez.
• Vous pouvez travailler et écouter la radio en même temps ?
– Oui, je peux travailler en écoutant la radio.
– Non, je ne peux pas travailler en écoutant la radio.

73 ● Un policier enquête sur un cambriolage. Répondez pour le suspect.
• Quand vous êtes sorti à 10 h, le gardien avait fermé la porte ? Oui ?
– Oui, il avait fermé la porte.

74 ● Noémie a des reproches à faire à Eudes et à ses amis. Donnez des explications pour Eudes.
• Samedi, pourquoi tu n'as pas déjeuné avec moi ?
– J'avais déjà déjeuné.

75 ● Marie rapporte ce que Pierre lui a dit hier. Parlez pour elle.
Pierre – Je suis allé au cinéma.
Marie – Il m'a dit qu'il était allé au cinéma.

76 ● Adrien est allé voir un médecin. Il rapporte ce que le médecin lui a dit. Parlez pour lui.
Le médecin – Est-ce que vous avez mal à la tête ?
Adrien – Il m'a demandé si j'avais mal à la tête.

77 ● Trouvez leur profession.
Il s'occupe d'une pharmacie / ...
Il est pharmacien.

78 ● Vous n'êtes pas satisfaite du repas au restaurant. Protestez avec votre ami.
• Monsieur ! Nous ne sommes pas contents. On ne peut pas manger ce plat !
– Ce plat est immangeable !

79 ● Construisez des noms avec les suffixes « -age » et « -ure ».
Paul et Lucy se sont mariés / ...
Quel mariage !

80 ● Exprimez l'action contraire.
• Ce meuble est mal monté.
– Il faut le démonter.

81 ● Votre amie veut faire des projets de vacances. Mais tout vous est indifférent.
• Où est-ce qu'on va ?
– N'importe où.

82 ● Antoine a décidé de mener une vie très austère. Répondez pour lui.
• Tu bois du vin ? Tu bois de la bière ?
– Je ne bois ni vin ni bière.

83 ● Prononcez [s] + consonne.
• un sport / ...   spectaculaire / ...
une spécialité / ... respirer / ...

84 ● On interroge Dylan sur ses goûts sportifs. Répondez selon l'indication.
• Tu fais du sport ? Souvent ?
– Oui, j'en fais souvent.

85 ● Prononcez le son [ɲ]. Répétez.
Menu du restaurant « Les montagnes d'Auvergne » / ...

86 ● Un berger interroge les randonneurs. Répondez pour eux selon l'indication.
• Vous êtes montés au lac bleu ? Oui ?
– Oui, nous y sommes montés.

87 ● Prononcez [b] et [p]. Répétez.
Robin est un copain / ...

88 ● On l'interroge sur ses goûts en musique. Répondez pour elle selon l'indication.
• Tu as entendu la dernière chanson de Roch Voisine ? Non ?
– Non, je ne l'ai pas entendue.

89 ● Dites la même chose en utilisant le passé composé.
• Paul naquit en 1960.
– Paul est né en 1960.

90 ● Racontez en utilisant le passé composé et l'imparfait.
• Ce matin-là, je me levai à 8 heures.
– Ce matin-là, je me suis levé à 8 heures.

91 ● Vous n'êtes pas d'accord avec le programme. Dites-le à Marie.
• Tu travailles un peu. Puis, on va faire les courses ?
– Non, je travaillerai quand on aura fait les courses.

92 ● Pierre a besoin d'être rassuré. Répondez selon l'indication.
• Quand est-ce que tu finiras ton travail ? Bientôt ?
– J'aurai bientôt fini.

93 ● **Rectifiez en mettant au pluriel.**
• Dans cette ville j'aime la nouvelle avenue.
– Les nouvelles avenues.

94 ● **Prononcez [v] et [f].**
Quand je fais des rêves, / ...
Parfois je vois / ...

95 ● **Des amateurs de théâtre veulent monter un spectacle. Confirmez comme dans l'exemple.**
• Antoine, dans un mois tu dois avoir trouvé des sponsors.
– Il faut que tu aies trouvé des sponsors.

96 ● **Pierre et Marie font l'emploi du temps de leur samedi après-midi. Confirmez comme dans l'exemple.**
• À 2 h nous devons être partis.
– À 2 h il faut que nous soyons partis.

97 ● **Deux personnes âgées s'étonnent des comportements d'un couple d'aujourd'hui.**
• Il y a quinze ans qu'ils vivent ensemble. Ils ne sont pas mariés.
– Bien qu'il y ait quinze ans qu'ils vivent ensemble, ils ne sont pas mariés.

98 ● **Nathalie est une originale. Ses amis parlent d'elle.**
• Elle ne vient pas en vacances avec nous. Elle part seule.
– Au lieu de venir en vacances avec nous, elle part seule.

99 ● **Prononciation de « plus » et « moins ». Répétez.**
Michel travaille de moins en moins.

100 ● **Transformez comme dans l'exemple.**
La Terre se réchauffe / ...
Le réchauffement de la Terre.

101 ● **Adrien exprime des regrets. Étonnez-vous comme dans l'exemple.**
• Je n'ai pas été augmenté.
Nous n'avons pas fait de voyage.
– Si tu avais été augmenté, vous auriez fait un voyage ?

102 ● **Juliette n'a pas fait un bon exposé. Comme son amie, tirez-en les conséquences.**
• Je n'avais pas assez préparé l'exposé.
– À ta place, je l'aurais préparé davantage.

103 ● **Intonation de l'argumentation. Écoutez et répétez ces phrases extraites d'un débat sur la télévision.**

104 ● **Pierre propose ... Marie choisit la deuxième solution. Parlez pour elle.**
• Nous dînons au restaurant ou à la maison ?
– Je préfère que nous dînions à la maison.

105 ● **Elle raconte ses vacances à la montagne. Son ami confirme. Parlez pour lui. Utilisez « tellement », puis « si ».**
• On marche beaucoup. J'ai mal aux pieds.
– On marche tellement que j'ai mal aux pieds.

106 ● **Pierre et Marie sont allés à un mariage. Confirmez comme Marie. Utilisez « tellement », puis « tant ».**
• Il y avait beaucoup de monde. Je n'ai pas parlé à Marie.
– Il y avait tellement de monde que je n'ai pas parlé à Pierre.

107 ● **Valentine voudrait devenir comédienne. Ses parents posent leurs conditions.**
• Est-ce que je pourrai faire du théâtre l'année prochaine ?
– Si tu réussis ton bac.
– Tu pourras faire du théâtre à condition que tu réussisses ton bac.

108 ● **Intonation des sentiments.** Au cours d'un repas, un invité a été méchant et insolent avec Marie. Plus tard, les autres invités expriment leurs sentiments.

109 ● **Des jeunes sont en train de créer une association.** La présidente et un ami se demandent qui pourrait être trésorier.
• On peut faire confiance à Patrick ? Non ?
– Non, on ne peut pas lui faire confiance.

110 ● **Prononciation des mots d'origine étrangère. Répétez. Trouvez leur origine.**
• une pizzeria / ...   Italien

Corrigé du test de la page 108

■ **Corrigé du test p. 108** (*voir plus bas solution plus courte*).

1. 1661 – Le roi Louis XIV – Le roi s'installe à Versailles – Les années précédentes... – Dans les années qui suivent...

2. 1789 – Les députés... – Les députés jurent... – La veille, le roi Louis XVI... – Un mois plus tard...

3. 496 – Clovis... – Le roi se fait baptiser – Un siècle auparavant... – Les années suivantes...

4. 1815 – L'armée de Napoléon – La bataille de Waterloo – L'empereur avait pris le pouvoir... – Quelques jours plus tard Napoléon...

● Ce qu'ils ont dit :

« L'État c'est moi » : Louis XIV – « Adore... » L'évêque Saint-Rémi à Clovis – « Les hommes naissent... » Déclaration des droits de l'homme et du citoyen (1789) – « La garde meurt... » le général Cambronne à Waterloo.

Grammaire

On trouvera ci-après les principaux points de grammaire abordés dans *Campus I* et *II*. Ces différents points sont regroupés selon les catégories fonctionnelles (nommer, caractériser, etc.) ou opératoires (accorder les mots de la phrase).
Les indications de pages renvoient aux contenus de *Campus II*.

1. NOMMER LES PERSONNES ET LES CHOSES

1.1. Former des noms (p. 114, 115)

Quelques suffixes pour former des noms	
À partir d'un verbe pour nommer une action ou un état.	**-tion** (noms féminins) : produire → *une production*
	-sion (noms féminins) : permettre → *une permission*
	-(e)ment (noms masculins) : établir → *un établissement*
	-ture (noms féminins) : fermer → *une fermeture*
	-age (noms masculins) : hériter → *un héritage*
À partir d'un verbe pour nommer la personne ou la chose qui fait l'action.	**-eur/-euse** : servir → *un serveur/une serveuse*
	-teur/-trice : produire → *un producteur/une productrice*
	-teur/-teuse : porter → *un porteur/une porteuse*
	-ant/-ante : désherber → *un désherbant*
À partir d'un adjectif pour nommer une qualité ou un état.	**-(i)té** (noms féminins) : beau → *la beauté*
	-eur (noms féminins) ; doux → *la douceur*
	-ise (noms féminins) : gourmand → *la gourmandise*
	-ie (-erie) (noms féminins) : jaloux → *la jalousie* – étourdi → *l'étourderie*
	-esse (noms féminins) : poli → *la politesse*
	-ude (noms féminins) : inquiet → *l'inquiétude*
À partir d'un nom pour nommer une profession ou un habitant.	**-ien/-ienne** : une pharmacie → *un pharmacien/une pharmacienne* l'Inde → *un Indien/une Indienne*
	-ier/-ière : la cuisine → *un cuisinier/une cuisinière*
	-ais/-aise : le Portugal → *un Portugais/une Portugaise*
	-ain/-aine : l'Afrique → *un Africain/une Africaine*
À partir d'un nom de fruit pour nommer un arbre.	**-ier** (noms masculins) : une cerise → *un cerisier*
À partir d'un nom ou d'un adjectif pour nommer un système de pensée ou la personne qui adopte ce système.	**-isme** : social → *le socialisme*
	-iste : le passé → *un passéiste*

1.2. Employer les articles

a. Les articles indéfinis : **un, une, des**
– pour introduire une catégorie :
*Pierre m'a fait **un** cadeau.*
*Qu'est-ce que c'est ? **un** livre ? **une** montre ? **des** boucles d'oreilles ?*

– pour passer de l'abstrait au concret :
*J'aime beaucoup les films de science-fiction mais il y a **un** film que j'aime plus que les autres. C'est « Le Seigneur des anneaux ».*

– pour généraliser :
***Un** enfant de huit ans doit savoir lire.*

b. Les articles définis : **le, la, l', les (au, à la, à l', aux – du, de la, de l', des)**
– pour présenter des personnes et des choses définies :
*J'ai rencontré des gens que je connais. Ce sont **les** amis de Marie.*

– pour présenter des personnes ou des choses uniques :
***la** reine d'Angleterre – **le** jardin du Luxembourg – **les** Champs-Élysées.*

– pour passer du concret à l'abstrait :
*J'ai vu quatre films cette semaine. J'adore **le** cinéma.*

– pour généraliser :
***Les** amis de mes amis ne sont pas toujours mes amis.*

c. Les articles partitifs : **du, de la**
– pour présenter des personnes ou des choses qu'on ne perçoit pas comme des unités :
*J'ai acheté **du** pain. J'ai pris un gros pain et trois baguettes.*

– pour identifier une matière ou une couleur :
*Cette chemise est légère. C'est **du** coton. Je vous conseille la bleue.*
*Avec votre pantalon gris, il faut **du** bleu.*

– pour parler d'un phénomène climatique :
*Il fait **du** vent. Il y a **de la** neige.*

– pour présenter certaines notions :
*J'ai **de la** chance. Il faut **du** courage.*

– pour présenter une activité :
*Il fait **du** sport. Elle fait **de la** danse.*

d. L'absence d'article
– dans une liste, une énumération :
À acheter pour le dîner d'anniversaire : rôti de bœuf, salade, carottes, vin rouge, ...

– dans un titre, une enseigne :
Pierre Martin. Avocat. – Préfecture du Calvados.

– après la préposition « de » quand le nom est complément de nom et qu'il a une valeur générale :
une tasse de café (mais : « J'ai bu une tasse de l'excellent café que fait Pierre »).

– devant les noms de personnes et de villes :
Amsterdam - Marguerite Duras.

2. CARACTÉRISER LES PERSONNES ET LES CHOSES

2.1. Les adjectifs

a. Construction
*J'ai lu un livre **passionnant**.*
*Le nouveau roman de Bernard Werber est (paraît, semble, etc.) **passionnant**.*

b. Place des adjectifs construits sans verbe
– L'adjectif se place en général après le nom : *une robe **neuve**.*
– Quelques adjectifs courts et très utilisés se placent avant le nom :
bon - meilleur/mauvais - grand/petit - vieux/jeune - beau - joli - demi - prochain - long - large
*un **bon** repas.*

– Certains adjectifs changent de sens selon qu'ils sont placés avant ou après le nom :
*Une maison **chère** (qui coûte cher) - Ma **chère** maison (que j'aime).*
*Une voiture **propre** (qui a été nettoyée) - Ma **propre** voiture (la mienne).*

2.2. Le complément de nom

a. La préposition « de » exprime :
– l'appartenance : *la voiture de Marie.*
– la composition ou le contenu : *une rangée de livres – un verre d'eau.*
– la matière : *un pantalon de velours.*
– les caractéristiques : *une église du XIIIe siècle.*
– la provenance : *un Italien de Milan.*
– la cause : *une crise de jalousie.*
– l'objectif : *un cours de géographie.*

b. La préposition « à » exprime :
– le but ou la fonction : *une brosse à dents – une salle à manger.*
– les caractéristiques : *un enfant aux cheveux bruns.*

c. La préposition « en » exprime :
– la matière : *un pull en laine.*

2.3. La proposition relative (p. 15, 99)

Propositions relatives		
Fonctions du pronom relatif	**Pronoms relatifs**	**Exemples**
Sujet	**qui**	Michel Serrault est un acteur **qui** peut jouer tous les rôles.
Complément d'objet direct	**que - qu'**	En Provence, il y a un village **que** j'aime beaucoup.
Complément indirect introduit par « à »	**à qui** (pour les personnes)	Caroline est une amie **à qui** je me confie.
	auquel - à laquelle auxquels - auxquelles } (plutôt pour les choses)	L'éducation est un sujet **auquel** je m'intéresse beaucoup.
	à quoi (chose indéterminée)	Je sais **à quoi** tu penses.
Complément indirect introduit par « de »	**dont**	Caroline est l'amie **dont** je t'ai parlé. Le « Petit Robert » est un dictionnaire **dont** je me sers souvent.
Complément introduit par un groupe propositionnel *terminé par « de » (à cause de, auprès de, à côté de, etc.)*	**de qui** (personnes)	Caroline est une amie **auprès de qui** je me sens bien.
	duquel - de laquelle desquels - desquelles } (personnes ou choses)	Comment s'appelle le parc **à côté duquel** vous habitez ?
Complément indirect introduit par une préposition autre que « à » et « de »	**avec (pour...) qui** (personnes)	Pierre est le garçon **avec qui** je m'entends le mieux.
	avec (pour...) lequel - laquelle lesquels - lesquelles	Voici la société **pour laquelle** je travaille.
Complément d'un nom ou d'un adjectif	**dont**	Nous allons dans un restaurant **dont** le chef est marseillais comme moi. Le XIIe arrondissement de Paris est un quartier **dont** je suis amoureuse.
Complément de lieu	**où** (peut être précédé d'une préposition)	La Bourgogne est la région **où** il passe ses vacances. C'est la région **par où** je passe quand je vais dans le Jura.

2.4. Caractériser par une proposition participe (p. 105)

a. Proposition participe passé (le participe passé s'accorde avec le nom)
***Restructurée** au XIXe siècle, l'avenue des Champs-Élysées fait 3 kilomètres.*

b. Proposition participe présent (le participe reste invariable)
*L'entrée du musée est gratuite pour les enfants **ayant** moins de sept ans.*

c. Cas de l'adjectif verbal
Certains adjectifs formés d'après le verbe se prononcent comme le participe présent. On les appelle « adjectifs verbaux ».
Ils s'accordent avec le nom qu'ils caractérisent.
*briller → **brillant***
*Quelle est cette étoile **brillant** dans le ciel ?* (participe présent)
*Le ciel était plein d'étoiles **brillantes**.* (adjectif verbal)

N.B. Le participe présent se termine toujours par « -ant ». L'adjectif verbal peut avoir une orthographe différente.
*La semaine **précédant** Noël je ferai du ski. La semaine **précédente**, je serai à l'étranger.*

3. REMPLACER UN NOM

a. Formes des pronoms personnels (p. 11, 37)

Fonctions du mot remplacé	Nature	Pronoms					
Sujet	personnes et choses	je	tu/vous	il - elle - on	nous	vous	ils - elles
Complément d'objet direct	personnes et choses	me	te/vous	le - la	nous	vous	les
Complément introduit par la préposition « à »	personnes	me	te/vous	lui	nous	vous	leur
	choses			y			y
Complément introduit par la préposition « de » ou un mot de quantité	personnes	de moi	de toi/de vous	de lui/d'elle en	de nous	de vous	d'eux d'elles en
	choses			en			en
Complément introduit par une proposition autre que « à » et « de »	personnes	moi	toi/vous	lui - elle	nous	vous	eux - elles
	choses			ça			ça

b. Constructions
– aux temps simples : *Pierre **m'**envoie des courriels – Il ne **me** téléphone plus.*
– aux temps composés : *Je **lui** ai dit bonjour – Elle ne **m'**a pas répondu.*
– à l'impératif : *Parlez-**lui** ! Prenez-**en** !*
                *Ne **lui** dites rien ! N'**en** buvez pas !*
– avec deux pronoms : (3 constructions) (p. 67)
• **me/te/nous/vous** + **le/la/les**
*Agnès n'a pas besoin de sa voiture ce soir. Elle **me la** prête.*

• **le/la/les** + **lui/leur**
*Pierre ne sait pas qu'on prépare une fête pour son anniversaire. Personne ne **le lui** a dit.*

• **m'/t'/lui/nous/vous/leur** + **en**
*Marie fait de la peinture. Elle m'offre souvent un de ses tableaux. Elle **m'en** a offert un pour Noël.*

4. PRÉSENTER - MONTRER

4.1. Les adjectifs et les pronoms démonstratifs (p. 63)

a. Pour distinguer une personne ou une chose parmi d'autres

	Adjectifs	Pronoms
masc. sing.	**ce** livre **cet** hôtel (**cet** devant voyelle ou **h**)	**celui-ci/celui-là** (1)
fém. sing.	**cette** voiture	**celle-ci/celle-là**
masc. pluriel	**ces** vêtements	**ceux-ci/ceux-là**
fém. pluriel	**ces** photos	**celles-ci/celles-là**

(1) « **Ci** », par opposition à « **là** », indique une proximité spatiale ou mentale. Mais les deux formes du pronom sont aussi utilisées indistinctement.

b. Pour désigner un objet de manière indéfinie
*Donnez-moi **ceci/cela/ça**.*

4.2. Constructions utilisées pour présenter

C'est/Ce sont... Pierre/les amis de Pierre.
Voici/voilà la rue où habite Pierre.
C'est le quartier que je préfère.
Voici un monument qui a été construit au XVIIe siècle.

4.3. Emploi de « c'est » et de « il/elle est »

a. En général, on construit :
– **C'est + nom (précédé d'un article) :** *Tu as vu « L'Auberge espagnole » ? – Oui, c'est un très bon film.*
– **Il/elle est + adjectif :** *Tu as vu le film « L'Auberge espagnole » ? – Oui, il est excellent.*

b. Avec les choses et les idées, on trouve la construction :
Rome... c'est magnifique.

c. Cas des mots qui peuvent être nom et adjectif : noms de profession *(ingénieur)*, de nationalité *(Italien)*, de caractérisation physique ou psychologique *(jaloux)*.
Vous connaissez Carlos ? – Oui, il est professeur à l'université Paris III. C'est un bon professeur. – Il est espagnol. C'est un Espagnol de Valencia.

5. EXPRIMER LA POSSESSION

5.1. Les adjectifs et les pronoms possessifs (p. 91)

La chose possédée est...	masculin singulier	féminin singulier	masculin pluriel	féminin pluriel
à moi	**mon** livre **le mien**	**ma** voiture **la mienne**	**mes** enfants **les miens**	**mes** sœurs **les miennes**
à toi	**ton** stylo **le tien**	**ta** maison **la tienne**	**tes** amis **les tiens**	**tes** cousines **les tiennes**
à lui/à elle	**son** argent **le sien**	**sa** fille **la sienne**	**ses** copains **les siens**	**ses** affaires **les siennes**
à nous	**notre** appartement **le nôtre**	**notre** rue **la nôtre**	**nos** voisins **les nôtres**	**nos** voisines **les nôtres**
à vous	**votre** agenda **le vôtre**	**votre** clé **la vôtre**	**vos** papiers **les vôtres**	**vos** notes **les vôtres**
à eux/à elles	**leur** jardin **le leur**	**leur** pelouse **la leur**	**leurs** outils **les leurs**	**leurs** fleurs **les leurs**

5.2. Autres façons d'exprimer la possession

a. La forme « être + pronom »
*Ces clés sont **à moi/à toi/à lui - à elle**
                à nous/à vous/eux - à elles.*

b. Le complément du nom
C'est la maison de Marie.

c. Appartenir *(Cette voiture appartient à Pierre.)* – Posséder *(Pierre possède deux voitures.)* – Être propriétaire de... Être la propriété de... etc.

6. EXPRIMER LA QUANTITÉ

6.1. Articles partitifs (voir 1.2.), articles indéfinis (voir 1.2.) et adjectifs numéraux (voir 1.3.)

La langue française peut présenter la quantité de deux manières :
– selon une vision continue, non comptable. On emploie alors l'article partitif ;
– selon une vision discontinue, comptable. On emploie alors : **un (une)**, **des** (quantités indéfinies), **deux, trois**, etc.

6.2. Les adjectifs et pronoms indéfinis (p. 57)

Emplois	Adjectifs	Pronoms
Indéfinis employés pour les quantités non comptables (vision continue)	Il prend **un peu de** lait. J'ai **peu de** temps... Elle a **beaucoup d'**argent. Il a bu **tout le** lait, **toute l'**eau.	Il **en** prend **un peu**. J'**en** ai **beaucoup**. Elle **en** a **beaucoup**. Il **l'**a **tout(e)** bu(e).
Indéfinis employés pour les quantités comptables (vision discontinue)	• Il invite... **peu d'**ami(e)s **certain(e)s** ami(e)s **plusieurs** ami(e)s **la plupart de** ses ami(e)s **tous** ses amis, **toutes** ses amies • **Peu d'**ami(e)s, **certain(e)s** ami(e)s, **quelques** ami(e)s... sont venu(e)s. • Il n'a invité **aucun(e)** collègue. • **Aucun(e)** collègue n'est venu(e).	• Il **en** invite **peu, certain(e)s, quelques-uns, plusieurs, beaucoup, la plupart**. • Il invite **certain(e)s d'entre eux (elles), quelques-un(e)s d'entre eux (elles), la plupart d'entre eux (elles), plusieurs d'entre eux (elles)**. • **Peu d'entre eux (elles), certain(e)s d'entre eux (elles). Quelques-un(e)s d'entre eux (elles)**... sont venu(e)s • Il n'**en** a invité **aucun(e) - aucun(e) d'entre eux (elles)**. • **Aucun(e)** n'est venu(e).
Indéfinis qui n'expriment pas la quantité	• Il a envoyé une invitation à **chaque** ami(e). • Il a pris **n'importe quel** traiteur (**n'importe quelle, quels, quelles...**). • Interdit à **toute** personne étrangère au service.	• Il a envoyé une invitation à **chacun d'entre eux, à chacune d'entre elles**. • Il a pris **n'importe lequel** (**n'importe laquelle, lesquels, lesquelles**). • **Quiconque** entrera sera puni. • Il faut respecter **autrui**. • **Nul** n'est censé ignorer la loi.

7. COMPARER ET APPRÉCIER

7.1. Constructions comparatives (p. 17)

• Adjectifs et adverbes

Il est $\left\{\begin{array}{l}\textit{plus}\\\textit{aussi}\\\textit{moins}\end{array}\right\}\begin{array}{l}grand\\rapide\end{array}$ (**que** moi).

Il est **meilleur/aussi** bon/**moins** bon.
Il est **pire/aussi** mauvais/**moins** mauvais.

• Verbes

Il parle $\left\{\begin{array}{l}\textit{plus}\\\textit{autant}\\\textit{moins}\end{array}\right.$ (**que** moi).

Il parle **mieux/aussi** bien/**moins** bien.

• Noms

Il a $\left\{\begin{array}{l}\textit{plus de...}\\\textit{autant de...}\\\textit{moins de...}\end{array}\right\}$ chance **que** moi.

7.2. Idée de progression dans la comparaison

• **de plus en plus - de moins en moins**
Il parle **de plus en plus** – J'ai **de moins en moins de** temps.

• **plus... plus - moins... moins - moins... plus - plus... moins**
Plus il parle, **moins** je comprends.

- **d'autant - d'autant plus/moins... que - d'autant plus/moins de...**

*Il est inutile de discuter. **D'autant que** je dois partir.*

*Il aura **d'autant plus de** temps l'année prochaine **qu'**il travaillera à mi-temps.*

7.3. Mise en valeur dans une relation de cause à effet (p. 151)

- Adjectifs et adverbes

Elle est $\left\{ \begin{array}{l} si \\ tellement \end{array} \right\}$ *rapide **qu'**elle peut préparer un repas en dix minutes.*

- Verbes

Il parle $\left\{ \begin{array}{l} tant \\ tellement \end{array} \right\}$ ***que** je me suis endormie.*

- Noms

Il y avait $\left\{ \begin{array}{l} tant\ de \\ tellement\ de \end{array} \right\}$ *monde **que** je n'ai pas vu Marie.*

7.4. Superlatifs (p. 17)

- Adjectifs

*Pierre est **le plus/le moins** grand.*

*C'est Pierre qui est **le plus/le moins** grand.*

- Verbes

*C'est Marie qui travaille **le plus/le moins** (de nous tous).*

- Adverbes

*C'est Marie qui travaille **le plus/le moins** vite.*

- Noms

*C'est Hugo qui a **le plus/le moins** d'argent.*

7.5. Appréciations des quantités et de l'importance

	ne... pas assez (de...)	assez (de...)[1]	trop (de...)
Noms	Il n'a pas assez d'argent pour acheter cette maison.	Il a assez d'argent pour acheter ce studio.	Il y a trop de réparations à faire dans la maison.
Verbes	Il n'économise pas assez.	Il travaille assez.	Il dépense trop.
Adjectifs et adverbes	Il n'est pas assez économe.	Le studio est assez grand pour lui.	La maison est trop chère.

1. « assez » peut avoir deux sens :
– appréciation modérée : *Ce livre est assez intéressant* ;
– suffisamment : *J'ai assez d'argent pour l'acheter.*

8. SITUER UNE ACTION DANS LE TEMPS

8.1. Employer les temps verbaux

a. Actions ou états présents
- présent : *Marie travaille.*
- présent progressif : *Marie est en train de travailler.*

b. Actions ou états passés. Il existe deux systèmes :
→ Cas général : langue parlée et langue écrite courante (les actions principales sont au passé composé)

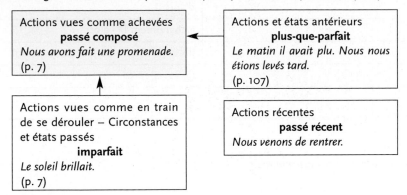

Actions vues comme achevées **passé composé** *Nous avons fait une promenade.* (p. 7)	Actions et états antérieurs **plus-que-parfait** *Le matin il avait plu. Nous nous étions levés tard.* (p. 107)
Actions vues comme en train de se dérouler – Circonstances et états passés **imparfait** *Le soleil brillait.* (p. 7)	Actions récentes **passé récent** *Nous venons de rentrer.*

→ Langue écrite littéraire, récits historiques, biographies, etc.

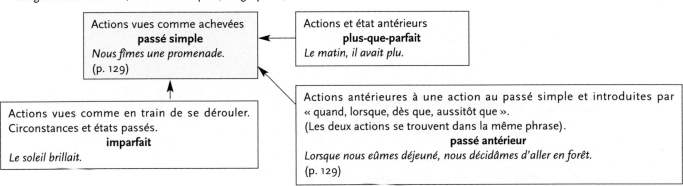

Actions vues comme achevées **passé simple** *Nous fîmes une promenade.* (p. 129)	Actions et état antérieurs **plus-que-parfait** *Le matin, il avait plu.*
Actions vues comme en train de se dérouler. Circonstances et états passés. **imparfait** *Le soleil brillait.*	Actions antérieures à une action au passé simple et introduites par « quand, lorsque, dès que, aussitôt que ». (Les deux actions se trouvent dans la même phrase). **passé antérieur** *Lorsque nous eûmes déjeuné, nous décidâmes d'aller en forêt.* (p. 129)

c. Actions ou états futurs (les actions principales sont au futur)

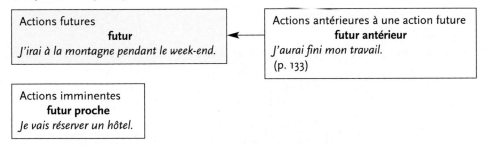

Actions futures **futur** *J'irai à la montagne pendant le week-end.*	Actions antérieures à une action future **futur antérieur** *J'aurai fini mon travail.* (p. 133)
Actions imminentes **futur proche** *Je vais réserver un hôtel.*	

8.2. Préciser la situation de l'action dans le temps (p. 107)

a. Sans point de repère

Ça s'est passé   le 3 mars, à 10 heures, en mars, au mois de mars.
en automne (été, hiver), au printemps.
en 1995, au XXᵉ siècle.

– Point de départ de l'action : *à partir de..., dès..., dès que..., dès le moment (l'instant) où...*

– Point d'arrivée : *de... à..., jusqu'à.*

– Situation imprécise : *au cours de..., dans le courant de..., dans les premiers jours de..., vers..., aux environs de..., autour de..., dans les années 1980..., un jeudi...*

b. Par rapport à un point de repère

Par rapport au moment où l'on parle	Par rapport à un moment passé ou futur
aujourd'hui - cette semaine - dorénavant - désormais	ce jour-là - cette semaine-là - à partir de ce jour-là (de ce moment-là)
hier - avant-hier - la semaine dernière	la veille - l'avant-veille - la semaine précédente (la semaine d'avant)
demain - après-demain - la semaine prochaine	le lendemain - le surlendemain - la semaine suivante (la semaine d'après)
maintenant	à ce moment-là - alors
il y a dix jours	dix jours avant - dix jours auparavant
dans dix jours	dix jours après

8.3. Exprimer la durée (p. 55)

a. Sans point de repère
*Il a plu **pendant (durant)** deux heures.*
*Les nuages sont arrivés **en (en l'espace de)** quelques minutes.*
*Pierre est parti **pour** deux jours.*

b. Par rapport au moment où l'on parle
— vers le passé :

Il y a
Cela fait } *deux jours qu'il est parti.*
Voilà

*Il est parti **il y a (cela fait, voilà)** trois jours.*
*Il est parti **depuis** le mardi 3 mai.*

— vers le futur :

dans *trois jours.*
Il reviendra { **d'ici** *trois jours.*
d'ici *dimanche.*

c. Par rapport à un moment passé
— vers le passé :
*Quand Marie est arrivée, **il y avait (cela faisait)** deux heures **que** je l'attendais.*
*Marie est arrivée à 9 h. Je l'attendais **depuis** 7 h.*

— vers le futur :
*Marie est arrivée à 9 h. Elle est repartie **au bout d'une** heure.*

d. Par rapport à un moment futur
Dans *un mois je quitterai Bordeaux.* **Cela fera (il y aura)** *dix ans **que** j'habite dans cette ville. (J'aurai habité dix ans dans cette ville.)*

9. INTERROGER

9.1. L'interrogation porte sur toute la phrase

- Intonation : *Tu viens ?*
- Forme « est-ce que » : *Est-ce que tu viens ?*
- Inversion du pronom : *Viens-tu ? – Arrive-t-elle ? – Charlotte arrive-t-elle ?*
- Interrogation négative : *Ne viens-tu pas ? – N'arrive-t-elle pas ? – Charlotte n'arrive-t-elle pas ?*

9.2. L'interrogation porte sur un élément de la phrase (p. 55)

L'interrogation porte sur	Fonction du mot sur lequel porte l'interrogation	Mots interrogatifs
Les personnes	sujet	**qui - qui est-ce qui** *Qui veut venir au cinéma avec nous ?*
	complément	**qui** - préposition + **qui** *Vous emmenez qui ? – Vous partez avec qui ?*
Les choses	sujet	**qu'est-ce qui** *Qu'est-ce qui fait ce bruit ?*
	complément d'objet direct	**que - qu'est-ce que - quoi** *Que faites-vous ? Vous faites quoi dimanche ?*
	autres compléments	préposition + **quoi** *À quoi penses-tu ? – De quoi as-tu besoin ?*
Un choix entre des personnes ou des choses	sujet ou complément	• **quel - quelle - quels - quelles** *Quels films aimez-vous ?* • **lequel - laquelle - lesquels - lesquelles** *Lesquels préférez-vous ?*
	complément introduit par « à »	• **à quel (quelle, quels, quelles)** + nom *À quels sujets vous intéressez-vous ?* • **auquel - à laquelle - auxquels - auxquelles** *Auxquels consacrez-vous beaucoup de temps ?*
	complément introduit par « de »	• **de quel (quelle, quels, quelles)** + nom *De quel dictionnaire as-tu besoin ?* • **duquel - de laquelle - desquels - desquelles** *Duquel te sers-tu le plus ?*
	complément introduit par une autre préposition	• préposition + **quel (quelle, etc.)** + nom *Avec quels amis sortez-vous ?* • préposition + **lequel (laquelle, lesquels, lesquelles)** *Avec lesquels préférez-vous sortir ?*
Le lieu		• Situation ou direction **Où** *allez-vous ? –* **D'où** *venez-vous ?* **Jusqu'où** *va cet autobus ?*

10. NIER (LES PHRASES NÉGATIVES)

10.1. Construction

Cas général	• **ne (n')... pas...** *Elle **ne** sort **pas**. Elle **n'**aime **pas** la pluie.*
La négation porte sur un complément introduit par un article indéfini, un article partitif ou un mot de quantité.	• **ne (n')... pas de (d')** *Pierre **ne** fait **pas de** ski en février.* *Il **ne** prend **pas beaucoup de** vacances.*
Comme dans le cas précédent, la négation porte sur un complément introduit par un article indéfini ou partitif mais elle introduit une opposition.	**ne (n')... pas un (une, des, du,** etc.) *Ce **n'**est **pas du** vin. C'est **du** jus de fruits.* *Pierre **n'**a **pas un** frère, il en a **deux**.*
Cas des constructions « verbe + verbe » et « auxiliaire + verbe »	• Le « pas » se place après le premier verbe ou l'auxiliaire. *Elle **ne** peut **pas** partir en vacances. Elle **n'**a **pas** fini son travail.*
Cas des constructions avec pronom complément	• Le « ne » se place avant les pronoms. *Il m'a demandé de l'argent. Je **ne** lui en ai **pas** donné.*
La négation porte sur l'infinitif.	• **ne pas** + infinitif *Mets ce pull pour **ne pas** avoir froid.* *Je te demande de **ne pas** crier.*
La double négation (p. 119)	*Il **n'**aime **ni** le théâtre **ni** le cinéma.* ***Ni** l'art **ni** la musique **ne** l'intéressent.*
Pronoms indéfinis négatifs (p. 57)	***Personne n'**est venu. Je **n'**ai vu **personne**.* ***Rien n'**intéresse Pierre. Il **ne** fait **rien**. Il **n'**a **rien** fait de la journée.* *Il a cherché à joindre ses amis au mois d'août.* ***Aucun (pas un) n'**était à Paris.* *Il **n'**en a vu **aucun**. Il **n'**en a **pas** vu un.*

10.2. Réponses brèves

*Tu connais Nicolas Legrand ? – **Non** – **Pas du tout** – **Absolument pas**.*
*Et toi ? – Moi **non plus**. – Et lui ? – Lui **non plus**.*
*Tu ne connais pas Nicolas ? – **Si**, je le connais/**Non**, je ne le connais pas.*

11. CARACTÉRISER UNE ACTION

11.1. Les adverbes

a. Formation des adverbes en « -(e)ment » à partir d'un adjectif
– adjectifs terminés par « e » : simple → *simplement*.
– adjectifs terminés par une consonne : pur → *purement*.
– adjectifs terminés par une voyelle autre que « e » : joli → *joliment*.
– adjectifs terminés par « -ent » ou « -ant » : suffisant → *suffisamment* - prudent → *prudemment*.

b. Place des adverbes
• L'adverbe qui caractérise un adjectif ou un autre adverbe se place avant ce mot.
*Il est **très** courageux.*

• L'adverbe qui caractérise un verbe se place :
→ après le verbe conjugué à un temps simple : *Elle travaille **énormément**.*
→ entre l'auxiliaire et le participe passé si l'adverbe est court : *Elle a **bien** travaillé.*
→ après le participe si l'adverbe est long : *Elle a travaillé **courageusement, avec ténacité**.*

• Les adverbes qui indiquent des circonstances (temps, lieu, cause, conséquence, etc.) ne suivent pas cette règle.
***Autrefois**, les gens ne partaient pas souvent en vacances.*

11.2. Les constructions « verbe + préposition + nom »

– par : *Il aide ses voisins par intérêt.*
– sans : *Elle réussit sans difficulté.*
– avec : *Elle danse avec élégance.*
– de façon : *Il lui a parlé de façon agressive.*

N.B. Il existe aussi de nombreuses expressions adverbiales qu'on trouvera dans les dictionnaires.
*Ils ont rit **de bon cœur**.*

11.3. Le gérondif (« *en* + participe présent ») (p. 105)

Il exprime la simultanéité entre deux actions ou leur succession. Il peut marquer différentes circonstances (temps, cause, manière, etc.)
*Tu minciras **en supprimant** les pâtisseries de ton alimentation.*

11.4. La proposition participe présent (p. 105)

Elle indique les circonstances d'une action.
***Le ciel étant très nuageux**, nous n'irons pas sur la plage.*

12. PRÉSENTER UNE INFORMATION

12.1. La vision passive (p. 49)

Elle permet de mettre en valeur la personne ou la chose sur laquelle porte l'action. Elle permet aussi de ne pas nommer celui qui fait l'action.
La vision passive peut être donnée par plusieurs formes grammaticales.

a. La forme passive
Les élèves du lycée Montaigne jouent « L'Avare » de Molière. → *« L'Avare » **est joué par** les élèves du lycée Montaigne.*
*Le rôle d'Harpagon **sera interprété par** un professeur.*
*Les affiches **ont déjà été réalisées**.*

N.B. **de** peut s'employer à la place de **par** quand l'auteur de l'action n'est pas vraiment actif.
*La voiture des cambrioleurs est suivie **par** celle des policiers.*
*La conférence sera suivie **d'**un cocktail.*

b. La construction « *(se) faire* + verbe »
*Pierre **a fait laver** sa voiture (**par** ses enfants).*
*Marie **s'est fait couper** les cheveux.*

N.B. On utilise la construction « *se faire* + verbe » quand l'objet appartient au sujet.

c. La forme pronominale
Distinguez :
Pierre se lève. Le ciel s'éclaircit.
« Pierre » et « le ciel » sont sujets et « objets » de l'action (vision active).
et
*La porte **s'ouvre***
La forme pronominale permet de ne pas nommer celui qui ouvre la porte (vision passive).

12.2. La construction impersonnelle (p. 51)

Elle permet de mettre en valeur une idée ou un événement.

a. Verbes toujours impersonnels : *Il faut* et des verbes indiquant des événements climatiques (*il neige, il fait froid*, etc.).

b. Verbes indiquant un événement ou une idée de qualité
Il y a du monde – Il s'est produit un événement extraordinaire.
Il manque… – Il reste…

c. Nuance dans l'expression de la vérité, de l'obligation, etc.
Il semble que… – Il paraît que… – Il convient de…

d. Construction « *il est* + adjectif + *de/que* »
Il est dommage qu'il ne vienne pas.
Il est important d'envoyer cette lettre aujourd'hui.

12.3. Juger de la vérité d'un fait

Expression de la certitude, du doute, de la possibilité et de la probabilité, voir p. 51 et 101.

13. RAPPORTER DES PAROLES (P. 111)

Paroles rapportées (par Marie)	Les paroles rapportées sont prononcées au moment présent	Les paroles rapportées ont été prononcées dans le passé
Pierre étudie l'italien.	*Marie (me) dit que Pierre étudie l'italien.* [présent de l'indicatif]	*Marie (m')a dit que Pierre étudiait l'italien.* [imparfait]
Pierre a étudié l'espagnol.	*Elle (me) dit que Pierre a étudié l'espagnol.* [passé composé]	*Elle (m')a dit que Pierre avait étudié l'espagnol.* [plus-que-parfait]
Pierre étudiait à la Sorbonne.	*Elle (me) dit que Pierre étudiait à la Sorbonne.* [imparfait]	*Elle (m')a dit que Pierre étudiait à la Sorbonne.* [imparfait]
Pierre va partir en Italie.	*Elle (me) dit que Pierre va partir en Italie.* [futur proche]	*Elle (m')a dit que Pierre allait partir en Italie.* [« aller » à l'imparfait + infinitif]
Il y restera un an.	*Elle (me) dit que Pierre y restera un an.* [futur]	*Elle (m')a dit que Pierre y resterait un an.* [conditionnel présent (valeur de futur dans le passé)]
Va le voir	*Elle (me) dit **d'aller** le voir.*	*Elle (m')a dit **d'aller** le voir.*
Tu parles italien ?	*Elle (me) demande **si** je parle italien.*	*Elle (m')a demandé **si** je parlais italien.*
Qui tu connais ? *Qu'est-ce que tu fais ?* *Où tu vas ?*	*Elle (me) demande **qui** je connais, **ce que** je fais, **où** je vais.*	*Elle (m')a demandé **qui** je connaissais, **ce que** je faisais, **où** j'allais.*

N.B. Ces formes permettent aussi de rapporter des pensées.
Je croyais qu'il ne viendrait pas.

14. RAISONNER

14.1. Exprimer la cause (p. 77)

a. Cause exprimée par une proposition introduite par une conjonction de cause

Il réussira { **parce qu'**il travaille. / **car** il travaille. }   **Étant donné qu'** / **Vu qu'** / **Du moment qu'** } *il travaille, il réussira.*

— Cause évidente
Comme *c'est l'anniversaire de Clara, on pourrait l'inviter.*

— Cause connue de l'interlocuteur
*Marie n'est pas venue travailler ? – Ben non, **puisqu'**elle a pris une semaine de congé.*

b. Cause exprimée par une préposition

Le magasin est fermé { **à cause** / **du fait** / **en raison** } *des fêtes.*

— Quand la cause est positive.
*Elle réussira **grâce à** son travail.*

c. Cause exprimée par un verbe
*Le succès du film « Le Seigneur des anneaux » s'**explique par (vient de..., est dû à..., résulte de...)** la qualité des effets spéciaux.*

14.2. Exprimer la conséquence (p. 79)

a. Conséquence exprimée par une phrase introduite par un adverbe.

Nous sommes en été { **Donc... Par conséquent...** / **Alors... En conséquence...** / **De ce fait... C'est pourquoi...** / **C'est la raison pour laquelle...** } *les jours sont plus longs.*

b. Conséquence exprimée par une proposition introduite par une conjonction
*Le chômage diminue **de sorte que... (si bien que... à tel point que...)** les gens sont plus optimistes.*

c. Conséquence exprimée par un verbe

La grève des employés de la poste a $\left\{ \begin{array}{l} \textit{créé... causé...} \\ \textbf{produit... entraîné...} \\ \textbf{provoqué...} \end{array} \right\}$ *des perturbations dans la distribution du courrier.*

– Quand la conséquence est positive
*Les discussions avec la direction **ont permis** de mettre fin à la grève.*

– Transformation d'une qualité : *rendre* + adjectif
*Son échec l'**a rendu** triste.*

– Forme « *donner* + nom »
*Son succès lui **donne du courage**.*

14.3. Exprimer le but (p. 87)

Nous devons nous dépêcher $\left\{ \begin{array}{l} \textbf{pour... afin de...} \\ \textbf{de façon à...} \end{array} \right\}$ *arriver à l'heure.*

Quand les sujets des deux verbes sont différents :
*Marie doit aider Pierre **pour qu'**... (**afin qu'**..., **de sorte qu'**...) il réussisse.*

14.4. Opposer des faits et des idées (p. 83)

a. Mise en parallèle de deux faits avec idée d'opposition
*Marie habite un bel appartement. **En revanche (Mais... Par contre... Au contraire... À l'opposé...)** Pierre vit dans un studio minuscule.*
*Les parents de Marie sont riches **alors que (tandis que... pendant que...)** ceux de Pierre sont ouvriers.*

b. Relation de cause à effet avec conséquence inattendue
*Marie a mauvais caractère. **Mais (Pourtant... Cependant... Toutefois... Néanmoins...)** Pierre l'aime bien.*
*Pierre aime Marie **bien qu'**elle ait mauvais caractère. [bien que + subjonctif]*
*Pierre aime Marie **alors qu'**elle a mauvais caractère. [alors que + indicatif]*
*Pierre aime Marie **malgré (en dépit de...)** son mauvais caractère.*
*Marie **a beau** être colérique, Pierre l'aime **quand même**.*
*Marie est colérique. **Mais** Pierre l'aime **quand même**.*

c. Raisonnement : affirmation/objection/conclusion
*Thomas ne réussit pas à l'école. **Or**, il est intelligent. **Donc**, ses échecs s'expliquent par un manque de motivation.*
***Certes**, Thomas est intelligent. **Pourtant**, il ne réussit pas à l'école. On peut **donc** penser qu'il n'est pas assez motivé.*

14.5. Exprimer une condition ou une restriction (p. 137, 159)

a. Condition

Pierre passera ses vacances à Saint-Tropez $\left\{ \begin{array}{l} \textbf{si} \textit{ Marie y va aussi. [présent]} \\ \textbf{à condition que} \textit{ Marie y aille. [subjonctif]} \end{array} \right.$

b. Restriction
*Pierre **n'ira** à Saint-Tropez **que si** Marie y va aussi.*
*Pierre ira à Saint-Tropez **seulement si** Marie y va aussi.*

*Pierre n'ira pas à Saint-Tropez **sauf si** Marie y va.*
*Pierre n'ira pas à Saint-Tropez **à moins que** Marie n'y aille aussi. [subjonctif]*

*La décision de Pierre **dépend de (est fonction de)** celle de Marie.*

14.6. Faire une hypothèse. Imaginer (p. 21, 149)

a. Simple supposition : *si* + présent → futur (ou présent)
*Si nous nous **dépêchons**, nous **arriverons** à l'heure.*

b. Hypothèse, événement imaginé, suggestion, demande polie : *si* + imparfait → conditionnel présent
*Si nous **prenions** le métro, nous ne **serions** pas **obligés** de nous dépêcher.*

c. Hypothèse passée, regret : *si* + plus-que-parfait + conditionnel présent ou passé
*Si nous n'**avions** pas **pris** la voiture, nous ne **serions** pas en retard.*
*S'il n'y **avait** pas **eu** d'embouteillages, nous **aurions roulé** plus vite.*

d. Admettons (supposons, imaginons) que... + subjonctif
*Supposons que nous **ayons pris** le métro, nous **aurions eu** deux changements de ligne.*

15. EMPLOYER LE SUBJONCTIF

Un verbe se met au subjonctif quand l'action qu'il exprime dépend d'une attitude subjective. Cette attitude peut être exprimée :
– par un verbe qui introduit l'action au subjonctif :
Je souhaite qu'il réussisse.
– par une conjonction :
Je l'aide pour qu'il réussisse.
– par certaines propositions relatives :
C'est le seul qui réussisse bien.

I. Le subjonctif après certains verbes.

• Dans les constructions :
Je regrette que Marie parte. Elle regrette de partir.
le verbe se met au subjonctif lorsque les deux verbes ont des sujets différents.
Quand les deux verbes ont le même sujet on utilise la construction :
verbe (+ préposition) + infinitif

• Verbes entraînant l'emploi du subjonctif

• **Expression de la volonté (p. 35)**
accepter - conseiller (de) - défendre (de) - demander (de) - désirer - exiger - faire attention (à) - interdire (de) - permettre (de) - refuser (de) - suggérer (de) - veiller (à) - vouloir

• **Expression des goûts et des préférences (p. 151)**
adorer - aimer - avoir horreur (de) - détester - préférer

• **Expression du doute (p. 51, 101)**
douter – ne pas être sûr/certain

• **Expression de la possibilité (p. 51)**
Il est possible/impossible que... - Il est improbable que...
- Il se peut que...

• **Expression de l'obligation (p. 35)**
Il faut - Il est nécessaire (de) - Il est obligatoire (de)

• **Expression des sentiments (p. 39, 69, 81)**
avoir honte (de) - avoir peur (de) - craindre - être content (de) - être heureux (de) - être satisfait (de) - regretter - souhaiter
NB. La plupart des verbes exprimant un sentiment entraînent le subjonctif sauf « espérer », « avoir le sentiment que... », « avoir l'impression que... »

• **Expression des opinions négatives (p. 101)**
ne pas croire - ne pas penser - ne pas estimer - ne pas trouver - ne pas s'imaginer

• **Expression de l'hypothèse (p. 149)**
supposer - admettre - imaginer

II. Le subjonctif après certaines conjonctions

• **Expression du temps (p. 107)**
Je l'appellerai jusqu'à ce qu'elle me réponde.
Pierre reste chez lui en attendant qu'il fasse beau.
Nous devons rentrer avant qu'il ne fasse nuit.

• **Expression de l'opposition (p. 137)**
Bien qu'il pleuve, Pierre et Marie sont sortis faire une promenade.

• **Expression du but (p. 87)**
Je lui ai répété trois fois l'explication pour qu'... (afin qu'..., de sorte qu'...) il comprenne bien.

• **Expression de la condition (p. 159)**
Je lui pardonnerai à condition qu' (pourvu qu') elle s'excuse.

III. Le subjonctif dans les propositions relatives

a. Quand le nom caractérisé comporte une expression superlative (**le plus..., le moins..., le seul..., le dernier...**, etc.)
C'est le seul film qui me fasse rire.

b. Quand la proposition relative exprime un fait non réalisé
Il me faut un stylo qui écrive sans faire de tache.

---

16. ACCORDER LES MOTS DE LA PHRASE

16.1. Noms et adjectifs au féminin

La marque du féminin est en général « **e** » : *un joli portrait/une jolie image.*
Ce « **e** » n'est pas prononcé après une voyelle.
Quand le nom ou l'adjectif est terminé par une consonne, le passage au féminin s'accompagne souvent de modifications d'orthographe et de prononciation.
• Prononciation de la consonne finale :
court → courte - grand → grande

• Prononciation et doublement de la consonne finale :
un chien → une chienne - bon → bonne - bas → basse

- Modification de la fin du mot :
er → **ère** : *un boucher* → *une bouchère* - *léger* → *légère*
f → **ve** : *sauf* → *sauve* - *naïf* → *naïve*
eur → **euse** : *un vendeur* → *une vendeuse*
teur → **trice** : *un lecteur* → *une lectrice*
eux → **euse** : *sérieux* → *sérieuse* - *heureux* → *heureuse*
teur → **teuse** : *un menteur* → *une menteuse*
c → **que** : *public* → *publique* - *turc* → *turque*

- Cas difficiles
beau (*bel* devant une voyelle)→ *belle* - *nouveau* (*nouvel* devant une voyelle) → *nouvelle*
vieux (*vieil* devant une voyelle) → *vieille* - *mou* (*mol* devant une voyelle) → *molle*

16.2. Noms et adjectifs au pluriel

La marque du pluriel est en général « s ». Ce « s » n'est pas prononcé sauf :
– entre l'article pluriel et le nom ou l'adjectif commençant par une voyelle : *mes_autres_amis* ;
– entre l'adjectif et le nom commençant par une voyelle : *de jolies_images.*

- Cas particuliers
– finales **s, x, z** inchangées : *le gros nez* → *les gros nez* ;
– finale **al** → **aux** (sauf les noms *bal, carnaval, festival, récital,* et les adjectifs *fatal, final, natal*) : *un journal régional* → *des journaux régionaux* ;
– finales **au, eau, eu** → **x** (sauf *bleu*) : *un beau feu* → *de beaux feux.*

16.3. Accords particuliers des noms et des adjectifs

a. Pluriel des noms composés
Les noms composés peuvent être construits avec des noms, des adjectifs, des verbes, des adverbes. Seuls les noms et les adjectifs s'accordent.
des lauriers-roses [nom + adjectif] - *des porte-manteaux* [verbe + nom].
Mais il existe de nombreuses exceptions (qui s'expliquent par le sens) :
des gratte-ciel [« ciel » est au singulier car il n'y a qu'un seul ciel].
Consulter le dictionnaire.

b. Accord de l'adjectif avec deux noms ou plus
Quand le féminin est en concurrence avec le masculin, l'accord se fait au masculin, qui a une valeur de neutre.
Le mur et la toiture sont démolis.
La voiture et le camion sont arrêtés.
Des meubles et une bibliothèque neufs.
Des prunes et des poires mûres.

16.4. Accord du participe passé

a. L'auxiliaire est « être » : le participe passé s'accorde avec le sujet du verbe.
*Pierre est **venu** – Marie est **venue** – Pierre et Marie sont **venus** – Marie et Clara sont **venues.***

b. Cas du participe passé des verbes pronominaux : le participe passé s'accorde avec le sujet quand l'action porte directement sur ce sujet.
*Marie s'est **lavée**.*
*Marie s'est **lavé** les mains.* (l'action porte sur « les mains »)
*Marie et Pauline se sont **parlé**.* (la construction de « parler » est indirecte)

c. L'auxiliaire est « avoir » : le participe passé s'accorde avec le complément d'objet direct du verbe quand ce complément est placé avant le verbe.
*J'ai **invité** Pauline et Marie.* (le complément est placé après le verbe)
*Je **les** ai **invitées** au restaurant.* (« les » remplace Pauline et Marie ; ce pronom est placé avant le verbe)

d. Le participe passé précédé de « en » reste invariable.
*J'ai vu de belles cerises au marché. J'en ai **acheté**.*

e. Le participe passé des verbes à la forme impersonnelle est invariable.
*Les orages qu'il a **fait** ont été catastrophiques.*

····▶ Conjugaisons des verbes réguliers et irréguliers

■ Quelques principes de conjugaisons

Modes et temps	Principes de conjugaison à connaître pour utiliser les tableaux des pages suivantes
Présent	• Les verbes en **-er** se conjuguent comme **« regarder »** sauf : – le verbe « aller » – les verbes en **-yer, -ger, -eler, -eter** qui présentent quelques différences. **regarder** je regarde nous regardons tu regardes vous regardez il/elle regarde ils/elles regardent • Pour les autres verbes, la seule règle générale est la terminaison **-s, -s, -t, -ons, -ez, -ent.** Mais il y a des exceptions (« pouvoir », « vouloir », etc.). Il faut donc apprendre les conjugaisons de ces verbes par types.
Passé simple (p. 128)	• Pour les verbes en **-er**, partir de l'infinitif : **parler → il/elle parla – ils/elles parlèrent.** • Pour les autres verbes, il y a souvent une ressemblance avec l'infinitif ou le participe passé mais ce n'est pas une règle générale : **finir → il/elle finit – ils/elles finirent ; pouvoir** (participe passé : pu) **→ il/elle put – ils/elles purent.**
Imparfait (p. 7)	• Il se forme à partir de la 1ʳᵉ personne du pluriel du présent : **nous faisons → je faisais – tu faisais**, etc. Ensuite, la terminaison est la même pour tous les verbes : **-ais, -ais, -ait, -ions, -iez, -aient.**
Futur	• Les verbes en **-er** (sauf « aller ») se conjuguent comme **« regarder »**. je regarderai nous regarderons tu regarderas vous regarderez il/elle regardera ils/elles regarderont • Pour les autres verbes, il faut connaître la 1ʳᵉ personne. Ensuite, seule la terminaison change : je fer**ai** – tu fer**as** – il/elle fer**a** – nous fer**ons** – vous fer**ez** – ils/elles fer**ont**.
Passé composé (p. 7)	• Il se forme avec les auxiliaires **« avoir » ou « être »** + participe passé. • Les verbes utilisant l'auxiliaire **« être »** sont : – **les verbes pronominaux** – les verbes suivants : **aller – arriver – décéder – descendre – devenir – entrer – monter – mourir – naître – partir – rentrer – retourner – rester – sortir – tomber – venir**, ainsi que leurs composés en -*re* : **redescendre – redevenir**, etc.
Plus-que-parfait (p. 10-67)	**« Avoir » ou « être » à l'imparfait + participe passé.**
Futur antérieur (p. 133)	**« Avoir » ou « être » au futur + participe passé.**
Conditionnel présent (p. 21)	• Il se forme à partir de la 1ʳᵉ personne du singulier du futur : **je ferai → je ferais.** • Ensuite, la terminaison est la même pour tous les verbes : je fer**ais** – tu fer**ais** – il/elle fer**ait** – nous fer**ions** – vous fer**iez** – ils/elles fer**aient**.
Conditionnel passé (p. 147)	**« Avoir » ou « être » au conditionnel + participe passé.**
Subjonctif présent (p. 35)	• Pour la plupart des verbes, partir de la 3ᵉ personne du pluriel du présent : **ils regardent → que je regarde ; ils finissent → que je finisse ; ils prennent → que je prenne ; ils peignent → que je peigne.** Mais il y a des exceptions : **savoir → que je sache**, etc. • Ensuite, la terminaison est la même pour tous les verbes : que je regard**e** – que tu regard**es** – qu'il/elle regard**e** – que nous regard**ions** – que vous regard**iez** – qu'ils/elles regard**ent**.
Subjonctif passé (p. 137)	**« Avoir » ou « être » au présent du subjonctif + participe passé.**

Impératif présent	• Pour la plupart des verbes, on utilise les formes de l'indicatif. Le « -s » de la deuxième personne du singulier à l'indicatif présent des verbes en « -er » et du verbe « aller » disparaît sauf quand une liaison est nécessaire : **Parle ! – Parles-en ! – Va ! – Vas-y !** • Les verbes « avoir », « être » et « savoir » utilisent les formes du subjonctif : **Sois gentil ! – Aie du courage ! – Sache que je t'observe !**
Impératif passé	**Formes du subjonctif passé.**
Participe présent et gérondif (p. 105)	• Ils se forment souvent à partir de la 1re personne du pluriel du présent de l'indicatif, mais il y a des exceptions : **nous allons → allant ; nous pouvons → pouvant.**

Mode de lecture des tableaux ci-dessous (les verbes sont classés selon la terminaison de leur infinitif).		
Infinitif	1re personne du futur	
Conjugaison du présent	1re personne du singulier du subjonctif	Verbes ayant une conjugaison identique (sauf dans le choix de l'auxiliaire)
	3e personne du singulier du passé simple	
	participe passé	

■ Verbes en -er

Se conjuguent comme **« parler »**

Cas particuliers

Verbes en -yer

① **payer**	je paierai	appuyer balayer envoyer essayer essuyer nettoyer renvoyer
je paie tu paies il paie nous payons vous payez ils paient	que je paie que je paye	
	il paya	
	payé	

② **Verbes en -ger**
Quand la terminaison commence par les lettres **a** ou **o**, mettre un **e** entre le **g** et la terminaison.   nous mangeons *(présent)*   je mangeais *(imparfait)*   je mangeai *(passé simple)*

Verbes en -eler et -eter

③ **appeler**	j'appellerai	Tous les verbes en **-eler** et **-eter** sauf les verbes du type **« acheter »**
j'appelle tu appelles il appelle nous appelons vous appelez ils appellent	que j'appelle	
	il appela	
	appelé	

④ **acheter**	j'achèterai	congeler déceler démanteler geler modeler peler racheter
j'achète tu achètes il achète nous achetons vous achetez ils achètent	que j'achète	
	il acheta	
	acheté	

Le verbe « aller » est irrégulier

⑤ **aller**	j'irai
je vais tu vas il va nous allons vous allez ils vont	que j'aille
	il alla
	allé

■ Verbes en -ir

6 finir	je finirai	accomplir	guérir	remplir
je finis	que je finisse	agir	jaillir	répartir
tu finis		applaudir	obéir	réunir
il finit	il finit	avertir	périr	salir
nous finissons		choisir	punir	subir
vous finissez	fini	démolir	réagir	unir
ils finissent		garantir	réfléchir	

7 venir	je viendrai	appartenir	prévenir
je viens	que je vienne	contenir	retenir
tu viens		convenir	soutenir
il vient	il vint	devenir	se souvenir
nous venons		entretenir	tenir
vous venez	venu	maintenir	
ils viennent		obtenir	

8 courir	je courrai	parcourir
je cours	que je coure	recourir
tu cours		secourir
il court	il courut	
nous courons		
vous courez	couru	
ils courent		

9 ouvrir	j'ouvrirai	couvrir
j'ouvre	que j'ouvre	découvrir
tu ouvres		recouvrir
il ouvre	il ouvrit	rouvrir
nous ouvrons		offrir
vous ouvrez	ouvert	souffrir
ils ouvrent		

10 partir	je partirai	sentir
je pars	que je parte	mentir
tu pars		repartir
il part	il partit	ressentir
nous partons		sortir
vous partez	parti	ressortir
ils partent		

11 acquérir	j'acquerrai	conquérir
j'acquiers	que j'acquière	
tu acquiers		
il acquiert	il acquit	
nous acquérons		
vous acquérez	acquis	
ils acquièrent		

12 cueillir	je cueillerai	accueillir
je cueille	que je cueille	recueillir
tu cueilles		assaillir
il cueille	il cueillit	
nous cueillons		
vous cueillez	cueilli	
ils cueillent		

13 dormir	je dormirai	(s')endormir
je dors	que je dorme	(se) rendormir
tu dors		
il dort	il dormit	
nous dormons		
vous dormez	dormi	
ils dorment		

14 servir	je servirai
je sers	que je serve
tu sers	
il sert	il servit
nous servons	
vous servez	servi
ils servent	

15 mourir	je mourrai
je meurs	que je meure
tu meurs	
il meurt	il mourut
nous mourons	
vous mourez	mort
ils meurent	

16 fuir	je fuirai	s'enfuir
je fuis	que je fuie	
tu fuis		
il fuit	il fuit	
nous fuyons		
vous fuyez	fui	
ils fuient		

■ Verbes en -dre

⑰ vendre	je vendrai	attendre	étendre	revendre
je vends	que je vende	confondre	fondre	suspendre
tu vends		correspondre	pendre	tendre
il vend	il vendit	défendre	perdre	vendre
nous vendons		descendre	rendre	
vous vendez	vendu	détendre	répandre	
ils vendent		entendre	répondre	

⑱ prendre	je prendrai	apprendre
je prends	que je prenne	comprendre
tu prends		entreprendre
il prend	il prit	reprendre
nous prenons		surprendre
vous prenez	pris	
ils prennent		

⑲ peindre	je peindrai	atteindre
je peins	que je peigne	craindre
tu peins		éteindre
il peint	il peignit	plaindre
nous peignons		teindre
vous peignez	peint	
ils peignent		

⑳ joindre	je joindrai	adjoindre
je joins	que je joigne	rejoindre
tu joins		
il joint	il joignit	
nous joignons		
vous joignez	joint	
ils joignent		

㉑ coudre	je coudrai
je couds	que je couse
tu couds	
il coud	il cousit
nous cousons	
vous cousez	cousu
ils cousent	

■ Verbes en -oir

㉒ devoir	je devrai	apercevoir
je dois	que je doive	concevoir
tu dois		décevoir
il doit	il dut	recevoir
nous devons		(sans accent
vous devez	dû, due	sur le « u »
ils doivent		du participe passé)

㉓ voir	je verrai	revoir
je vois	que je voie	entrevoir
tu vois		prévoir (*sauf*
il voit	il vit	au futur :
nous voyons		je prévoirai)
vous voyez	vu	
ils voient		

㉔ pouvoir	je pourrai
je peux	que je puisse
tu peux	
il peut	il put
nous pouvons	
vous pouvez	pu
ils peuvent	

㉕ vouloir	je voudrai
je veux	que je veuille
tu veux	
il veut	il voulut
nous voulons	
vous voulez	voulu
ils veulent	

㉖ savoir	je saurai
je sais	que je sache
tu sais	
il sait	il sut
nous savons	
vous savez	su
ils savent	

㉗ valoir	je vaudrai
je vaux	que je vaille
tu vaux	
il vaut	il valut
nous valons	
vous valez	valu
ils valent	

㉘ s'asseoir	je m'assiérai	N.B. : Autre conjugaison
je m'assieds	que je m'asseye	du verbe « s'asseoir » :
tu t'assieds		*présent* : je m'assois
il s'assied	il s'assit	*futur* : je m'assoirai
nous nous asseyons		*passé simple* : je m'assis
vous vous asseyez	assis	
ils s'asseyent		

■ Verbes en -tre

29 battre			
je bats tu bats il bat nous battons vous battez ils battent	je battrai	abattre combattre débattre	
	que je batte		
	il battit		
	battu		

30 mettre			
je mets tu mets il met nous mettons vous mettez ils mettent	je mettrai	admettre commettre émettre permettre promettre remettre soumettre transmettre	
	que je mette		
	il mit		
	mis		

31 connaître			
je connais tu connais il connaît nous connaissons vous connaissez ils connaissent	je connaîtrai	apparaître disparaître méconnaître paraître reconnaître	
	que je connaisse		
	il connut		
	connu		

32 croître			
je crois tu crois il croît nous croissons vous croissez ils croissent	je croîtrai		
	que je croisse		
	il crût		
	crû		

33 naître		
je nais tu nais il naît nous naissons vous naissez ils naissent	je naîtrai	
	que je naisse	
	il naquit	
	né	

■ Verbes en -uire

34 conduire			
je conduis tu conduis il conduit nous conduisons vous conduisez ils conduisent	je conduirai	construire cuire déduire détruire instruire introduire nuire	produire réduire reproduire séduire traduire
	que je conduise		
	il conduisit		
	conduit		

■ Verbes en -ire

35 écrire			
j'écris tu écris il écrit nous écrivons vous écrivez ils écrivent	j'écrirai	décrire inscrire prescrire transcrire souscrire	
	que j'écrive		
	il écrivit		
	écrit		

36 lire			
je lis tu lis il lit nous lisons vous lisez ils lisent	je lirai	élire réélire relire	
	que je lise		
	il lut		
	lu		

(37) **dire**	je dirai	contredire
je dis tu dis il dit nous disons vous dites ils disent	que je dise	interdire médire prédire redire
	il dit	
	dit	

(38) **rire**	je rirai	sourire
je ris tu ris il rit nous rions vous riez ils rient	que je rie	
	il rit	
	ri	

(39) **suffire**	je suffirai	
je suffis tu suffis il suffit nous suffisons vous suffisez ils suffisent	que je suffise	
	il suffit	
	suffi	

■ Autres verbes en -re

(40) **faire**	je ferai	défaire
je fais tu fais il fait nous faisons vous faites ils font	que je fasse	refaire satisfaire
	il fit	
	fait	

(41) **plaire**	je plairai	déplaire
je plais tu plais il plaît nous plaisons vous plaisez ils plaisent	que je plaise	(se) taire
	il plut	
	plu	

(42) **vivre**	je vivrai	revivre
je vis tu vis il vit nous vivons vous vivez ils vivent	que je vive	survivre
	il vécut	
	vécu	

(43) **conclure**	je conclurai	exclure
je conclus tu conclus il conclut nous concluons vous concluez ils concluent	que je conclue	inclure (*part. passé :* inclus/incluse)
	il conclut	
	conclu	

(44) **boire**	je boirai	
je bois tu bois il boit nous buvons vous buvez ils boivent	que je boive	
	il but	
	bu	

(45) **croire**	je croirai	
je crois tu crois il croit nous croyons vous croyez ils croient	que je croie	
	il crut	
	cru	

(46) **suivre**	je suivrai	poursuivre
je suis tu suis il suit nous suivons vous suivez ils suivent	que je suive	
	il suivit	
	suivi	

(47) **distraire**	je distrairai
je distrais tu distrais il distrait nous distrayons vous distrayez ils distraient	que je distraie
	distrait

tableau des contenus

UNITÉS	OBJECTIFS PAR SÉQUENCES	
module A		
1 • Communiquer	1 • Présenter son curriculum vitae	page 6
	2 • Réfléchir à l'apprentissage du français	page 8
	3 • Éviter les répétitions	page 10
	4 • Exprimer une opinion	page 12
	5 • Se rencontrer	page 14
	6 • Mettre en valeur	page 16
2 • S'affirmer	1 • Imaginer	page 20
	2 • Proposer - Conseiller	page 22
	3 • Parler des qualités et des défauts	page 24
	4 • Faire une demande écrite	page 26
	5 • Comprendre et raconter une anecdote	page 28
	6 • Améliorer son image	page 30
3 • Défendre une idée	1 • Exprimer la volonté, la nécessité	page 34
	2 • Exprimer un manque	page 36
	3 • Exprimer des souhaits	page 38
	4 • Parler de l'environnement	page 40
	5 • Parler des animaux	page 42
	6 • Parler d'une catastrophe	page 44
module B		
4 • Découvrir la vérité	1 • Présenter une information	page 48
	2 • Exprimer la possibilité, la probabilité	page 50
	3 • Raconter des faits mystérieux	page 52
	4 • Présenter les circonstances d'un événement	page 54
	5 • Exprimer une quantité indéfinie	page 56
	6 • Comprendre et raconter un fait divers	page 58
5 • Vivre ses passions	1 • Choisir	page 62
	2 • Parler d'une passion, d'une aventure	page 64
	3 • Exprimer la surprise	page 66
	4 • Exprimer des sentiments	page 68
	5 • Créer	page 70
	6 • Découvrir les mots	page 72
6 • Comprendre le monde	1 • Exprimer la cause	page 76
	2 • Exprimer la conséquence	page 78
	3 • Exprimer la crainte – Rassurer	page 80
	4 • Faire une démonstration	page 82
	5 • Décrire une organisation, un fonctionnement	page 84
	6 • Justifier une action	page 86

GRAMMAIRE	VOCABULAIRE ET CIVILISATION	PRONONCIATION
• Expression du passé : passé composé et imparfait • Pronoms personnels compléments directs et indirects • Caractérisation par les propositions relatives introduites par : qui, que, où • Construction des comparatifs et des superlatifs	• Le curriculum vitae • L'apprentissage des langues • Succès commerciaux récents et publicité • Les rencontres : lieux et comportements • Un café de Paris	• Les voyelles non nasalisées • Prononciation et rythme des phrases avec pronoms anteposés (« Je le vois »)
• Le conditionnel présent : – expression de l'hypothèse – expression des conseils – demande polie • Situation dans le temps • Féminin des adjectifs • Expressions propres à la prise de parole	• Comportements et relations entre jeunes • Description psychologique des personnes • Un film : Le Fabuleux Destin d'Amélie Poulain • Forme et santé • Image de soi	• Prononciation et rythme des groupes avec [ə] • Les voyelles nasalisées • Les marques du féminin
• Le subjonctif présent : – volonté – obligation – souhait • Les pronoms compléments qui remplacent les choses ou les idées	• Environnement et développement (les Cévennes, les Alpes, le littoral méditerranéen, la Guyane française) • Les animaux (disparition des espèces en Afrique, réintroduction des loups en France, etc.) • Les catastrophes naturelles (une forêt des Vosges)	• Le [j] • Prononciation de quelques suffixes (-tion, -cière, etc.)
• La construction passive • La forme impersonnelle • L'interrogation (qui, quoi, quand, pourquoi) • Les adjectifs et les pronoms indéfinis	• Événements marquants en France et dans le monde • Faits divers : accidents et délits • Mystères et légendes (la bête du Gévaudan , le mystère de St-Élophe) • Les Français, le secret et le mensonge • Romans célèbres (Le Comte de Monte-Cristo)	• Intonation des questions • Finales des participes passés • Prononciation des pronoms indéfinis • [ch] - [ʒ]
• Les pronoms interrogatifs • Les pronoms démonstratifs • Les constructions avec deux pronoms • Le subjonctif dans l'expression des sentiments	• L'art (Magritte, Monet) • Passe-temps, passions et aventures • Les sentiments • La création • Les modes vestimentaires • Les dictionnaires	• [s] - [z] • Prononciation et rythmes des phrases avec deux pronoms (Je lui en donne.) • Intonation des sentiments
• Constructions permettant l'expression de la cause et de la conséquence • Le subjonctif dans l'expression : – de la crainte – du but • L'enchaînement des idées : succession et opposition	• L'économie et l'entreprise (une fabrique de lunettes dans le Jura) • Les innovations technologiques (Internet, robotique, transports) • Les superstitions en France • Les comportements en voiture • La Cité des sciences et de l'industrie à Paris • Les journées d'action (journées sans voiture, sans tabac...)	• [k] et [g], [kr] et [gr], etc. • Opposition [o] - [ɔ]

tableau des contenus

UNITÉS	OBJECTIFS PAR SÉQUENCE

module C

7 • Gérer le quotidien
1 • Exprimer l'appartenance .... page 90
2 • Gérer son argent .... page 92
3 • Dire le droit .... page 94
4 • Réclamer, imposer par écrit .... page 96
5 • Présenter, caractériser .... page 98
6 • Parler de la vie professionnelle .... page 100

8 • Apprendre
1 • Indiquer les circonstances d'une action .... page 104
2 • Faire une chronologie .... page 106
3 • Connaître l'histoire de la France .... page 108
4 • Rapporter des paroles passées .... page 110
5 • Parler d'éducation .... page 112
6 • Apprendre le vocabulaire .... page 114

9 • Vivre ses loisirs
1 • Parler du hasard et des jeux .... page 118
2 • Parler des sports .... page 120
3 • Décrire des mouvements .... page 122
4 • Commenter un voyage .... page 124
5 • Parler de musique .... page 126
6 • Comprendre les récits .... page 128

module D

10 • Construire l'avenir
1 • Anticiper .... page 132
2 • Parler de la ville .... page 134
3 • Critiquer .... page 136
4 • Présenter une évolution .... page 138
5 • Parler des sciences .... page 140
6 • Parler de nourriture .... page 142

11 • S'adapter
1 • Connaître les rythmes de l'année .... page 146
2 • Exprimer l'éventualité et le regret .... page 148
3 • Apprécier .... page 150
4 • Parler des femmes et des hommes .... page 152
5 • Réformer .... page 154

12 • Vivre ensemble
1 • Négocier .... page 158
2 • Comprendre la société .... page 160
3 • Accuser, s'excuser .... page 162
4 • Faire des commentaires .... page 164
5 • Parler du patrimoine .... page 166